뇌과학자가 본 붓다의 마음

뇌과학자가 본 붓다의 마음
깨달음도 번뇌도 뇌가 만든다

초판 1쇄 발행　2025년 5월 10일
초판 2쇄 발행　2025년 6월 27일

지은이　문일수
발행인　원명

대표　　남배현
본부장　모지희
편집　　김옥자 손소전
디자인　정면
경영지원　허선아

펴낸곳　조계종출판사
주소　　서울시 종로구 삼봉로 81 두산위브파빌리온 1308호
전화　　02-720-6107
전송　　02-733-6708
이메일　jogyebooks@naver.com
등록　　제2007-000078호 (2007. 04. 27.)
구입문의　불교전문서점 향전(www.jbbook.co.kr) 02-2031-2070

ISBN 979-11-5580-253-3 03220

· 책값은 뒤표지에 있습니다.
· 저작자의 허락 없이 일부 또는 전부를 복제·복사하거나 내용을 변형하여 사용하는 것을 금합니다.
· 이 책의 내용 전부 또는 일부를 사용하려면 반드시 저자와 출판사의 서면 동의를 받아야 합니다.

조계종출판사　지혜와 자비의 눈으로 세상을 바라봅니다.

뇌과학자가 본
붓다의 마음

문일수 지음

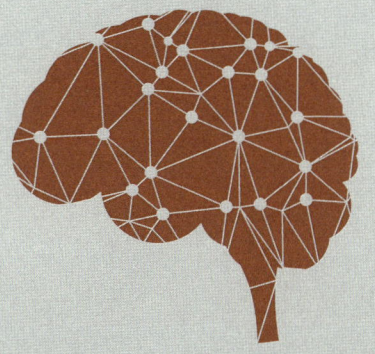

깨달음도 번뇌도 뇌가 만든다

조계종
출판사

— 서문 —

이 책은 2022년 1월부터 2023년 12월까지 격주 간격으로 〈법보신문〉에 연재했던 기고문에 기반을 두고 있다. 연재에서는 대중들이 쉽게 이해할 수 있도록 가급적 전문적인 내용은 피하고 쉽게 서술하였다. 그래도 뇌과학을 다룬 내용이라 어렵다는 평을 많이 들었다. 더 이상 풀어 쓰면 과학적인 글이 아닌 듯하여 난이도를 조절하느라 행간에서 많이 망설이기도 하였다.

책을 내면서 내용을 조금 더 풀어서 쓰거나, 전문적인 뇌과학 내용을 조금 추가했다. 글의 순서는 불교역사의 전개에 맞추어, 초기불교의 가르침에서 시작하여 대승불교로 마감하였다. 다만 편의상 독자의 이해를 돕기 위하여 총 4부로 나누었다.

내용의 전개

제1부 왜 인간의 마음은 배회할까
인간의 마음은 끊임없이 배회한다. 연구에 의하면 대략 10초마다 다른 마음으로 바뀐다. 하루 16시간 깨어 있다고 한다면 대략 6,240번 바뀌는 셈이다. 붓다는 이러한 마음의 속성을 원숭이가 이 나뭇가지에서 저 나뭇가지로 끊임없이 옮겨 다니는 것에 비유하여 '마음원숭이(心猿)'라 하였다. 배회하는 바탕이 되는 마음의 정체는 무엇이며 붓다는 어떻게 심원(心猿)을 잠재웠을까. 우리는 왜 심원을 다스리기가 그렇게도 힘들까. 이와 같은 질문과 더불어 나는 무엇일까, 자아는 어떻게 생성될까, 이러한 질문들에 대한 붓다의 설명을 뇌과학적 측면에서 설명한다.

제2부 마음공간의 구조

붓다는 몸과 마음의 관계를 어떻게 이해했을까? 오온(五蘊)과 마음을 만드는 6가지 알음알이(六識, 육식)를 뇌과학으로 알아본다. 또한 알음알이가 일어나는 마음공간의 마음거울(意根, mano), 거기에 맺히는 상(法鏡,법경), 떠오르는 의식, 그리고 마음공간 전체를 알아차림 하는 싸띠(sati)에 대한 붓다의 가르침을 뇌과학으로 설명한다.

제3부 인식과정을 해부하다

불교는 '대상을 아는 것'이 마음이라고 정의한다. 부파불교는 대상을 아는 인식과정을 철저하게 해부하였다. 인식대상을 받아들이는 오감문(五感門)과 의문(意門), 대상을 인식하기 위하여 차례로 지나가는 17가지의 마음(17찰나설), 인식과정을 벗어난 존재지속심(bhavaṅga)을 뇌과학 관점에서 자세히 설명한다.

제4부 뇌과학은 불교 수행을 어떻게 돕는가

유식학에서는 마음을 8가지(八識)로 세분한다. 6식(六識)에 제7 말나식(末那識)과 제8 아뢰야식(阿賴耶識)을 더했다. 마음이 있다는 것은 그런 뇌가 있음을 의미한다. 또한 세상에는 '보이는 자(相分)'와 '보는 자(見分)'만이 존재한다고 한다. 4부에서는 말나식과 아뢰야식을 만드는 뇌 부위, 상분과 견분을 설명한다. 더불어 존재양식(存在樣式, Being Mode)의 삶인 수행은 어떻게 '맑은 행복'을 가져다주는지를 설명하면서 글을 마무리한다.

하지만 각 부의 내용이 완전히 구분되는 것은 아니다. 부처님의 가르침이 역사와 더불어 전개, 발전되었을 뿐 교학이 구분되는 것은 아니기 때문이다. 붓다를 정점으로 하는 불교의 가르침은 온전히 뇌과학이다. 뇌과학자인 나에게는 붓다의 가르침이 너무나 뇌과학적이며 그 통찰의 수준이 경이롭다. 20세기에 들어서야 마음이 기질에 기반을 두고 생기며, 그 기질이 뇌라는 것을 알게 되었다. 그런데 이미 기원전 6세기에 고타마 싯다르타는 그 사실을 통찰하였다.

뇌과학의 필요성

흔히 받는 질문이 있다. 그렇게 뇌과학으로 알면 무엇이 좋은가? 왜 어려운 뇌과학으로 불교를 설명하는가?

첫째는 붓다의 가르침을 보다 명확하게 이해할 수 있기 때문이다. 붓다가 뇌의 현상을 설명하였으니 뇌과학으로 이해하는 것은 너무나 당연하지 않은가. 나는 지금까지 그렇게 접근하지 않았던 것이 오히려 이상하다.

둘째는 수행의 관점을 바로잡을 수 있기 때문이다. 붓다의 가르침을 잘 이해하는 것도 중요하지만 보다 중요한 것은 붓다의 가르침에 따라 수행정진하여 열반을 증득하는 것이다. 그 과정이 어찌 쉬우랴.

우리는 추구양식(Doing Mode)의 삶을 살고 있다. 다급한 일에 떠밀려 한시도 조용한 날이 없다. 반면에 수행은 존재양식의 삶이다. 헐레벌떡의 삶을 멈추고 조용히 나의 내면을 들여다보며 현존하는 삶에 머무는 것이 존재양식의 삶이다. 우리는 수행에 발을 들여놓는 것조차 어렵다. 하물며 수행을 지속하여 진도를 나가는 것은 더욱 어렵다. 수행은 재미가 없고 어렵기 때문이다. 하지만 어느 정도 수행 진도가 나가면 그때부터는 재미있어지고, 희(喜, piti)·락(樂, suhka)을 느낀다. 거기까지 도달하려면 수행에 대한 믿음이 필요하다. 수행이 어렵고 힘들지만 뇌과학은 수행으로 열반을 증득한다는 붓다의 가르침을 믿게 한다. 붓다의 마음을 뇌과학으로 이해해야 하는 이유가 여기에 있다.

뇌과학자인 내가 불교의 가르침에 빠져든 이유는 불교의 가르침은 마음과학이고 뇌과학이기 때문이다. 나는 불교의 가르침을 뇌과학으로 이해하고 대중들에게 설명하고자 노력하고 있다.

　없던 길을 처음으로 가는 자는 외롭고 힘들다. 선례가 없고, 토론하며 의견을 나눌 동료도 없다. 불교의 교학을 뇌과학에 배대시키는 일은 온전히 나의 지식과 직감에 달려 있다.

　의학분야에는 '아는 것만큼 보인다.'는 명언이 있다. 내가 아는 것만큼만 불교의 뇌과학이 보인다. 당연히 내가 커버하는 주제는 불교 전체로 보면 미미한 부분이고, 그것도 '소 풀 뜯듯 여기 찔끔 저기 찔끔'이다. 두려운 마음이지만 마중물이라고 스스로 위로한다. 눈 밝은 후학들이 나의 모자람을 채우기를 학수고대한다.

2025년 봄, 다보산 싸띠스쿨에서

東軒 문일수

차례

서문 · 04

제1부
왜 인간의 마음은 배회할까

01 마음을 지금 여기에 머물게 하라 · 14
02 번뇌로 망상하는 불행한 뇌 · 20
03 싸띠, 붓다의 위대한 발견 · 26
04 싸띠힘이 커지는 뇌과학적 원리 · 31
05 뇌신경회로 – 역동적인 마음근육 · 36
06 고집불통의 번뇌신경회로 · 42
07 어리석음의 뇌신경회로 · 48
08 자아 vs 오온 · 52
09 기본모드신경망, 뇌 오케스트라 지휘자 · 57
10 고결한 웰빙 · 62
11 싸띠 수행이 주는 효과 · 67
12 전전두엽과 불성, 그리고 수행 · 72

제2부
마음공간의 구조

13 오온(五蘊) · 78
14 몸과 마음 관계에 대한 붓다의 통찰 · 83
15 전오식(前五識) · 88
16 법이라는 감각대상, 법경(法鏡) · 94
17 뇌는 마음거울 · 100
18 의근의 신경과학 · 106
19 의식 · 112
20 마노는 싸띠에 의지한다 · 117
21 마음공간의 구조 · 123
22 뇌의 마음거울과 마음공간 · 129

제3부
인식과정을 해부하다

23 17찰나설과 마음공간의 인식과정 · 136
24 17찰나설의 현대 뇌과학적 이해 · 143
25 '저게 뭐지' 반응과 인식통로 · 148
26 오감문과 의문 · 154
27 오문전향과 받아들이는 마음 · 160
28 심찰나의 뇌과학 · 166
29 눈의 감성과 알음알이(眼識) · 172

30 귀의 알음알이(耳識) · 179

31 육식의 구분 – 감각지형도 · 185

32 마음부수 · 191

33 바왕가는 어떤 마음일까 · 197

34 수온 · 204

35 상온 · 210

36 행온 · 216

37 식온 – 체화된 마음 · 222

38 문득 떠오르는 생각 – 의문인식 · 228

39 두 번째 화살 – 연관신경망 · 234

제4부
뇌과학은 불교 수행을 어떻게 돕는가

40 상분과 견분 · 242

41 진여심과 생멸심, 일심이문 · 248

42 말나식과 아뢰야식 · 254

43 유식 4분설, 3량, 3류경설 · 261

44 불교 수행과 건강 – 존재양식의 삶에 따른 맑은 행복 · 267

에필로그 · 273
찾아보기 · 284

제1부

왜 인간의 마음은 배회할까

01 마음을 지금 여기에 머물게 하라

수년 전 하버드대학의 심리학자들이 특별한 아이폰 앱을 개발하였다. 앱은 조사에 참여한 사람들에게 불쑥 다음과 같이 묻고 곧바로 답하게 하였다. 그 순간의 행복도를 알아보기 위해서였다.

첫 번째는 행복에 대한 질문이었다: '지금 기분이 어떻습니까?'

두 번째는 행위에 대한 질문: '지금 무엇을 하고 있습니까?'

마지막으로 마음이 집중하는지 아니면 방황하는지를 물었다: '지금 행하고 있는 것과 다른 것에 대해 생각하고 있습니까?'

응답자들은 마음이 지금 활동에 집중하고 있는지, 아니면 다른 것에 대해 생각하는지 답한다. 그리고 생각하고 있던 내용이 즐거운 것인지, 중립적인 것인지, 불쾌한 것인지도 답한다.

83개 국가, 86개 직업에 종사하는 사람들(18~88세)에게서 수집한 수백만 건의 대답을 분석했다.[1] 그리고 두 가지 중요한 결과를 얻었다.

첫째, 무엇을 하든 사람들의 마음은 수시로 방황했다. 사랑을 나눌 때를 제외한 모든 활동에서 반 정도(46.9%) 사람들의 마음은 방황했다.

둘째, 마음이 방황할 때가 그렇지 않을 때보다 덜 행복한 것으로 나타났다. 사람들의 마음은 흔히(표본의 42.5%) 재미있는 딴생각으로 빠져드는 경향이 있었다. 하지만 그것마저도 현재의 행위에 대하여 생각하고 있는 것보다 덜 행복했다.

학자들이 내린 결론은 사람의 마음은 대부분의 시간 동안 방황하고 있고, 방황하는 마음(wandering mind)은 불행한 마음이라는 것이었다. 역으로 말하면 지금 행하고 있는 일에 마음을 두는 것, 즉 '지금 여기(here & now)'에 머무는 것이 제일 행복하다는 것이다.

'마음을 지금 여기에 머물게 하라.'

부처님은 이미 이런 진리를 알고 계셨다. 마음의 괴로움을 소멸시키는 방법을 찾아 나선 29살 청년 고타마 싯다르타는 위대한 마음 과학자였다. 그는 이미 2,500여 년 전 마음은 6가지 알음알이(안

---

[1] Killingsworth MA, Gilbert DT. A wandering mind is an unhappy mind. Science. 2010 Nov 12;330(6006):932. doi: 10.1126/science.1192439. 우리는 스마트폰 기술을 개발하여 사람들이 현재 하고 있는 생각, 감정, 행동을 수집한 결과 다음과 같은 사실을 알았다. (i) 사람들은 현재 일어나지 않는 일에 대해 현재 일어나고 있는 일에 대해 생각하는 것만큼 자주 생각하고 있으며, (ii) 그렇게 하는 것은 일반적으로 그들을 불행하게 만든다.

식·이식·비식·설식·신식·의식)라고 하였고, 색·성·향·미·촉을 감각하는 오감뿐 아니라, '생각'을 지각하는 감각기관인 의근(意根, mano)이 있다는 것도 알았다. 또한, 의근을 관리하는 기능인 싸띠(sati, 염念)가 존재함을 간파하였을 뿐 아니라, 더 나아가 싸띠힘(sati bala)을 키우면 탐·진·치 3독의 번뇌를 소멸하여 열반에 이를 수 있음을 알고, 그 수행방법까지 개발하였다. 그는 마음의 속성과 작용방식을 꿰뚫어 간파한 뇌과학자였고, 번뇌로 물든 마음을 열반의 마음으로 바꾸는 '마음공학자'이기도 하였다.

17세기 프랑스의 사상가 파스칼이 '인간은 생각하는 갈대'라고 하였듯, 인간이 인간다울 수 있는 이유는 바로 '생각'하기 때문이다. 그렇게 인간의 뇌는 '생각'하는 뇌로 진화하였다. '생각 기능'은 과학을 발전시켜 사회를 진보하게 하였다.

문제는 '나 자신의 잣대'로 세상을 분별하고, 평가·판단한다는 데 있다. 우리의 뇌는 그렇게 진화했다. 또한 삶이 그런 나를 만든다. '자아'의 형성과정이다. '이야기하는 자아(narrative ego)'는 망상하는 마음을 낳았다. 그것은 매우 강력하여 집중해서 일할 때도 30%의 시간은 망상에 빠지게 한다. 자동이다. 특별한 조치를 취하지 않으면 자동적으로 흘러가는 작동방식을 기본작동이라 한다.

우리의 뇌도 그렇다. 정신을 차려 현재를 알아차림 하지 않으면 뇌의 기본모드신경망(default mode network, DMN)이 활동하여 과거나 미래를 망상한다. 최근 연구에 의하면 사람은 10초에 한 가지 생각을 한다. 16시간 깨어 있다고 보면 하루에 6,200여 가지 생각이 오간다.² 과연 '생각하는 갈대'이다. 그런데 대부분의 생각은 쓸데없고 실제로 일어나지도 않을 망상들이며, '기분 좋은 망상'을 하여도 현재 행위에 마음을 두는 것보다 행복감을 덜 느낀다. 망상은 번뇌의 신경회로만 강화시킬 따름이다.³ 참으로 불행한 인간의 마음이다.

우리는 이모티콘을 보고 웃음 짓지만 카카오 프로그래머는 이모티콘을 만드는 전자회로를 생각한다. 자동차 경주의 관객은 쏜살같이 달리는 자동차를 보지만 엔지니어는 엔진을 생각한다. 사람들은 아름다운 마음, 화내는 마음을 보지만 뇌과학자는 그런 뇌의 신경회로를 생각한다.

뇌과학자는 부처님의 법(法)을 뇌과학으로 풀어서 이해한다. 법은 마음이기 때문이다. 번뇌도 마음이다. 번뇌는 뇌의 어디에 있으며 어떻게 일어날까, 왜 인간은 끊임없이 번뇌의 마음을 일으킬까, 왜 지금 하는 일에 마음을 두지 못하고 방황할까, 방황하는 마음을 잡아두는 싸띠는 뇌의 어디에 있을까, 마음을 현재에 머무르게 하면 왜 번뇌가 소멸될까, 해탈·열반한 마음은 어떤 뇌일까…. 수많은 질문들이 생겨난다.

---

2 Tseng, J., Poppenk, J. Brain meta-state transitions demarcate thoughts across task contexts exposing the mental noise of trait neuroticism. Nat Commun 11, 3480 (2020). https://doi.org/10.1038/s41467-020-17255-9

3 망상의 내용은 번뇌이고 번뇌도 마음이다. 어떤 마음을 많이 내면 그 마음을 만드는 뇌신경망이 강해진다.

질문은 이어진다. 마음이 찰나(1/75초)생 찰나멸하고, 17찰나의 짧은 시간에 인식을 끝낸다고 하는데 뇌가 그렇게 빠른가? 이를 어떻게 알았을까? 후대의 학승(學僧)들은 마음을 의식·말나식·아뢰야식으로 세분하였다. 인식하고, 사량하고, 저장하는 마음이다. 뇌의 어떤 구조들이 이런 마음을 만들까?

불가(佛家)에서는 마음거울을 깨끗이 닦아 존재를 '있는 그대로' 알아차림 하는 지혜로운 마음으로 바꾸라고 한다: 오염된 아뢰야식을 거울같이 맑은 대원경지(大圓鏡智)로, 요리조리 분별하는 말나식을 평등성지(平等性智)로, 천방지축으로 나도는 의식을 잘 다스려 제법의 모양을 신묘하게 관찰하는 묘관찰지(妙觀察智)로, 오감(전오식)을 잘 관리하여 선업을 짓는 성소작지(成所作智)로. 모두 뇌를 바꾸는 수행이다. 수행은 어떻게 뇌를 바꾸며, 전식득지(轉識得智)한 각각의 마음들은 어떤 뇌일까? 뇌과학자들이 풀어야 할 숙제들이다.

뇌과학이 급속도로 발전하고 있다. 짐작만 하던 뇌기능에 대한 지식이 실험적으로 손에 잡힐 듯 눈으로 보는 듯해졌다. 마음에 대한 부처님의 법을 뇌과학적으로 이해하면 불법이 더 오묘함을 알 수 있고, 수행정진에 도움이 된다.

뇌는 신경세포들이 11차원으로 연결된 회로이다.[4] 우주가 11차

---

4   Reimann MW et al. Cliques of Neurons Bound into Cavities Provide a Missing Link between Structure and Function. Front Comput Neurosci. 2017 Jun 12:11:48. doi: 10.3389/fncom.2017.00048. The human brain sees the world as

원이라고 한다. 그 복잡성은 우리의 상상을 초월한다. 그런 회로들이 작동하여 마음을 만든다. 마음을 온전히 이해하기란 불가능하다는 뜻이다. 종교가 개입할 자리가 열려 있다는 의미이기도 하다.

---

an 11-dimensional multiverse. By Michael Blaustein. New York Post, Published June 13, 2017.

02 / 번뇌로 망상하는 불행한 뇌

'마음을 지금·여기에 머물게 하라.'
마음의 속성과 작용방식을 간파한 위대한 뇌과학자였고, 번뇌로 물든 마음을 열반의 마음으로 바꾸는 '마음 공학자'이기도 했던 부처님의 핵심 가르침이다. 마음을 지금·여기에 두는 것이 그 어떤 마음 상태보다 더 행복하다는 진리이다. 이는 하버드대학 연구자들에 의하여 증명되었다.

마음을 현재에 머물게 하는 것은 사실 지극히 어렵다. 무엇을 하든 사람들의 마음은 수시로 배회한다. 어느 한 순간을 보았을 때 많게는 65%의 사람들이 딴생각을 한다. 일상에서 사람들의 마음은 깨어 있는 시간의 적어도 30%는 배회하는 것으로 밝혀졌다. 우리는 무슨 일을 하든 '지금 하고 있는 일'에 마음이 집중되어 있는 것이 아니라 그 일과 관계없는 '딴생각'에 빠져 있다. '딴생각을 하는 것'은 의도적인 것이 아니라 저절로 그렇게 되는 것이다. 마음은 원래 흘러다니는 것, 즉 배회하는 것이 기본모드(default mode)이기 때문이다.

마음이 배회하는 동안 우리는 행복을 느끼지 못한다고 하였다. 또한, 불행하기 때문에 마음이 배회하는 것이 아니라, 배회하는 마음 자체가 불행한 마음의 원인이다. 왜 그럴까?

가장 큰 이유는 마음이 방황할 때 우리는 종종 유쾌하지 않은 일들, 즉 걱정, 근심, 후회에 대해 생각하기 때문이다. 부정적인 생각은 불행복(不幸福)과 필연적 관계가 있다. 부정적 생각뿐 아니라 유쾌한 것에 대해 생각하고 있을 때에도, 마음이 지금·여기에 있는 것보다 여전히 덜 행복하다.

부처님은 마음의 이러한 속성을 알고 다음과 같이 가르치셨다. "(우리의 마음) 일체는 불타오르고 있다. 탐욕과 성냄과 어리석음으로 불타오르고 있다." 마음은 불타오르듯 배회한다는 것이다. "일체는 짓눌려 있다. 탐욕과 성냄과 어리석음으로 짓눌려 있다." '짓눌려 있다'는 것은 우리의 마음은 탐욕(탐)·성냄(진)·어리석음(치)에 정복당해 있고, 그런 것들로 꽉 차 있다는 뜻이다.

그렇다. 우리의 마음은 탐·진·치로 망상하는 마음으로 가득 차 있다. 부처님은 망상에서 벗어나는 방법도 알려주셨다. "그대들에게 일체의 사량(思量, 생각)을 뿌리 뽑는 데 어울리는 도 닦음을 설하리

라. 그는 일체를 사량하지 않고, 일체에서 사량하지 않고 일체로부터 사량하지 않고 '일체는 나의 것이다'라고 사량하지 않는다."[5] 탐욕과 성냄과 어리석음으로 불타오르는 사량을 단 하나도 일으키지 말라는 뜻이다. 불행한 마음을 만드는 망상을 일체 하지 말라는 가르침이다.

왜 인간은 그렇게 많은 '딴생각'을 할까? 뇌가 그렇게 되어 있기 때문이다. 기본모드신경망이라고 하는 '딴생각, 즉 배회하는 마음'을 만드는 장치가 우리의 뇌에 있다. 사람의 대뇌피질에는 약 150억 개의 뇌신경세포가 있고, 하나의 신경세포는 평균 5,000개의 다른 신경세포와 무려 11차원으로 연결되어 있다. 그 복잡성은 우리의 상상을 초월하기 때문에 뇌를 소우주라고 한다. 그 복잡하게 얽힌 신경망에서 생각, 추리, 판단, 이성, 야성, 사랑, 미움, 운동 등등의 현상이 나온다. 각각의 뇌기능 현상에 해당하는 신경망이 있고, 이 신경망들은 다시 서로 얽힌다. 그런 신경망 가운데 거대한 하나의 신경망이 기본모드신경망이다.

나른한 봄날 흔들의자에 앉아 졸고 있는 상황을 상상해보자. 나비 한 마리가 날아가는 것이 보인다. 마음은 즉시 나비한테로 간다. 나비가 저만치 사라지고, 더 이상 시선이 가는 특별한 대상도, 들리는 소리도 없다. 이때 마음은 즉시 기본모드로 들어간다. 어제 친구

---

5 『상윳따 니까야』, 「뿌리 뽑는 데 어울림 경(Samugghātasāroppa-sutta, S35:30)」

가 했던 말이 생각나고, 그 말에 '꺼둘려' 다른 생각이 이어져 나온다. 나의 의지와 상관없이 저절로 작동하는 기본모드신경망의 기능이다.

기본모드신경망은 최근에 와서야 발견되었다.[6] 뇌는 사람 몸무게의 2% 정도로 작지만 우리가 쓰는 에너지의 20%를 사용한다. 이를 이상하게 여긴 과학자들이 뇌가 '깨어 있으나 휴식 중(awake but at rest, 즉 나비를 보는 것과 같은 외부 자극에 대응하지 않을 때)'일 때에도 전전두엽(prefrontal cortex, PFC)을 포함한 광범위한 뇌 부위에서 놀라운 수준의 뇌 활동이 있음을 알아내었다.[7]

깨어 있는 한 '휴식 중'에도 실제로 뇌는 활발히 일하고 있다. 외부 자극에 반응하지 않을 때 뇌는 자신의 내면을 들여다보며 '자기 이야기'를 한다. '이야기하는 자아'다. 나의 과거, 현재, 미래에 대한 공상과 망상, 심지어 남이 나를 어떻게 생각하는지도 생각한다. 특별한 목적도 없이 그냥 생각한다. 저절로 그렇게 되게 하는 기본모드신경망이 있기 때문이다.

---

6 Raichle ME et al. (2001). "Inaugural Article: A default mode of brain function". Proceedings of the National Academy of Sciences. 98 (2): 676–82. doi:10.1073/pnas.98.2.676. Raichle은 휴식 상태의 뇌기능을 설명하기 위해 2001년에 '기본모드(default mode)'라는 용어를 만들었다. 이 뇌영역 네트워크는 내부 지향적 사고에 관여하며 특정 목표 지향적 행동 중에는 중단된다.

7 Graner J et al. Functional MRI in the investigation of blast-related traumatic brain injury. Front Neurol. 2013 Mar 4;4:16. doi: 10.3389/fneur.2013.00016.

부처님은 바로 지금·여기에 충실하라고 강조한다.

"과거로 거슬러 올라가지 말고 미래를 바라지도 말라. 과거는 이미 버려졌고 또한 미래는 아직 오지 않았다. 그리고 현재 일어나는 상태를 그때그때 잘 관찰하라."[8]

또한, 현재의 삶을 독화살에 맞은 상태에 비유하며, 독화살을 쏜 사람, 이유 등을 알기보다, 독을 해독하는 것이 당면과제의 본질이라고 가르친다.[9] 그렇게 하는 것이 망상하는 것보다 더 행복한 삶이기 때문이다.

사실 우리의 뇌가 탐욕·성냄·어리석음으로 가득 찬 생각(思量)으로 과부하가 걸려 있는 것은 그렇게 진화되었기 때문이다. 탐욕과 성냄은 원초적 충동인데, 이는 과거 원시시대를 거치는 동안 생존을 위해 유용하게 쓰인 적응 도구였다. 그렇지 않았으면 우리는 굶어 죽었거나 포식자들로부터 살아남지 못하였을 것이다.

---

8 『맛지마 니까야』, 「한밤의 슬기로운 님의 경(Bhaddekaratta Sutta, M131)」

9 『맛지마 니까야』, 「말룽꺄 짧은 경(Cūḷamāluṅkyaputtasutta, M63)」
"비유하면 마치 어떤 사람이 몸에 독화살을 맞은 것과 같다. 그가 독화살로 말미암아 매우 심한 고통을 받을 때에 그 친족들은 그를 가엾이 생각하고 불쌍히 여기며, 그의 이익과 안온을 위해 곧 의사를 청하였다. 그러나 그 사람이 이런 생각을 한다고 하자. '아직 화살을 뽑아서는 안 된다. 나는 먼저 화살을 쏜 그 사람이 어떤 성 어떤 이름 어떤 신분이며, 키는 큰가 작은가, 살결은 거친가 고운가, 얼굴빛은 검은가 흰가, 혹은 검지도 않고 희지도 않은가, 찰리족인가 혹은 바라문 거사 공사의 종족인가, 동방 서방 북방 어느 쪽에 사는가를 알아보아야 하겠다. 아직 이 화살을 뽑아서는 안 된다. 나는 먼저 그 활이 산뽕나무로 되었는가, 뽕나무로 되었는가, 물푸레나무로 되었는가, 혹은 뿔로 되었는가를 알아보아야 하겠다.' (중략) 말룽꺄뿟따여, 그 사람은 그것을 알지 못하고 죽게 될 것이다."

공상·망상은 한편으로는 창의적인 뇌를 만들어 과학기술을 발전시켰다. 하지만 인간들은 더 이상 비우호적인 야생에서 살지 않는다. 한때 우리를 포식자들로부터 살아남게 하였고, 새로운 기술의 창조에 기여하였던 기본모드신경망은 현대를 사는 우리에게는 불행한 마음을 만드는 장치로 전락하고 말았다. 하지만 너무 실망하지는 말자. 사람 뇌의 전전두엽에는 떠오르는 망상을 알아차리고 제어할 수 있는 역량이 있다. 부처님은 이 역량을 싸띠(sati, 念)라고 하였다.

03 / 싸띠, 붓다의 위대한 발견

고타마 싯다르타는 오늘날 인도 부다가야(Bodh Gaya)의 보리수 아래에서 최상의 깨달음(아뇩다라삼먁삼보리阿耨多羅三藐三菩提, 무상정등정각無上正等正覺)을 성취하고 '깨달은 자, 붓다(Buddha, 부처, 佛陀, 覺者)'가 되었다. 흔히 '깨달음'이라고 하는 '붓다'라는 말은 발견자 또는 발명자란 의미이다.

깨달음의 내용을 여러 가지로 설명하지만, 그 가운데 분명한 것은 싸띠를 발견하고 싸띠 수행법을 발명했다는 것이다. 그것은 탐진치 3독심(三毒心)의 해독제이고 마음의 괴로움에서 벗어나 자유와 행복으로 가는 도구이다.[10]

---

10 『붓다 수행법, 마음에 관한 모든 것, 6판』, Bhikkhu Buddhapala 저, SATI Press

싸띠는 인도의 고대 언어인 빠알리어(Pali)이다. 흔히 '알아차림, 마음지킴, 마음새김' 등으로 번역되는데, 어원에 '기억'이라는 의미가 있기 때문에 혹자는 '기억'이라고 번역한다. 알아차림 하려면 현재를 놓치지 않고 기억하고 있어야 하기에 같은 의미이다. 즉, 오랜 시간이 지난 과거를 기억하는 것이 아니라 현재를 기억함을 의미한다.

한자로는 념(念), 즉 지금(今)의 마음(心)이며, 영어로는 'mindfulness'로 번역하지만, 그 의미는 'remembered present(기억된 현재)'이다. '기억된 현재'라는 말은 1972년 노벨생리의학상 수상자인 에델만 박사[11]가 의식(意識, consciousness)을 정의한 말이다. 따라서 싸띠는 지금의 마음(지금·여기)을 알아차림(의식) 하는 것이다.

싸띠 하면 우리의 마음은 지금·여기에 머문다. 그렇게 하면 본능적으로 불타오르는 '탐진치'에서 벗어나 자유와 행복으로 가는 마음이 된다. 싸띠는 붓다의 위대한 발견이며, 싸띠 수행은 그분의 위대한 발명이다.

싸띠 수행이 어떻게 '탐진치(三毒心)'에서 벗어나 자유와 행복으로 가는 마음을 만들까?

2014년 10월, 455쪽. Buddhapala 스님은 붓다의 깨달음 내용을 3가지로 요약한다. ① 나는 자유와 행복으로 가는 길을 깨달았다. ② 나는 마음오염원(탐진치 삼독심) 해독제(般若, 慧)를 발견했다. ③ 나는 마음오염원 해독제 제조과정인 sati 수행을 창안했다.

11 제럴드 에델만(Gerald Maurice Edelman, 1929 – 2014년)은 면역체계에서 항체분자의 구조를 밝혀 1972년 노벨생리의학상을 수상하였다. 그 후 의식의 신경과학을 연구하였다.

싸띠는 '마음근육'이다. 우리는 육체를 건강하게 하려고 유산소 운동으로 체력과 면역계를 강화시킨다. 싸띠는 마음의 근육과 면역 계이다. 삶에 찾아드는 마음의 병(苦, suffering)을 이겨내는 힘이 마음 근육, 즉 싸띠이다. 부처님은 'sati'라는 마음기능이 있음을 발견하셨고, 더 나아가 싸띠힘(念力, sati bala)을 키울 수 있는 싸띠 수행법을 발명하셨다. 그렇게 수행하면 궁극에는 깨달음을 얻어 마음의 괴로움으로부터 벗어날 수 있다고 하셨다.

"비구들이여, 이 길은 중생들을 청정하게 하고, 근심과 탄식을 다 건너게 하고, 육체적 고통과 정신적 고통을 사라지게 하고, 옳은 방법을 얻게 하고, 열반을 실현하게 하는 유일한 길이니, 그것은 곧 4가지 알아차림의 확립(四念處)이다. 무엇이 4가지인가?…"[12]

부처님은 열반에 이르기 위해서는 몸(身)·느낌(受)·마음(心)·법(法)을 분명히 알아차리고 마음 챙기면서 머물라고 하셨다. 그리고 싸띠힘을 키우는 구체적인 방법까지 일러주셨다. 그 하나가 호흡수행법이다.

"그는 마음 챙기면서 숨을 들이쉬고 마음 챙기면서 숨을 내쉰다. 길게 들이쉬면서 '길게 들이쉰다'고 꿰뚫어 알고, 길게 내쉬면서는 '길게 내쉰다'고 꿰뚫어 안다. 짧게 들이쉬면서는 '짧게 들이쉰다'고 꿰뚫어 알고 짧게 내쉬면서는 '짧게 내쉰다'고 꿰뚫어 안다."[13]

---

12 『맛지마 니까야』, 「알아차림의 확립 경(satipaṭṭhāna Sutta, M10)」

13 『맛지마 니까야』, 「들숨날숨에 대한 알아차림 경(Ānāpānassati Sutta, M118)」

호흡을 사용하여 싸띠힘을 키우는 훈련법이다.

싸띠는 뇌신경과학적으로 보면 무엇일까?

싸띠는 현재를 알아차림 하는 마음기능이다. 내면에서 생겨나는 마음도 있지만, 대부분의 마음은 외부대상을 인식하면서 생긴다. 외부의 인식대상(色聲香味觸)은 5가지 감각기관(眼耳鼻舌身)을 통하여 뇌로 들어온다. 이처럼 뇌는 외부대상을 마음공간에 비추는 마음거울이다.

마음거울에 상(像, image)이 맺히면 우리는 그것이 무엇인지 안다. 고양이를 보면 고양이임을 알고, 피아노 소리를 들으면 피아노 치는 것을 직접 보지 않아도 그것이 피아노 소리임을 안다. 이 알음알이 과정은 외부자극에 대한 단순한 수동적 반응이며, 우리의 의지가 개입하지 않아도 되는 '자동적'인 것이다. 뇌가 정상적이라면 고양이를 보고도 '저것은 고양이다'라는 인식이 일어나지 않게 할 수는 없다. 거기까지는 자동이다. 이러한 마음기능은 동물에게도 있다.

그런데 싸띠는 '저것은 고양이다'라고 인식하는 나의 마음을 '다시' 알아차림 하는 것이다. 이는 마치 드론을 띄워놓고 나의 행동과 마음을 관찰하는 것과 같다. 싸띠는 '내가 고양이를 보고 있음'을 알아차리고 '지금·여기'를 기억하는 것이다. 이 싸띠 신경망이 있어서 우리는 오감(五感)을 알아차림 하고 내면적 생각(망상)도 알아차림 할 수 있다.

뇌과학이 많이 발전했지만 우리는 아직 어떻게 의식이 생성되는지 모른다. 하지만 뇌과학자들은 사람 뇌의 앞부분인 전전두엽에 넓게 퍼져 있는 거대한 뇌신경망인 인지조절신경망(cognitive control network)이 있음을 밝혀냈다. 이 신경망은 기능적으로 켜켜이 쌓인 계층구조를 이룬다. 낮은 수준 층에서는 뇌로 들어온 오감을 탐지한다. 의근의 기능이다. 의근이 탐지한 오감을 알아차림 하는 싸띠는 그 위층의 기능이다.

싸띠 수행으로 싸띠힘을 키우면 마음은 실념(失念)하지 않고 지금·여기에 머문다(正念). 인지조절신경망을 포함한 전전두엽은 사람에게서 특별히 잘 발달되어 있다. 사람을 동물과 구별되게 만드는 것은 전전두엽이다. 전전두엽이 진화되었기 때문에 '사람'이 되었다는 것이 더 정확한 표현이다. 놀라운 사실은 전전두엽을 우리가 원하는 대로 만들 수 있다는 것이다. 싸띠 수행(훈련)은 명품 인지조절신경망을 만들어 우리의 마음을 괴로움에서 벗어나 자유와 행복으로 가게 한다.

04 싸띠힘이 커지는 뇌과학적 원리

기본모드신경망이 뇌를 지배하고 있기 때문에 인간의 마음은 탐욕과 성냄과 어리석음으로 불타오르고 있다. 불행한 마음으로 이끄는 탐진치 삼독의 번뇌로부터 벗어나는 방법으로, 붓다는 지금·여기에서 사념처(몸·느낌·마음·법)를 분명히 알아차림(싸띠, sati) 하라고 가르쳤다.[14] 굳이 특별한 수행시간이 아니더라도, 가거나 서 있거나 앉아 있거나 누워 있을(行住坐臥) 때에나 모든 생활 속에서 자신의 행동과 마음이 항상 알아차림이 되어야 한다는 것이다. 싸띠 수행은 타오르는 번뇌의 불을 끄고 해탈·열반으로 이끄는 실천방법이기 때문이다.

---

14 『맛지마 니까야』, 「알아차림의 확립 경(satipaṭṭhāna Sutta, M10)』

호흡수행은 붓다가 발명한 대표적인 싸띠 수행법이다.[15] 호흡수행을 해보면 망상이 끝없이 일어남을 경험한다. 그러나 일어나는 망상을 알아차림 하지 못하고 한참 망상에 꺼둘리다가 아차, '망상 망상 망상' 하고 다시 호흡 알아차림으로 돌아온다. 오래 수행을 했다 싶지만 달라짐이 없어 보인다. 처음에는 크고 거친 망상이 올라오지만 수행이 진일보하면서 미세한 마음의 흔들림(망상)까지도 알아차림이 되기 때문이라고 한다. 사실은 미세한 망상도 알아차림 할 수 있을 만큼 싸띠힘이 커진 것이다.

싸띠힘이 커지면 '지금·여기'에 더 잘 머물 수 있다. 생활념이 잘 되고 행주좌와 깨어 있는 한 항상 싸띠를 하면 싸띠힘은 폭발적으로 커진다. 그렇게 되면 우리의 마음은 온전히 지금·여기에 머무를 수 있으며 망상에 꺼둘리지 않고 고요해진다.

호흡을 알아차림 하고 있는 마음에 왜 망상이 끼어들까? 이를 이해하기 위해서는 뇌의 구조와 작동방식을 알 필요가 있다.

뇌는 다양한 복합기능을 실행하는 장치이다. 그 장치는 뇌신경세포들이 기본이 되고 그들이 서로 11차원으로 연결되어 이루어진, 상상을 초월하는 복잡한 신경망이다. 이 가운데 어떤 신경망은 시각을 알아차리고, 어떤 신경망은 청각을 알아차린다. 또한, 여러 가지 다른 감각들, 망상을 비롯한 많은 생각들, 복잡한 감정들, 여러 가지 본

---

15 『맛지마 니까야』, 「들숨날숨에 대한 알아차림 경(Ānāpānassati Sutta, M118)」

능 등등을 처리하는 신경망들도 있다. 휴대폰에 여러 가지 앱이 설치되어 있는 것과 같다.

앱은 동시에 작동하지 않는다. 하지만 신경망들은 각각 독립적으로, 동시다발적으로 활동한다. 마치 화려한 불꽃놀이와 같다. 불꽃 하나하나가 신경망의 활동이라고 보면 된다. 예로써, 뇌의 시각신경망이 눈에서 들어온 시각영상을 처리하고 있을 때, 같은 시간에 청각신경망은 소리를 받아들여 처리하고 있다는 것이다. 시각정보를 먼저 처리하고 이어서 청각정보를 처리하는 것이 아니라 동시에 처리한다. 맛, 냄새, 촉각 등 다른 기능들도 동시다발적으로 일어난다.

여기에 망상과 같은 내면적 생각들도 일어난다. 다만 그런 뇌활성들이 무의식에서 일어나기 때문에 그런 활성을 모르고 지나가는 것뿐이다. 의식에 들어왔을 때만 우리는 어떤 대상을 보고 있음을, 듣고 있음을, 생각하고 있음을 안다.

뇌활성은 뇌가 죽지 않는 한 계속해서 일어난다. 잠잘 때도, 심지어 무의식 상태에서도 일어난다. 망상의 뇌활성도 그렇게 독립적·자동적으로 때를 가리지 않고 스스로 마구 일어나기 때문에 호흡을 알아차림 하고 있는 가운데에서도 끼어든다.

호흡수행이 깊어지면 망상이 줄어든다. 망상이 일어나도 금방 알아차림 할 수 있게 된다. 또한 생활념이 습관화되면 나의 모든 행동이 알아차림 된다. 싸띠힘이 커진 것이다.

싸띠는 '마음근육'이라고 하였다. 운동을 하면 근육이 커지듯 마음수행을 하면 마음근육이 강해진다. 마음근육은 뇌신경회로이다. 신경세포가 살아 있기 때문에 신경회로도 살아 있는 생물이다. 살아 있는 것은 빠르게 변한다. 휴대폰이나 컴퓨터에도 앱을 구동하는 회로가 있지만 그 회로들은 무생물, 즉 변하지 않는 실리콘 전자회로이다. 카카오톡을 생각해보라. 설정을 일부러 변경하지 않는 한, 아무리 오래 사용해도 '까톡~ 까톡~'이다. 다른 소리를 내게 하던가 무음으로 하려면 우리가 설정을 바꾸어야 한다. 결코, 카톡이 스스로 다른 소리를 내지 않는다.

하지만 생체는 살아 있기 때문에 스스로 변한다. 근육운동을 하면 근육이 변하고 마음운동을 하면 마음근육, 즉 뇌신경망이 변한다. 이렇게 유연성이 있어서 스스로 변하는 성질을 가소성(可塑性, plasticity)이라 한다. 뇌가 스스로 신경회로를 바꾸는 성질을 뇌가소성(brain plasticity) 또는 신경가소성(neural plasticity)이라 한다.

변화는 우선 신경세포 자신이 더 튼튼해지고, 신경회로가 더 강해지거나 약해지고, 새로운 신경회로를 생성하고, 다른 신경회로와 연결되는 것 등을 포함한다. 뇌신경회로의 이러한 성질 때문에 우리는 새로운 사실을 배우고, 기억하고, 새로운 아이디어를 창출할 수도 있으며, 또한 기억을 왜곡하거나 망각할 수도 있고, 손상된 뇌기능을 회복할 수도 있다. 이 모든 마음현상들은 모두 신경회로의 작동에 근거하기 때문이다. 재활의학을 생각해보라. 뇌졸중으로 사지가 마비되더라도 재활운동을 계속하면 어느 정도 기능이 회복된다.

신경가소성으로 뇌신경회로가 복구되고 근육과의 연결이 회복되기 때문이다.

신경회로는 신경세포들이 서로 연결되어 만들어진다. 중요한 점은 그 연결점인 연접(시냅스, synapse)의 연결 강도가 사용 빈도에 따라 변한다는 사실이다. 이러한 성질을 연접가소성(連接可塑性, synaptic plasticity)이라 한다.

'신경회로가 더 강해진다'는 것은 연접의 연결 강도가 더 강해짐을 의미한다. 싸띠 수행을 하면 싸띠신경망을 많이 사용하기 때문에 싸띠신경망을 이루는 신경세포들 사이의 연접 연결 강도가 증가한다. 이는 싸띠신경망이 강해져서 싸띠힘이 커지는 원리이다.

반면에 사용하지 않는 신경망은 약화된다. 거기에 속한 연접들의 연결 강도가 약해지기 때문이다. 이와 같은 원리로 싸띠 수행은 싸띠신경망을 강화하고 번뇌·망상 신경망을 약화시켜 깨달음의 뇌를 만든다.

그런데 왜 번뇌·망상의 불길이 꺼진 깨달음의 뇌를 만드는 것이 그렇게도 힘들까? 번뇌의 신경망은 변화시키기 힘들기 때문이다. 뇌는 그렇게 진화하였다.

05 뇌신경회로
– 역동적인 마음근육

뇌는 끊임없이 새로운 신경회로를 만들거나, 기존의 회로를 더 강화시키거나 약화시킨다. 이처럼 뇌신경망은 매우 역동적으로 변하고 있지만, 눈에 보이지 않기 때문에 우리가 인식하지 못하고 있다. 뇌신경망을 변하게 하는 원동력은 우리의 마음이다. '마음'의 근저에는 뇌신경망의 활동이 있기 때문이다. 근육운동을 하면 근육이 커진다. 우리는 그 현상을 볼 수 있다. 뇌 속에서 일어나는 신경활동과 그 결과로 변한 뇌신경망은 볼 수 없다. 하지만 마음이 일어나는 동안에 그 마음과 관련된 뇌신경회로가 활동을 하고, 어떤 마음을 자주 일으키면 그 뇌신경회로가 강해진다는 것은 뇌과학적 진실이다.

마음이 일어나는 것은 뇌 안에서 마치 화려한 불꽃놀이가 일어나는 것과 같다. 그 불꽃(뇌활성)들은 육근(六根)이 육경(六境)을 만나는 삼사화합(三事和合=觸)으로 일어나고, 의근(意根, mano)에 포섭되면 마음(意識)이 된다. 피어나는 불꽃 전체는 신경망의 활성이고, 불빛 하나하나는 각 신경세포의 활동에 대응된다.[16]

뇌활성들은 감정, 생각과 같은 추상적인 개념을 불러일으킬 뿐만 아니라, 말하거나 걷거나 하는 근육운동의 근거가 된다. 즉, 생각이나 행동은 겉으로 드러나는 현상이고, 그 현상들의 근저에는 각각에 해당하는 뇌신경망의 활성이 있다는 것이다. 마치 휴대폰의 여러 가지 기능들(전화, 메시지, 동영상, 음악 등)은 겉으로 드러나는 현상이고, 휴대폰 속에 그런 현상들이 일어나게 하는 전자회로들의 활동이 있는 것과 마찬가지다.

싸띠 하는 것도 하나의 불꽃놀이에 비유된다. 싸띠신경망을 이루는 많은 신경세포들이 활동하여 하나의 불꽃을 만드는 것이다.

싸띠 수행(알아차림을 계속 반복함)을 하면 왜 싸띠신경망이 강화(싸띠힘 증가)될까? 알아차림은 인지신경과학(cognitive neuroscience) 영역이다. 인지 뇌신경과학계에 전설이 된 말이 있다; 'fire together, wire together'.

---

16 제브라피시(Zebrafish)의 뇌활성(https://youtu.be/lppAwkek6DI)과 생쥐의 뇌활성(https://youtu.be/8JhA4ZJ4ZPQ) 동영상을 보면, 뇌의 다양한 부위에서 동시다발적으로 활성이 일어나는 것을 알 수 있다. 이는 밤하늘에 펼쳐지는 불꽃놀이에 비유된다. 시시각각 여기저기에서 많은 불꽃이 일어나며, 하나의 불꽃은 수많은 신경세포들의 활성을 나타낸다.

신경세포가 활성을 갖는 것을 격발(fire)한다고 한다. 0.1V(볼트)짜리 전기신호(활동전위라 함)를 만들어 축삭(axon)을 통하여 회로의 다음 신경세포로 보내는 것이다. 다음 신경세포로는 연접을 통하여 신호가 전달된다. 'wire'는 '회로를 만들다'라는 뜻이다. 따라서 '동시에 활성(격발)하는 신경세포들은 서로 어울려 회로를 만든다'는 뜻이다. 신호를 보내는 신경세포와 받는 신경세포 사이에 연결(연접)이 생긴다는 뜻이다. 1949년 캐나다의 심리학자인 도널드 헤브가 주장하였다.[17] 처음에는 회로가 새로 만들어지지만, 다음에는 신경회로에 속한 연접들의 연결이 강해진다. 헤브의 주장은 1970년대 초 영국과 노르웨이 과학자들의 실험에 의해 증명되었다.[18]

연접연결강도(synaptic strength)가 증가하려면 연접의 크기가 커지는 것이 기본이다.[19] 크기가 커졌기 때문에 신경전달물질이 더 많이, 더 잘 나오고, 받는 쪽에서는 더 효율적으로 받아들인다. 연접에

---

17   캐나다 심리학자 도널드 헤브(Donald O. Hebb)가 그의 저서 『행동의 조직(Organization of Behavior)』(1949)에서 주장하였다.

18   Bliss TV, Lomo T. Long-lasting potentiation of synaptic transmission in the dentate area of the anaesthetized rabbit following stimulation of the perforant path. J Physiol. 1973 Jul;232(2):331-56. doi: 10.1113/jphysiol.1973.sp010273.

19   Choi JH, Sim SE, Kim JI, Choi DI, Oh J, Ye S, Lee J, Kim T, Ko HG, Lim CS, Kaang BK. Interregional synaptic maps among engram cells underlie memory formation. Science. 2018 Apr 27;360(6387):430-435. doi: 10.1126/science.aas9204. 기억의 물질적 실체를 엔그램(engram)이라 한다. 연접연결강도가 증가할 때 연접의 크기가 커진다. 강봉균 교수 연구팀은 공포기억이 생성될 때 해마의 연접이 커짐을 증명하였다. 엔그램을 실제로 보여준 연구이다.

서의 신호전달이 더 효율적이 된 것이다. 그러면 신경회로의 전기 흐름이 빨라진다. 신경회로를 통한 전기의 흐름이 더 빨라진다는 것은 그 신경회로의 활성이 더 강하게 된다는 뜻이다. 더 강한 신경회로가 된 것이다. 신경회로가 더 강해지면 그 신경회로가 갖는 기능도 더 강해진다. 만일 그것이 싸띠 신경회로라면 싸띠 기능, 즉 알아차림 하는 마음근육이 더 강해진다.

싸띠 수행을 하면 알아차림 신경망, 즉 싸띠신경망이 강화되어 싸띠힘이 증강된다. 반면에 망상·번뇌의 신경망은 약화되고 소멸한다. 자주 사용하지 않는 신경망은 약해지고 궁극에는 없어지기 때문이다. 연접의 연결강도가 장기간 강해지는 것을 연접장기강화(long-term potentiation, LTP), 그 반대를 연접장기저하(long-term depression, LTD)라고 한다. 기억이 약해지고 제거되는 현상은 LTD에 의한다.

한글은 아무리 길고 복잡하더라도 14개의 자음과 10개의 모음으로 만들어진다. 뇌신경회로는 신경세포를 재료로 하여 LTP와 LTD로 그려진다. 그 복잡한 뇌 회로를 단 두 가지 도구로 그린다니 가능한 일인가?

사람 뇌에는 대략 1천억 개의 신경세포가 있고, 각각 5천~1만 개의 다른 신경세포와 연결되어 있다고 보면, 사람 뇌는 1천조 개의 연접이 신경세포들을 11차원으로 연결하고 있는 것이다. 1천조 개의 연접들이 서로 어울려 회로를 만들 수 있는 경우의 수는 얼마나 될까? 무한하다. LTP와 LTD로 무한한 수의 신경회로를 만들 뿐 아니라 신경회로의 강약까지 조절할 수 있다.

> ● 연접가소성(synaptic plasticity)
>
> 사용 빈도에 따라 연접의 연결 강도는 변화한다. 연접의 이러한 속성을 연접가소성(synaptic plasticity)이라 한다. 활동전위(action potential)가 축삭말단에 도달하면 일련의 과정을 거쳐 신호를 받는 신경세포의 가지돌기가시에 작은 연접후전위(postsynaptic potential)가 생성된다. 이 과정을 연접전달(synaptic transmission)이라 한다.
> 연접가소성은 연접 사용 빈도에 따라 연접후전위가 커지기도 하고 작아지기도 함을 의미한다(한편, 축삭을 따라 흐르는 활동전위의 크기는 약 0.1V로 일정하다). 이를 연접연결강도가 강해지거나 약해진다고 표현하기도 한다. 연접연결강도가 강해지면 연접을 통한 신호전달 효율이 높아져서 보다 큰 연접후전위가 생성된다. 이는 연접의 크기가 커짐을 동반한다. 자주 사용하는 연접은 연결강도가 강해져서 연접장기강화(LTP) 현상이 형성되고, 가끔 사용하는 연접은 연결강도가 약해져 연접장기저하(LTD) 현상이 일어난다.

1천조 개나 되는 연접들의 연결 강도가 마음 씀씀이에 따라 역동적으로 변하고 있는 상황을 상상해보라. 어두운 밤 LA나 뉴욕 하늘에 떠 있는 비행기 안에서 끝없이 펼쳐진 대도시의 명멸하는 불빛을 내려다본다고 상상해보라. 우리 뇌 속의 신경연접들은 그렇게 깜빡이고 명멸하면서 신경회로를 역동적으로 바꾸고 있다.[20]

명상이든 수행이든 그것은 뇌를 바꾸는 과정이다. 연접이나 신경망 하나하나를 콕 집어 강화시키거나 제거할 기술은 없다. 신경망들이 너무나 복잡하게 얽혀 있기 때문이다. 그 복잡한 뇌신경망 가운데 일부가 싸띠신경망이고, 다른 일부는 번뇌·망상의 신경망이다.

뇌과학 기술의 발달로 명상이 뇌를 바꾼다는 증거가 많이 나온

---

20 역동적인 뇌신경세포 https://youtu.be/S1dT0QkwC-s

다. 명상을 하면 감정 조절, 자각, 인지 등 현재를 알아차림 하는 뇌 부위는 활성이 강화되고, 과거나 미래를 걱정하는 기본모드신경망 부위는 약화된다. 이처럼 마음운동으로 유익한 뇌신경망을 강화시킬 수 있고, 번뇌의 신경망은 약화시킬 수 있다.

그런데 탐·진·치 3독의 번뇌신경망을 제거하는 것이 왜 그렇게도 힘들까? 호모 사피엔스의 뇌는 사람을 원시 야생에서 살아남게 하였다. 살아남기 위해 필요하였던 탐욕과 성냄의 뇌를 아직도 우리는 고스란히 간직하고 있다. 그러한 뇌는 우리의 호흡과 맥박과 같은 생명현상 자체를 유지해주는 중요한 역할을 하기도 하지만 번뇌·망상의 불을 지피기도 한다.

번뇌·망상의 신경망들은 잘 변하지 않는다. 탐·진·치에서 벗어나기 힘든 이유이다.

06 / 고집불통의 번뇌신경회로

인간의 마음은 탐욕, 성냄, 어리석음의 삼독으로 불타오르고 있다. 그 마음은 뇌신경회로의 활성으로부터 홀연히 떠오르는 창발(創發, emergence) 현상이다. 그런데 뇌신경회로는 가소성이 있어서 변화될 수 있다. 원하면 바꿀 수 있다는 뜻으로 매우 다행한 일이다.

살아가면서 우리는 탐진치의 뇌신경회로를 끊임없이 만들어 키우지만, 노력하면 제거할 수도 있다. 배울 수 있기 때문에 탐진치로 오염된 마음을 수행으로 깨끗이 닦아 세상의 존재를 있는 그대로 비추어볼 수 있는 마음거울을 만들어야 한다. 그러한 반야(般若)의 지혜를 체득하고자 노력하지만 쉽지 않다. 그것은 너무나 힘들기 때문에 부처님은 야생 코끼리를 길들이는 방법에 비유하여 설명하셨다.[21] 탐진치에 물든 야생 코끼리의 목을 잘 훈련된 왕의 코끼리에 묶어 노지로 끌고 나와, 꼼짝 못 하고 조련에 따르도록 하여 숲속의 습관(번뇌)을 제거해야 한다고 비유하셨다. 강력한 조치를 해서 탐진치 습관을 제거해야 왕의 수족이 되어 왕을 섬길 수 있는 훌륭한 코끼리로 길들여진다는 것이다. 그만큼 번뇌의 습관을 제거하기는 힘들다. 마음공부는 어렵다는 뜻이다. 왜 그럴까?

고양이나 개도 좋아하고 싫어하고 화내는 감정이 있다. 그들에게 탐욕과 분노를 없애라고 가르칠 수 있을까? 살모사나 악어를 잘 가르쳐 반려동물로 키울 수 있을까? 그들은 먹고, 번식하고, 공격하는 본능만 있을 뿐 개나 고양이가 갖는 감정도 없다. 왜 그럴까? 뇌가 그렇기 때문이다.

뱀이나 악어와 같은 파충류가 가진 뇌를 파충류뇌(reptilian brain, R-brain)라 한다. 파충류뇌는 본능의 뇌이다. 그렇기 때문에 파충류는 본능적으로만 살아간다. 반면에 개나 고양이 같은 하등포유동물들은 파충류뇌에 더하여 구(舊)포유류뇌를 가지고 있다. 구포유류뇌는 뇌척수액이 들어 있는 뇌실(腦室, ventricle)을 둘러싸는 부위들이기 때문에 둘레계통(변연계통, limbic system)이라고 한다.

개, 고양이, 곰 같은 털이 난 동물들은 둘레계통의 뇌까지 잘 발달되어 있다. 둘레계통은 편도체와 시상하부가 중심이 된다. 편도체는

---

21 『맛지마 니까야』, 「길들임의 단계 경(Dantabhūmi Sutta, M125)」

감정중추이기 때문에 둘레계통은 감정을 관할하는 뇌이다. 그래서 개나 고양이는 본능과 감정이 있고, 뱀이나 악어와 같은 파충류에는 감정이 없고 본능만 있다. 그러나 파충류뇌와 둘레계통의 뇌는 학습하는 뇌가 아니다. 뱀이나 고양이를 가르칠 수 없는 이유이다.

배울 수 있는 뇌는 신(新)포유류뇌(신피질, neocortex)이며 둘레계통 다음에 진화하였다. 그래서 사람을 포함한 고등동물의 뇌는 파충류뇌, 둘레계통, 신피질로 이루어진 삼중뇌(삼위일체뇌, triune brain)라 한다.[22] 파충류, 하등포유동물, 고등포유동물 모두 3가지 뇌를 가지고 있다. 다만 신피질은 사람에 가까이 올수록 잘 진화되었으며, 역으로 파충류에서는 발달이 미미하다.

삼중뇌의 맨 아래에 위치하는 뇌줄기(뇌간, brainstem)가 파충류뇌에 해당한다. 둘레계통은 그 위에, 신피질은 둘레계통 위에 위치한다. 뇌줄기는 본능을 관할하는 파충류뇌이기 때문에 사람에서도 본능은 뇌줄기에서 시작된다. 뇌줄기는 호흡, 맥박, 체온 등의 중추이기 때문에 생명 유지에 필수적이다. 둘레계통은 감정을, 신피질은 학습과 정보저장(기억)을 담당한다.

탐진치 삼독은 진화적으로 오래전에 생겨난 행동속성이며 모든

22　삼중뇌는 미국 예일대학교 신경과학자인 폴 맥린(Paul Donald MacLean, 1913–2007)이 진화학적 관점에서 본 인간의 뇌구조를 설명하기 위해 제시한 모델이다. 이에 따르면 인간의 뇌는 진화의 과정에 따라 R-복합체(뇌줄기), 둘레계통(변연계), 신피질로 차례로 발달하여왔다.

> ● 창발(創發, emergence)
>
> 구조에서 어떤 현상이 홀연히 일어나는 것을 창발이라 한다. 이는 개개의 단위가 모여서 유기적인 구조를 형성할 때 나타난다. 개별적 단위가 무작위적으로 모여서는 창발 현상이 나타나지 않는다.
> 호주 노던 준주(Northern Territory)의 '컴퍼스' 혹은 '자성' 흰개미(Amitermes) 둥지들의 집단지능(集團智能, collective intelligence)이 창발 현상의 좋은 예이다. 다수의 개체들이 서로 협력 혹은 경쟁을 통하여 창발되는 결과이다. 개개의 개미는 둥지를 지을 만한 지능이 없다. 그러나 집단을 이루면 각각의 상호작용을 통해 거대한 지능적 탑을 쌓는다. 흰개미들은 진흙으로 거대한 둔덕을 짓는데 이 집에는 온도를 조절하는 정교한 냉난방 장치도 있다. 이러한 과학적 구조를 활용하여 자기들이 주요 양분 섭취 원료로 사용하는 곰팡이를 배양한다. 이 곰팡이는 정확히 30.6°C에서 배양된다. 이 때문에 흰개미들은 매일 수많은 냉난방 통풍구를 부지런히 열고 닫음으로써 공기 대류를 조정해 온도를 유지한다.
> 인체에서 원소 → 분자 → 아미노산 → 단백질 → 세포 → 조직 → 기관 → 개체로 집단을 이루면서 각각의 상위구조는 하위구조가 갖지 않는 새로운 기능을 창발한다. 개체가 모여 집단을 이루어 지능을 창발하는 집단지능을 자연계에서 찾아볼 수 있다.
> _『오온과 전오식』, 문일수, 무량수, 2020. 71-75쪽에서 인용함.

동물들이 기본적으로 공유한다. 하물며 진화적으로 파충류보다 더 하등동물인 물고기들도 가지는 행동(마음)이다.

화, 공격성, 번식, 자식보살핌(부모행동), 소속감(유대감), 자신이 속한 사회에 대한 인식(사회인지), 스트레스 반응 등을 사회행동이라 한다. 이러한 사회행동을 조절하는 뇌신경망은 물고기에서부터 사람에 이르기까지 척추동물 전반에 걸쳐 매우 잘 보존되어 있다. 이 신경망을 사회행동신경망(social behavior network, SBN)이라 한다. SBN은 뇌줄기와 둘레계통의 뇌 부위들에 펼쳐져 있다. 편도체와 시상하부는 이 신경망에서 중추적 역할을 한다. 실제로 살아 있는 생쥐의 편도체를 자극하는 실험을 하면 공격성이 나타나 막대기나 모자나

● 사회행동신경망(social behavior network, SBN)

사회행동신경망은 주로 파충류뇌와 둘레계통의 뇌 부위에 걸쳐 있으며 사람의 경우 전전두엽의 여러 부위도 포함된다. 사회행동신경망은 공격, 번식, 부모행동, 소속감, 사회인지, 구성원 사이의 다양한 형태의 정보교환, 사회적 스트레스에 대한 반응 등 사회생활을 위한 기본적 행동을 위한 신경망이다. 이 신경망은 6개의 노드(node, 연결중심부위)가 서로 연결되어 전체가 하나가 되어 활동한다.

사회행동신경망은 진화적으로 하등동물에서부터 고등동물에 이르기까지 잘 보전되어 있다. 그럼에도 불구하고 행동에 큰 차이를 보이는 것은 무슨 이유일까? 어류, 양서류, 파충류의 경우에는 거의 본능에 따른 행동을 보인다. 그들에게는 감정조차 없다. 반면 조류, 포유류는 행동에 감정적 요소가 많이 포함된다. 사람에서는 이성적 요소도 첨가된다. 기본적으로 유사한 사회행동신경망을 갖고 있음에도 사회행동에 큰 차이를 보이는 것은 분명 대뇌피질의 발달 정도에 기인하는 것으로 보인다. 고차원의 뇌구조가 하위구조를 조절한다.

귀뚜라미 등 무엇이든 공격한다.

SBN은 본능적 습성(파충류뇌)과, 좋아하고 싫어하는 감정과, 집착의 습성(둘레계통)들을 만드는 마음신경회로이다. 개, 고양이, 뱀, 악어를 길들이기 힘들듯이 SBN도 길들이기 힘들다.

탐진치 번뇌가 여기에 물들어 있다. 수행을 하여 번뇌의 불꽃이 꺼진 뇌를 만들고 싶지만 SBN은 도무지 고집불통이다. 뼈를 깎는 수행정진이 필요한 이유이다. 그래서 부처님은 야생 코끼리를 잘 조련된 왕의 코끼리 목에 매달아놓고 길들여야 한다고 비유하였다.

사실 어리석음(癡)은 사회행동신경망(SBN)과 그와 연결된 기본모드신경망(DMN)에서 생겨나는 번뇌이다. SBN에서 시작하여 DMN

으로 퍼진 어리석은 마음은 망상을 통하여 시도 때도 없이 반복 활성화되어 매우 강력한 '치(癡) 신경회로'를 만든다. 망상은 우리의 의지와 관계없이 기본적(자동적)으로 일어나도록 진화하였다. 그래서 일체 망상을 하지 말고 항상 깨어 있어 '지금·여기'를 싸띠 하라고 부처님은 가르치셨다. 그렇게 하면 싸띠힘은 강해지고 번뇌는 사라져 반야(般若)를 체득하고 지혜의 혜안이 열린다.

그런 '도 닦음'이 가능한 것은 우리 인간만이 가지고 있는 전전두엽 덕분이다. 전전두엽은 대뇌의 가장 앞부분을 차지하는 뇌 부위로서 잘 길들여지는 온순하고 협조적인 뇌이다. 고집불통의 파충류뇌나 둘레계통의 뇌와 다르다.

'스트레스 감소 알아차림 명상(MBSR)'을 8주간만 하여도 전전두엽 기능이 강화된다. 살아가면서 우리는 어떤 행동을 하면 상을 받고 벌을 받는지 경험한다. 그런 경험으로 학습한 '행동요령원칙'이 전전두엽에 쌓인다. 사람에게만 있는 반야(지혜)의 뇌이다. 근기와 노력하는 만큼 명품 전전두엽이 만들어진다. 각자의 몫이다.

07 어리석음의 뇌신경회로

 탐·진·치 삼독의 번뇌 가운데 치(癡)는 사리분별에 어두운 것을 말한다. 세속적으로 생각할 때 삼독의 시작은 탐욕일 것이다. 지나친 욕심이 번뇌의 출발이다. 세상은 절대로 욕심(貪)을 채워주지 않기 때문에 노여움(瞋)으로 이어지고, 사리분별이 어두워져(癡) 삶이 괴로워진다(苦).

 탐욕은 왜 일어날까? 부처님은 무명(無明)을 모든 고통의 근본원인으로 보았다. 무명은 명지(明知)가 없는 것, 즉 진실한 도리(理)를 깨치지 못한 상태를 말한다. 무명은 12연기(十二緣起)[23]의 제1지분을

---

23 12연기설은 무명(無明)부터 노사(老死)까지 12가지 인과관계로 인연을 설명하는 불교교리이다. 12연기·12지연기(十二支緣起)·12인연(十二因緣)이라고도 하며, 무명·행·식·명색·6입·촉·수·애·취·유·생·노사의 12지, 즉 12요소로 된 연기설이다.

이루고 있는 것에서 보듯이, 미혹된 존재가 겪는 피로움(苦)의 근본이라고 가르친다. 무명은 곧 어리석음(癡)이다.

모든 번뇌의 근본원인이 되는 치는 우리 뇌의 어디에 똬리를 틀고 있을까?

탐(貪, 탐욕)과 진(瞋, 분노·적의·원망·이기심·서운함)은 보다 원초적이고 본능적인 어리석음으로 매우 하등한 동물들의 마음을 만든다. 사람 뇌에서는 가장 오래전에 진화한 부분인 뇌줄기, 즉 파충류뇌와 둘레계통에 탐욕과 분노가 거처한다. 여기에 있으면서 화, 공격성, 짝짓기, 부모행동과 같은 매우 기초적인 사회행동을 가능하게 하는 신경망인 사회행동신경망을 만든다. 이것이 탐·진의 기본이 되는 뇌신경회로이다.

한편 편견, 선입관, 가치관 등의 어리석음인 치는 뇌의 보다 고등한 기능이다. 뇌의 고등기능은 삶의 지식과 공명한다. 삶의 지식이란 우리가 살아가면서 습득한 학습의 결과이다. 학습된 지식은 대뇌피질에 저장된다. 삶의 지식이 이 신피질에 널리 퍼져 저장된다. 또한, 그 사이사이에 편견, 선입관, 가치관과 같은 어리석음도 함께 저장된다. 학습한 지식이 대뇌 전체에 퍼져 저장되듯 어리석음도 대뇌 신경망 전체에 스며들어 있다.

이처럼 치 뇌신경회로들은 뇌 전체에 흩어져 존재하지만 집중적으로 모여 있는 곳이 있다. 기본모드신경망이다. 특별한 조치를 취하지 않을 때 기본적으로 작동하는 모드를 기본모드라 한다.

뇌가 외부대상(色聲香味觸)에 반응하여 일하는 것은 뇌의 '특별한' 일이다. 그런 특별한 일을 하지 않으면 뇌는 '기본모드'에 들어간다. 망상, 과거나 미래 생각, 친구나 가족이나 내가 속한 사회에서 나의 존재가치를 생각하는 등 나의 내면과의 은밀한 대화가 자동적으로 일어난다. 이렇게 마음이 지금·여기에 있지 않고 '딴생각'하는 것이 뇌의 기본모드이다. 이런 마음은 즐겁지 않은 마음이라고 하였다. 필시 과거와 미래를 걱정하거나, 즐겁지 않았던 친구 관계 등 번뇌의 마음이 끼어들기 때문이다. 그런데도 우리는 '딴생각'을 '시도 때도 없이' 반복한다. 반복은 매우 강력한 '치 신경회로'를 만든다. 망상하지 말고 지금·여기를 싸띠 하라고 부처님이 가르친 이유이다.

'치 신경회로'는 사람이 태어나면서부터 삶과 함께 끊임없이 쌓인다. 삶은 흘러 지나가지만 그 경험은 반드시 뇌신경회로에 흔적을 남긴다. 중요하거나 인상 깊거나 충격적인 경험은 강한 뇌신경회로로, 그렇지 않은 경험들은 희미한 회로로 흔적을 남긴다. 강한 회로는 명시적 기억이 되어 나의 행동에 직접적으로 개입하고, 희미한 회로는 암묵적 기억이 되어 나의 행동과 사고의 성향을 결정짓는 무의식의 지형을 형성한다.

내가 쌓아가는 지식은 나의 자아(ego)의 신경회로를 형성한다. 갓 태어났을 때 나의 자아는 미미했다. 지식이 미미했기 때문이다. 하지만 세상을 살아가면서 나의 자아는 성장하고 강고해진다. 나이가 들수록 그 자아는 강해지고 고집불통이 된다. 나와 관련된 지식이 많아지기 때문에 자아는 강해지고, 나이가 들면 뇌신경세포는 가소성이 떨어져 잘 변하지 않기 때문에 고집불통이 된다.

지식의 뇌신경회로는 대뇌 전체에 흩어져 생성되고 저장되지만, 그 가운데 자아를 생성하는 뇌신경회로는 특정한 곳에 집중되어 쌓인다. 자아는 '나'임('I'-ness)에 대한 개념이다. 그것은 세상과 분리되는 '나'이고 '나의 이야기'가 쌓인 곳이다. 자아는 기본모드신경망에 거처한다. 나의 이기심, 서운함, 편견, 선입관, 가치관 등도 여기에 쌓인다. 이렇게 어리석음은 기본모드신경망에 스며들어 자아와 늘 함께 활동한다.

해부학적으로 기본모드신경망은 뒤쪽대상피질(posterior cingulate cortex, PCC), 안쪽전전두엽피질(mPFC)에 집중되지만 측두엽을 포함하여 뇌에 넓게 퍼진 일련의 거대한 뇌신경망이다. 이처럼 치(癡)는 자아와 함께 기본모드신경망에 똬리를 틀고 앉아 신구의(身口意) 삼업(三業)의 불을 지피고 있다.

08 자아 vs 오온

인간은 자신이 '나' 바깥의 세상과 분리된 하나의 개체로서 이 세상에 존재한다고 자각한다. 세월이 흘러 몸과 마음이 바뀌었음에도 불구하고 '과거의 나'와 '지금의 나'를 일관되게 지속되는 동일체로 자각한다. 나의 정체성(identity)이다.

나를 구성하는 물질적·정신적 요소들이 바뀌었는데 어떻게 나의 정체성이 유지될까? 과연 '변하지 않는 나'는 존재하는 것일까?

붓다는 변하는 것은 모두 괴로움(苦, suffering)이라고 통찰하였다. '변하지 않는 나'가 있다면 나는 괴로워하지 않을 것이다. 그런데 나는 괴로워한다. 나는 변하는 것일까? 깨달음으로 가는 고타마 싯다르타의 위대한 질문이었다.

정체성에 대한 대표적인 논란은 그리스 신화에 등장하는 테세우스의 배(ship of Theseus)이다. 그리스 신화의 영웅이며 아테네의 왕이었던 테세우스의 전설에 따르면, 테세우스는 괴물 미노타우로스를 죽인 후 미노스 왕으로부터 아테네의 아이들을 구출하여 델로스로 가는 배를 타고 탈출하였다. 아테네인들은 테세우스의 전설을 기념하기 위해 테세우스의 배를 긴 세월 동안 보존했다. 그들은 배의 판자가 썩으면 그 낡은 판자를 떼어버리고 더 튼튼한 새 판자를 그 자리에 박아 넣었다. 그런 보수는 계속되었다.

여기에서 정체성에 대한 질문이 생긴다. "수세기가 지나 테세우스의 배의 모든 부분이 교체된다면 그 배는 원래 배와 여전히 같은 배라고 할 수 있는가?" 또한, "배의 부품을 교체하면서 원래 부품을 창고에 두었다가, 모두 교체한 뒤 창고에 모인 부품으로 배를 하나 조립했다면, 이 배는 테세우스의 배인가? 어느 것이 진정한 원래 테세우스의 배인가?"

같은 질문을 인간으로 확장시킬 수 있을까? 피부의 표피에 있는 각질 세포는 죽어서 탈락한다. 탈락된 세포를 대신하기 위해 피부 바닥에 있는 줄기세포는 끊임없이 분열하여 피부세포를 만든다. 이렇게 태어난 피부세포가 각질세포가 되어 탈락되는 기간은 대략 한 달이다.

매달 나의 피부는 새로 만들어진다. 새로 만들어진 그것은 나의 피부인가? 20대 남성의 경우 하루 약 80g의 세포가 교체된다. 소화관의 상피는 3~5일 만에 교체되며, 심장세포와 신경세포는 수년 혹은 평생을 우리와 함께 생존한다.

이처럼 우리 몸 세포의 생존기간은 서로 다르지만 시간이 흐름에 따라 바뀐다. '테세우스의 배'와 유사하다. 지금의 '나'는 '과거의 나'와 동일한가?

고타마는 어떻게 생각하였을까? 그는 '나'라는 존재는 몸(色)에 마음(識)이 깃들어 있는 것으로 보았다. '나'는 인식대상을 만나면 느낌(受), 인식(想), 반응 의지(行)가 생기고 종국에는 그 인식대상에 대한 마음(識)이 일어난다. '나'는 이런 5가지 요소가 쌓인 존재(五蘊)일 뿐이다.

정신적 요소(受·想·行·識)는 순간순간 변한다. 원숭이가 이 나뭇가지를 잡았다가 놓고 저 나뭇가지를 잡는 것과 같이, 아침에 다르고 저녁에 다르다고 하였다(마음 원숭이, 심원心猿). 나의 몸(色)도 마찬가지다. 순간순간 변하면서 생노병사한다.

이렇게 고타마는 고정불변하는 나는 없다(無我)고 통찰하였다. 그 통찰은 제법무아(諸法無我)로 이어지고 제행무상(諸行無常), 일체개고(一切皆苦)를 더하여 삼법인(三法印)이 된다.

정말 '나'는 없는가? 세속의 눈으로 보자. 그것은 자아(自我, ego)의 문제이다. 우리의 기억은 어렸던 어느 시점에서부터 시작한다. 기억은 과거의 나와 현재의 나를 이어주는 파노라마이다. 누구에게나 그

파노라마는 주마등처럼 지나간다. 나에 대한 서사시가 만들어지는 것이다. 그것을 우리는 '자아'라 한다.

그 자아의 내용(서사시)은 시간이 지남에 따라 끊임없이 변한다. 그런데 마치 피부세포가 매달 새롭게 만들어져도 그것을 나의 피부라고 여기듯, 자아의 내용이 시시각각으로 바뀌는데도 '바뀐 자아'를 '과거의 자아'와 동일시하며 그것을 '나'라고 굳게 믿고 있다. 왜 그럴까?

'바뀐다'는 말에 함정이 있어서 그렇다. 우리 몸의 세포는 '온전히' 바뀐다. 그런데 예외가 있다. 마음을 만드는 뇌신경세포의 대부분은 나와 일생을 같이한다. 마음은 시시각각으로 변한다고 했다. 신경세포가 변하지 않는데 왜 마음이 변할까? 신경세포들은 그대로이지만 그들의 연결인 신경회로가 변하기 때문이다.

우리의 뇌는 상상을 초월할 만큼 복잡한 신경회로로 되어 있다. 그 가운데 일부가 조금씩 바뀌고 있다. 살면서 경험하고 학습하는 모든 것은 나의 뇌에 새로운 신경회로로 쌓인다. 기억이다. 쌓였던 신경회로는 허물어지기도 한다. 망각이다. 대부분의 기억은 희미해져 흔적만 남긴다. 그런 것들이 모여 무의식이 되고 나의 '마음성향'을 결정하는 밑그림을 그린다.

결국 뇌과학으로 보아도 고정불변하는 자아는 없다. 새로운 기억이 첨가되기도 하고 쌓였던 기억이 허물어지기도 하면서 끊임없이 변하는 자아가 있을 따름이다. 그런 자아가 나의 과거와 현재를 이어주는 나의 이야기, 나의 서사시를 만든다. 그 서사시는 시간이 흘러도 일관되게 '나'의 이야기를 연속시키기 때문에 나는 나의 정체성을 느낀다. 자아의 이런 측면을 서사적 자아(narrative ego)라 한다. 그 서사시가 있는 곳이 기본모드신경망이다.

또한 자아는 현시점, 지점에서 '나'라는 개체가 세상의 어디에 있는지 자각한다. '내'가 '나' 밖의 세상과 분리된 하나의 개체로서의 존재임을 인식하는 것이다. 개체화된 자아(embodied ego)이다. 나는 너와 분리된 개체로 여기 이 지점에 위치하고 있기 때문에 어디로 오라고 하면 목표지점을 찾아갈 수 있다. 이것은 주변을 탐지하여 나의 좌표를 만들 수 있기 때문에 가능하다. 감각정보를 탐지하는 돌출탐지신경망(salience network)[24]의 기능이다.

자아가 해리(解離, dissociation)되면 세상과 나와의 경계가 붕괴되고 나의 서사시도 사라진다. 그러면 곤란하기 때문에 기본모드신경망은 서사적 자아와 개체화된 자아가 조화롭게 유지되도록 오케스트라의 지휘자와 같은 역할도 한다.

---

24 돌출(salience)은 주변의 일반적인 것들과 다른 것(error)이다. 모두 앉아 있는데 한 사람이 일어서 있다면 그는 '돌출'이다. 뇌는 돌출된 정보를 먼저 인식한다. 나른하게 졸다가도 '쿵!' 소리가 들리면 뇌는 즉시 기본모드신경망이 중단되고(망상이 중단되고) 그 소리를 인식한다. 뇌에 있는 돌출사건을 인식하는 신경망을 돌출탐지신경망이라 한다. 기본모드신경이 작동하다가 갑자기 중앙집행망(central executive network, CEN)이 작동할 수 있는 것은 돌출탐지신경망이 기본모드신경망을 중지시키고 중앙집행신경망의 활성을 유도하기 때문이다. 따라서 이 신경망을 스위치신경망이라 한다.

09 기본모드신경망, 뇌 오케스트라 지휘자

뇌활성은 불꽃놀이와 같다. 함께 특정한 기능을 하는 뇌신경 세포들이 동시에 활성하는 불꽃놀이이다. 그 불꽃들은 외부대상을 접하여 일어날 수도 있고(외인적 뇌활성), 내부 자체적으로 시작하여 일어날 수도 있다(내인적 뇌활성). 외인적 뇌활성은 '앞의 다섯 인식'[25]과 함께하는 의식, 즉 오구의식(五俱意識)을 위한 불꽃놀이가 되고, 내인적 뇌활성은 전오식과 관계없이 홀로 작용하는 의식, 즉 불구의식(不俱意識)의 기반이 되는 불꽃놀이이다.

뇌 속의 불꽃들은 무작위적으로 일어난다. 외부 인식대상이 나타

---

25 전오식. 보고(眼識)·듣고(耳識)·냄새 맡고(鼻識)·맛보고(舌識)·닿음(촉감, 身識)을 인식하는 것.

나는 것을 우리가 인위적으로 조절할 수 없다. 바깥세상은 내가 만드는 것이 아니라 이미 그렇게 만들어져 있다. 나는 그것들을 인식할 따름이다.

뇌 속에서 자발적으로 일어나는 뇌활성들도 마찬가지다. 내가 어떤 기억을, 어떤 생각을 원하는 대로 생기게 할 수 없다. 자동적으로 무작위적으로 떠오른다. 무질서하게 피어오르는 수많은 뇌활성 불꽃놀이들이 무작위적으로 나의 마음공간(의식)을 차지한다면 나의 마음은 무질서하고 생각은 논리적인 이야기를 만들지 못한다. 이 생각 저 생각이 뒤죽박죽된다. '조현병(調絃病, 정신분열증)'이 그런 것이다. 정상적인 마음이 질서정연하고 논리적이라는 것은, 무작위로 피어오르는 뇌활성들 가운데 적시적소의 것들을 선택하여 나의 마음공간에 들어오게 조율하는 지휘자가 있다는 뜻이다. 그 지휘자가 기본모드신경망이다.

내인적 뇌 불꽃으로 사람들의 마음은 수시로 방황한다. 매우 집중하여 일을 할 때도 그런 시간의 30%는 망상에 빠진다. 16시간 깨어 있다고 보면 하루에 6,200여 가지 생각이 오간다. 평균 10초에 한 가지씩 이런저런 생각이 일어난다는 뜻이다. 그만큼 내인적 뇌활성(불꽃)은 강력하다.

과연 인간은 '생각하는 갈대'이다. 마음은 특별히 어떤 외부대상을 인식하지 않으면 '기본적으로(by default)' 망상모드에 빠진다. 그렇게 기본적으로 망상모드에 들어가게 하는 뇌신경망이 또한 기본모드신경망(DMN)이다.

망상은 대부분 과거의 기억을 떠올리는 것이다. 왜 인간은 기본적으로 과거 생각에 빠질까? 모든 생명체는 살아남기에 최적합하도록 진화하였다는 사실에 근거하여 생각하면, 과거 생각을 많이 하는 것이 살아남는 데 유리하였다는 뜻이다.

왜 과거의 기억을 망상하는 것이 생존에 유리하게 작용할까? 뇌의 진화를 생각하기 위해서는 저 먼 태고의 원시시대로 돌아가 보아야 한다.

초기 인류가 출연하면서 협조적이지 못한 자연환경에서 살아남아야 할 당시에는 지난 일을 회상하여 기억을 공고히 해야 할 필요가 있었다. 어느 계곡에 가야 맛나는 먹거리가 있는지, 어느 산 능선에 가면 무서운 포식자가 우글대는지 기억하는 자가 살아남는 데 유리하지 않았을까. 그렇게 기억기능이 탁월한 자가 살아남아 현대 인류를 낳았다. 경험하고 학습한 내용을 잘 기억하는 인간이 결국 지구를 지배하게 되었다. 그 탁월한 기억능력으로 나의 뇌에 나의 과거에 대한 기억이 차곡차곡 쌓이고, 그 기억들은 연결되어 '나의 이야기'를 만든다. 그것이 나의 '이야기하는 자아'이며, DMN의 기능이다.

또한 '나'가 있는 위치를 중심으로 지도를 그릴 수 있어야 저 밖의 세상 어디에 무서운 포식자가 있으며, 어디에는 맛있는 먹거리가 있는지 매핑(mapping, 지도를 그림)이 된다. 그래야 해가 밝으면 포식자를 피하여 먹거리가 있는 곳으로 다시 내비게이션(navigation, 항해) 할 수 있다. 나를 체화하여 지금 여기 이 위치에 있음을 자각하는 '개체화된 자아(embodied ego)'이다. 여기에도 DMN의 기능이 관여한다.

외부대상을 인지하고 있지 않을 때, 체화된 나는 나의 이야기(narrative ego)로 망상한다. 모두 DMN의 기능이라고 하였다. 망상을 하다가 외부환경에 무언가 불쑥 나타나면 우리의 마음은 즉각 그 대상으로 간다.

망상하고 있던 DMN이 외부인지대상이 나타났음을 어떻게 알까? 외부대상을 인지하는 것은 뇌의 중앙집행망(central executive network, CEN)이다. 나른한 봄날 망상을 하고 있는데 갑자기 "쿵" 하고 큰소리가 났다고 하자. 아니면 앞에 나비가 날아든다고 하자. 그러면 망상은 일순간에 정지되고 우리의 마음은 "쿵" 소리나 나비와 같은 외부대상으로 향한다. 무엇이 보이거나(안식), 무엇이 들리는(이식) 것과 같은 전오식은 자동이며, 수동적이다. 우리가 눈을 뜨고 있는데 보지 않을 수 없으며, 귀가 있는데 듣지 않을 수 없다. 자동적, 수동적으로 보이고 들린다. 뇌의 입장에서 보면 시각 혹은 청각신호는 감각기관(안근, 이근)에서 자동적으로 뇌로 들어옴을 의미한다. 그렇게 뇌로 들어오는 신호를 감지할 수 있어야 망상을 그만둘 수 있다.

망상을 하는 DMN은 CEN(중앙집행망)이 일을 하는지 안 하는지 감시하는 보초를 두고 있다. 보초가 CEN의 활동(예를 들어 "쿵" 소리를 듣거나 나비를 보는 것)이 시작되었음을 보고하면 DMN은 즉각 망상을 멈추고, 외부대상에 대한 정보를 처리하는 CEN이 뇌 활동의 주인공이 되도록 한다.

뇌에서 일어나는 뇌활성 불꽃놀이를 앙상블에, 뇌 전체로 보면 큰 오케스트라에 비유할 수 있다. 어떤 앙상블이 멜로디가 되어 크게 연주하고, 어떤 앙상블들이 뒤로 물러나 반주 역할을 하는지는 지휘자의 선택에 달렸다. 뇌 오케스트라의 지휘자가 DMN이다.

물질적으로 풍요로운 현대사회에서는 포식자나 먹거리가 있는 장소에 대한 과거 기억을 회상·망상하는 것이 불필요하다. 번뇌가 될 뿐이다. 지금·여기를 인지하는 마음으로 살아야 한다. 싸띠 수행은 그런 마음운동이다. 그러면 DMN 기능은 약화되고 행복유전자가 표현된다. 후성유전학(後成遺傳學, epigenetics)이다.[26]

---

26   후성유전(epigenetic)은 유전자 '밖(epi-)'에 일어난 변화가 유전자 표현에 영향을 미치는 것이다. 이러한 변화는 태어난 후 삶의 과정에서 일어나기에 후성유전이라 번역한다. 나의 삶의 모든 요인들이 나의 유전자 표현에 영향을 미친다. 이렇게 변화된 유전자 표현 양상은 3대까지 유전되는 것으로 알려졌다. 유전자는 DNA의 이중나선에 있다. DNA는 A, T, G, C 네 가지 염기의 조합이며, 여기에 돌연변이가 일어나면 자손에게 물려주는 유전적 변이가 된다. 따라서 유전적 변이는 부모로부터 유전자로 받는다. 한편, 삶의 과정에서 유전자 밖(epi-)에 변이가 일어날 수 있다. 염기 가운데 C가 메틸로 수식(methylation)된다거나, DNA가 감고 있는 단백질인 히스톤(histone)이 여러 가지로 수식될 수 있다. 이러한 수식은 유전자의 표현에 영향을 미치는데, 삶의 모든 요소가 영향을 미친다. 나이가 들면서 이러한 수식은 누적되어 종국에는 많은 유전자가 표현 정도가 떨어지거나 중지되어 사망에 이른다.

10 고결한 웰빙

 싸띠 수행으로 지금·여기를 알아차리는 싸띠힘을 키우면 우리의 몸 세포에서 행복유전자들이 표현된다. 행복유전자들은 몸과 마음의 조화로운 건강을 통해 우리가 행복하고 아름다운 삶을 영위하게 한다. 어떻게 이것이 가능할까?

 누구나 긍정적 감정은 최대화하고 부정적 감정은 최소화하고 싶어 한다. 그렇다고 모든 욕망이 전부 추구할 가치가 있는 것은 아니다. 일부 욕망은 쾌락을 낳는다 해도 행복을 낳지는 않기 때문이다. 인간은 단순히 자극에 반응하는 욕망충족기계로 살아가지 않는다. 우리는 자유 의지(free will)가 있어서 자신의 행복에 긍정적 영향을 미치는 행동을 선택한다.

 진정한 행복은 어떤 삶에서 올까?

학자들은 긍정적 감정의 삶도 다음과 같이 세분한다. 쾌락적 웰빙(hedonic well-being)을 즐기는 삶은 '즐거운 삶(pleasant life)'이다. 반면에 자신의 장점을 잘 발휘하는 삶은 '좋은 삶(good life)'이다. 이 두 가지 삶은 자신을 위한 삶이다. 자신을 넘어 존재하는 더 위대한 그 무엇을 섬기는 데 자신의 강점을 발휘하면서 사는 삶은 '고결하고 의미 있는 삶(meaningful life)'이다.

어떤 삶이 진정한 행복으로 이끌까? 쾌락 활동(여가, 휴식 또는 재미 즐기기 등)에 참여할 때 즐거운 감정을 많이 경험하고 더 활력이 넘치며, 부정적인 감정이 낮은 것은 사실이다. 실제로 이러한 쾌락적 활동을 하는 동안 그들은 고결함을 추구하는 사람들보다 더 행복하다. 그러나 장기적으로 보면 고결한 웰빙을 추구하는 삶이 더 만족스럽고 행복하다.

인간은 감각자극에 의한 말초적 쾌감을 넘어서 고결한 삶을 추구한다. 지배받지 않는 자율성을 확보하고, 삶의 목적을 추구하고, 자신의 삶을 긍정적으로 수용하고, 다른 사람들과의 관계를 긍정적으로 유지하며, 전반적으로 보았을 때 자신의 삶과 주변 환경을 효과적으로 수용하고 관리하는 능력 등이 여기에 포함될 것이다.

누구나 이러한 삶을 성취하려는 충동이 있지만, 이러한 잠재력은 켜켜이 쌓인 심리적 층계의 맨 아래에 깊이 묻혀 있어 잘 드러나지 않는다. 그 잠재력을 다이몬(daimon)이라 하며, 자신의 다이몬을 추구하고 성취하는 웰빙을 고결한 웰빙(eudaimonic well-being)이라 한다.

불법을 공부하는 자는 감각적 쾌락에 대한 욕망을 버려야 한다고 부처님은 누차 강조하셨다. 쾌락적 웰빙에서 벗어나야 한다는 것이다. 쾌락을 여읨은 불자가 갖추어야 할 조건들 가운데에서도 기초적인, 낮은 단계의 족쇄(下分結)이다. 감각적 쾌락에 대한 욕망을 떨쳐버려도 수행을 통하여 더 고귀한 희열(喜)과 행복(樂)을 얻을 수 있으니[27] 고결한 웰빙을 추구하라고 하셨다.

고결한 웰빙을 추구하는 삶이 쾌락적 웰빙의 삶보다 더 건강하고 행복할까? 2013년 미국의 바버라 프레드릭슨(Barbara L. Fredrickson) 교수와 스티븐 콜(Steven W. Cole) 교수는 쾌락적 웰빙과 고결한 웰빙을 추구하는 사람들의 유전자 표현 양상이 매우 다름을 보여주었다.[28] 구체적으로 보면 쾌락 웰빙을 추구하는 사람들에서는 염증을 유발하는 유전자의 표현이 증가하고, 항체를 합성하거나 바이러스의 침입에 대항하는 유전자의 표현이 감소하였다. 염증을 유발하는 유

---

27 『상윳따 니까야』, 「낮은 단계의 족쇄 경(Orambhāgiyasaṁyojana sutta, S45:179)」

28 Fredrickson BL et al. A functional genomic perspective on human well-being. Proc Natl Acad Sci USA. 2013 Aug 13;110(33):13684-9. doi: 10.1073/pnas.1305419110. 살아가는 사회환경 모두가 유전자 표현에 영향을 미친다. 만성질환, 지나친 가난, 사랑하는 사람과의 사별 등 인생의 역경에서 공통적으로 표현되는 53개의 유전자 (CTRA 유전자, conserved transcriptional response to adversity genes)가 있다. 2013년 미국의 바버라 프레드릭슨 교수와 스티븐 콜 교수 연구팀은 쾌락적 웰빙과 고결한 웰빙을 추구하는 사람들의 CTRA 유전자 표현 양상이 매우 다름을 보여주었다. 고결한 웰빙은 CTRA 유전자들의 전반적인 표현을 줄였으며, 항체 생산 및 바이러스 대항 유전자들의 표현은 증가시켰다. 반면에 쾌락적 웰빙은 이 유전자들의 표현을 감소시키고, 오히려 염증 유발 유전자들의 표현은 증가시켰다. 쾌락적 웰빙은 건강에 해롭다는 뜻이다.

> **● 10가지 족쇄**
>
> 『앙굿따라 니까야』, 「족쇄 경(Saṃyojana sutta, A10:13)」에 따르면 10가지 족쇄가 있다.
>
> 1. 유신견(有身見) – 자아가 있다는 견해. 오온이 나, 나의 자아라고 집착하는 삿된 견해.
> 2. 계금취견(戒禁取見) – 형식적 계율과 의식을 지킴으로써 해탈할 수 있다고 집착하는 것.
> 3. 의심 – 부처님의 가르침을 회의하여 의심하는 것.
> 4. 감각적 욕망 – 감각적 쾌락에 대한 욕망.
> 5. 악의(惡意) – 성내는 마음.
> 6. 색계욕(色界欲) – 중생을 욕계에 태어나게 하는 족쇄.
> 7. 무색계욕(無色界欲) – 중생을 무색계에 태어나게 하는 족쇄.
> 8. 아만(我慢) – 내가 남보다 낫다, 못하다, 동등하다 하는 마음.
> 9. 들뜸 – 들뜨고 불안한 마음.
> 10. 어리석음(無明) – 사성제를 모르는 것.
>
> 첫 5가지 족쇄를 오하분결(五下分結), 나머지 5가지 족쇄를 오상분결(五上分結)이라 한다. 아비담마에 따르면 처음 3가지는 수다원(須陀洹, Sotāpanna)에서 제거되고, 오하분결 전체는 아나함(阿那含, Anāgāmī)에서 제거된다. 오상분결은 아라한(阿羅漢, Arahant)에서 제거된다.

전자는 우리의 몸을 손상시켜 심혈관 질환, 퇴행성 뇌질환, 종양 질환 등을 촉진한다. 항체합성을 억제하거나 바이러스 침입에 대항하는 유전자들의 표현이 감소되면 우리는 감염질병에 더 쉽게 걸린다.

반면에 고결한 웰빙을 추구하는 삶은 염증반응을 촉진하는 유전자들의 표현을 감소시키고, 항체생산 및 바이러스의 침입에 대항하는 유전자들의 표현을 증가시켰다. 더 건강하게 한다는 의미이다. 스티븐 콜 교수가 관여한 다른 연구에 의하면, 유방암 진단을 받은 50대 여성들이 6주간 알아차림 명상을 한 경우 고결한 웰빙에서와 동일한 유전자 표현이 일어나며, 우울증상도 감소했다. 명상이 희열과 행복으로 인도하는 것을 보여준다.

이와 같이 단 6주 동안의 명상도 유전자 표현을 변화시킨다. 어떻게 삶의 방식에 따라 유전자의 표현이 달라질까?

돌연변이는 유전자를 구성하는 DNA의 염기들인 A, T, C, G가 변하는 것이다. 겨우 6주 동안의 행동이 많은 유전자들의 A, T, C, G를 변화시켰을 리 없다. A, T, C, G로 만들어진 유전자는 그대로 두고 '유전자 밖(epigenetic)'에 어떤 변화가 일어나서 유전자의 표현이 변화된 것이다. 그 변화가 유전자를 물들인다고 보면 된다.

유전자를 물들이는 것은 태어나서 살아가는 과정에서 일어나기 때문에 후성유전이라 하고, 그 현상을 연구하는 학문을 후성유전학이라 한다. 어떤 유전자를 가지고 있다고 하여 그 유전자가 무조건 표현되는 것은 아니다. 후성유전은 어떤 유전자가 표현될지 침묵할지를 결정한다. 서로 떨어져 살아가는 일란성 쌍둥이의 마음과 행동이 크게 차이가 나는 이유이다.

하나의 개체가 가지고 있는 DNA 전체를 게놈(genome)이라 한다. 게놈은 그 개체의 모든 것을 결정하는 청사진(blueprint)이다. 우리는 거의 동일한 게놈 청사진을 가지고 태어난다. 하지만 서로 매우 다른 인간으로 산다. 나의 마음, 내외적 환경, 내가 살아온 모든 삶이 게놈의 DNA에 흔적을 남긴다. 그 물든 흔적의 결과는 2대, 3대 후손까지 전달된다.

나와 자손을 위하여 청안한 삶을 살아야 한다. 명상하는 마음이 그 답이다.

11 싸띠 수행이 주는 효과

 시간은 정지하지 않기 때문에 우리의 삶도 끊임없이 흘러간다. 우리는 항상 현재에 살고 있지만, 현재는 순간이고 그것은 곧바로 과거가 된다. 이처럼 끊임없이 현재를 맞이하고, 그 현재는 곧바로 과거로 흘러가지만, 그 시간을 가로질러 연속적으로 경험하는 '나'가 있다고 우리는 느낀다. 그러한 '나'는 시간이 흘러감에도 불구하고 일정하게 유지되는 주체의 주인공이라고 생각한다. 그 주체의식이 '자아'이다. 그 자아는 시간을 관통하여 살아온 나의 이야기로 엮인 나의 서사시이며, 그 서사시는 각자의 뇌에 기록된 기억이다.

 삶은 간단없이 흘러간다. 항상 새로운 현실을 맞이하고 그때마다 우리는 현실에 가장 적합한 결정을 한다. 이처럼 삶은 결정·선택의 연속이다. 일어나서 일상을 시작하면서부터 결정·선택은 시작된다.

어떤 옷을 입을지, 출근은 대중교통을 이용할지 자가용을 이용할지 선택한다.

어떤 결정이나 선택을 할 때는 지식이 동원된다. 그 지식은 나의 경험이 기록된 나의 서사시에서 나온다. 나의 서사시에 기록된 지식을 토대로 현재 상황의 선택지 중 하나를 결정한다. 관련된 지식을 순간적으로 통합하고 적용하는 능력을 지혜라고 한다. 선택지 중 하나를 지혜롭고 올바르게 결정하면 나의 삶은 안온하고 향기롭다.

이처럼 우리는 항상 현재를 살아가지만 동시에 과거의 개입을 받는다. 과거를 바탕으로 현재의 선택지를 결정하기 때문이다.

나의 서사시는 전전두엽(prefrontal cortex, PFC)에 기록되어 있다. 전전두엽 가운데에서도 바깥쪽이 아니라 안쪽 부분, 즉 안쪽전전두엽(medial PFC, mPFC)에 나의 서사시가 기록된다. 현재 상황의 선택지를 결정하는 과정에 mPFC에 기록되어 있는 나의 경험치, 즉 서사시가 개입한다는 뜻이다.

이러한 mPFC의 개입은 인류의 진화과정에서 매우 이른 시기에 진화되었다. 그것이 생존에 필수적이기 때문이었으리라. 쉬운 예를 들어보자. 어떤 원시 인간이 아침에 수렵을 나간다. 어디를 갈지 결정해야 한다. 과거의 경험으로 어느 골짜기 어디에 가면 먹음직한 열매가 많더라는 기억이 나의 서사시에서부터 떠올라야 한다. 사나운 포식자가 나타나면 어디로 피해야 안전한지를 순간적으로 떠올려 현명한 선택을 해야 살아남는다. 현재 상황에 대처하는 데 과거의 경험, 즉 나의 서사시가 개입되어야 하는 필요성이다. 그 필요성은 인류의 생존에 매우 중요하였기 때문에 오래전에 진화하였다.

나의 서사시에는 나의 삶과 직접 관련된 정보들이 강하게 기록된다. 그것들은 주로 나의 마음 행복을 결정하는 요소들이다. 거기에는 나 자신에 관련된 사안들뿐 아니라 나와 관련된 사회관계, 즉 친구들과 직장동료들의 특성, 그들과의 일화, 그리고 나와 그들의 미래에 대한 전망 등이 속한다. 이에 대한 나의 이야기들은 워낙 강력해서 어떤 상황을 경험하고 있는 지금 이 순간에도 순식간에 불거져 나와 나의 마음을 과거나 미래, 혹은 나와 관련된 사회관계망에 대한 망상으로 끌고 간다.

현재 상황을 판단·선택할 때는 그 상황에 관련된 과거의 경험치만 회상되어 개입하여야 한다. 그것이 현재에 머무르는 마음이다. 하지만 마음의 방황은 우리의 의식 속에서 워낙 강하고 도도하게 흐르기 때문에 우리는 흔히 자동적으로 방황하는 마음, 즉 망상으로 빠지게 된다. 그만큼 현재에 머무르는 것은 어렵다. 왜 마음이 방황하는 경향이 그렇게 강한지 설명하였다. 문제는 방황·망상하는 마음은 불행한 마음이 된다는 데 있다.

어떻게 마음을 현재에 머무르게 할 수 있을까? 수행이 답이다. 수행은 불가(佛家)의 언어이고, 이와 가장 가까운 일반적인 언어는 명상이다. 붓다가 창안한 오리지널 명상인 싸띠 수행은 '마음근육(mind muscle)'의 탄력성을 강화시킨다. 마음근육은 스트레스에 대항하는 마음이다. 마음근육이 강화되면 스트레스나 불안 등 삶의 고통에 구속되지 않고 자유로울 수 있다.

싸띠 수행은 현재 상황에 대한 알아차림 능력, 즉 싸띠(념念, '지금 속의 마음心')을 강화하는 훈련이다. 이는 마치 나의 마음과 행위를 지켜보는 드론과 같다. '나'의 밖에서 '나'를 지켜보고 있는 드론이 싸띠이다.

결론적으로 마음근육은 알아차림 기능이고 이는 곧 싸띠를 지칭한다. 알아차림 능력(sati power)이 커지면 지금 이 순간(here & now)에 접하는 존재나 대상을 있는 그대로 볼 수 있게 된다. 그러면 나의 편견에 구속되지 않고 마음은 가벼워지며, 삶이 보다 자유롭고 행복할 수 있다.

불교에서의 싸띠 수행은 깨달음(成道, 涅槃)을 목표로 하는 도 닦음이다. 반면에 명상(瞑想·冥想)은 싸띠 수행의 일부를 적용하여 마음을 맑히고, 휴식을 촉진시켜 스트레스를 줄이는 마음훈련이다. 대표적인 명상방법인 MBSR(mindfulness-based stress reduction)도 알아차림(마음챙김)을 바탕으로 개발된 스트레스 감소 프로그램이다.

알아차림 명상은 개인이 현재 순간에 주의를 기울이고 유지하는 능력을 개발하는 주의 통제 훈련(attentional control training)이다. 이 훈련은 자기 자신의 서사시로 빠지는 망상에서 벗어나게 한다. 8주간 MBSR 프로그램에 참가한 사람들의 뇌를 기능성자기공명영상(fMRI)으로 조사해보면 mPFC 및 PCC(posterior cingulate cortex, 뒤쪽대상피질)의 활성이 줄어들고, 반면에 주의·집중하는 뇌 부위인 외측전 전두엽(lateral PFC, lPFC)과 앞쪽대상피질(anterior cingulate cortex, ACC) 들의 활성이 향상된 것을 확인할 수 있다. 망상은 줄어들고 현재에 집중하여 머무르는 능력이 향상되었다는 뜻이다.

한편 mPFC 및 PCC는 기본모드신경망(DMN)의 핵심 부위이다. 나의 서사시가 기록되는 뇌 부위가 DMN이다. DMN은 자동적으로 활성되기 때문에 나의 서사시(망상)도 자동적으로, 시도 때도 없이 불거져 나온다.

12 / 전전두엽과 불성, 그리고 수행

인간은 다른 동물들과 차별화된 특별한 생명체다. 인간만이 고도로 발달된 언어능력이 있으며, 다양한 도구를 사용하여 엄청난 문명을 이루었다.

 인간의 특별함에는 기술적인 측면도 있지만 더 중요한 것은 영성(靈性, spirituality)이다. 인간을 만물의 영장(靈長)이라고 하는 이유이다. 영성은 인간만이 가지고 있는 마음 속성으로, 불교에서는 불성(佛性)이라 하지 않을까. 불성을 찾는 여정이 불교의 수행이다. 그 수행은 삶의 본질을 깨달아 해탈·열반에 드는 것, 즉 부처가 되는 것을 목적으로 한다. 이는 스트레스를 줄이며, 휴식을 목적으로 하는 일반인들의 명상(瞑想, meditation)과 분명히 다르다.

처음으로 부처가 된 사람이 고타마 싯다르타이다. 그는 석가족(釋迦族)의 성자였기에 석가모니 부처라고 한다. 그는 어떻게 부처를 이루었을까? 싸띠 수행이다. 지금의 의식(意識, 알음알이)을 알아차림 하는 것이 싸띠이다. 내가 지금 어떤 생각을 하고 어떤 행동을 하는지를 알아차림 하는 것이 싸띠이다.

싯다르타는 의근(意根, mano)이 의식(意識)을 만든다고 하였다. 의근은 법경(法境)을 감지하는 감각기관이다. 법경은 눈, 귀, 코, 혀, 피부(감촉)가 감지할 수 없는 비물질적 존재 또는 정신적, 추상적인 개념이다. 아름다움, 슬픔, 생각 등이 법경이다.

싯다르타는 이러한 법경들이 의근에 감지되어 의식에 들어온다고 간파하였다. 예로써, '아름다움'이라는 개념 혹은 비물질적 존재가 있는데 그것이 의근에 감지되어야 '아름답다'라는 의식이 생긴다는 것이다.

5가지 감각기관과 달리 의근은 보이지 않는다. 의근은 무엇일까? 거기에 대한 설명은 추후로 미루고, 싯다르타는 어떻게 의근이 있다고 생각하였을까, 놀라울 따름이다. 더 나아가 싯다르타는 의식을 알아차림 하고 관리하는 싸띠 기능이 우리 마음에 있음을 간파하였다. 그는 싸띠가 의근을 잘 관리하면 의식을 조절·제어할 수 있다고 생각하였다. 싸띠 수행의 발명이다.

싯다르타는 호흡을 알아차림(싸띠) 하는 들숨날숨 싸띠 수행[29]으로 부처(해탈·열반)를 이루었다. 열반은 번뇌의 불이 꺼져 마음이 완전한 평안함에 놓인 상태로서, 불교 수행의 최고 이상향이다. 의식, 싸띠, 열반은 모두 정신영역에 속한다. 이들의 상관관계를 부처님은 이렇게 설명한다.

> "…… 5가지 감각기능은 의근을 의지한다.
> 의근이 그들의 대상과 영역을 경험한다.
> 의근은 알아차림을 의지한다.
> …… 알아차림은 해탈을 의지한다.
> …… 해탈은 열반을 의지한다."[30]

눈, 귀, 코, 혀, 피부 5가지 감각기능은 의근을 의지하고, 의근은 싸띠를, 싸띠는 해탈을, 해탈은 열반을 의지한다고 하였다. 의지한다는 것은 조절·제어를 받는다는 뜻이다. 마음은 천층만층 구만 층이라고 한다. 아래층의 단순한 마음은 보다 복잡한 위층의 마음에 의해 조절을 받는다.

대뇌의 앞쪽인 전전두엽이 마음을 창발한다. 그 전전두엽은 뇌

---

29 『맛지마 니까야』, 「들숨날숨에 대한 알아차림 경(Ānāpānassati Sutta, M118)」
30 『상윳따 니까야』, 「운나바 바라문 경(Uṇṇābhabrāhmaṇa-sutta, S48:42)」

의 앞·뒤 방향으로 기능적 계층구조(階層構造, hierarchy)를 이룬다.[31] 천층만층 구만 층의 마음은 이 계층구조에서 나온다. 전전두엽의 맨 뒤쪽은 현재 순간의 감각이나 운동 행위를 조절하고, 그 앞부분은 현재 순간의 행위를 현재 상황에 맞게 조절한다. 학문적인 용어로는 맥락적 조절(contextual control)이라 한다.

전전두엽의 맨 앞부분은 미래지향적으로 맥락적 조절도 한다. 어떤 행위를 함에 있어 현재 상황에 맞게, 그리고 가급적 미래를 예측하여 행위를 한다는 뜻이다. 학습과 경험을 통하여 우리는 어떤 행위를 하면 상을 받고 어떤 행위는 벌을 받는지 안다. 그러한 지식이 행동 요령 원칙이 되고, 그것이 전전두엽에 저장되어 있다. 그 지식들은 켜켜이 쌓여 계층을 이루고, 맨 위에 해탈·열반층이 있으리라.

사람 마음의 영적 수준, 즉 불성은 천차만별이다. 뇌로 보면 그것은 전전두엽의 차이이다. 우리 불자들은 불성을 높이기 위하여 수행을 한다. 명품 전전두엽을 만들기 위해서이다. 사람의 뇌는 전전두엽이 잘 발달되어 있다. 세상의 존재 가운데 유일하게 잘 발달된 전

---

31 뇌는 전오근으로 전오경을 받아들여 전오식을 생성한다. 의근이 전오식을 포섭하면 의식이 되고, 싸띠는 의식을 의식한다. 메타의식이다. 보다 위층에 반야(지혜), 해탈·열반의 뇌가 있다. 뇌기능의 아래층은 위층으로 정보를 전해주고, 위층은 아래층을 관리한다. 이처럼 뇌기능은 계층구조를 이루며 작동한다. 이 계층 가운데 인위적으로 조절할 수 있는 층은 싸띠층이다. 싸띠는 알아차림 하는 기능이고, 이것은 인위적으로 가능하기 때문이다. 나머지는 모두 무의식에서 진행된다. 알아차림 기능이 의근을 관리하여 호흡만 집중하여 포섭하게 하는 것이 호흡 알아차림 수행이다. 알아차림을 반복하면 싸띠힘이 커지고 반야(지혜)가 커져 해탈·열반에 든다.

전두엽을 가지고 있다.

일반적으로 포유류의 뇌는 삼위일체(三位一體)의 뇌이다. 척수 바로 위에 연결된 뇌줄기, 그 위쪽에서 뇌의 가운데 부분을 차지하는 둘레계통(구포유류 뇌), 그리고 맨 위쪽에 자리한 신포유류뇌(대뇌 및 소뇌), 이 3개의 뇌가 합쳐져 이루어진 삼위일체의 뇌이다. 사람 뇌는 여기에 전전두엽을 더하여 사위일체(四位一體)의 뇌이다. 전전두엽은 유일하게 사람에게만 잘 발달되어 있어 사람을 사람답게 만든다.

전전두엽의 기능은 각자 계발하기에 따라 다른 수준을 갖게 된다. 전전두엽이 잘 발달된 사람은 지식을 지혜롭게 적용하여 현재를 잘 관리한다. 반야(般若, Paññā, 지혜)의 뇌이다. 전전두엽에는 지혜가 지도 관리하는 해탈·열반의 뇌가 있다.

이처럼 전전두엽에는 현재 상황을 제어하는 낮은 차원의 지식관리부터 고도의 지적 통합에서 나오는 지고한 수준의 불성을 나타내는 뇌 부위까지 켜켜이 쌓여 있다. 우리 모두는 불성의 기반인 전전두엽을 갖고 있기에 이를 잘 계발하여 타오르는 번뇌의 불꽃을 끄면 '깨달은 자, 부처'가 된다. 수행은 그 길로 나아가는 발걸음이다.

제2부

마음공간의 구조

13 오온(五蘊)

붓다의 마음을 공부하는 이유는 괴로움(苦, Dukkha)의 원인을 이해하고 괴로움에서 벗어나 평온한 마음을 갖기 위해서이다. 붓다는 그것을 실현하여 '깨달은 자'가 되었다.

삶은 즐거움과 괴로움 그리고 긴 무덤덤함의 연속이다. 대부분의 경우 즐거움은 자주 오지 않고 오더라도 잠깐뿐이다. 하지만 괴로움은 자주 오지 않는다고 하더라도 한 번 오면 대개 오래 지속되는 경우가 많다. 더 큰 문제는 즐거움은 우리가 스스로 노력해 힘겹게 만들지만 괴로움은 원하지 않는데도 찾아온다는 것이다.

왜 괴로움은 가만히 있어도 스스로 찾아올까? 우리가 항상 긍정적인 결과를 기대하면서 살아가기 때문이다. 하지만 세상은 내가 원하는 대로 되지 않기에 괴로움이 발생한다. '그렇게 되기를 원하는 세상'과 '실제로 벌어지는 세상'은 다르기 때문이다. 그 차이가 나의 괴로움을 만드는 근원이다.

살아 있는 한 이러한 괴로움은 계속 발생하며 절대로 피할 수 없다. '그렇게 되기를 원하는 것'은 나의 욕심, 편견, 망상 등이 일으키는 어리석음이며, 그 어리석음의 결과는 반드시 괴로움을 불러온다. 마음의 괴로움은 이렇게 무명(無明)에서 시작된다. '괴로움을 낳는 무명은 대상을 바르게 인식하지 않는 것'(『잡아함경』 제335경)이라고 붓다는 설명하였다.

마음은 무엇일까? 마음의 괴로움을 해결하러 나선 고타마 싯다르타 왕자는 마음의 정체를 어떻게 이해하였을까? 마음이 무엇인지를 알아야 그 마음을 잘 다스려 괴롭지 않은 마음으로 바꿀 수 있지 않겠는가.

나의 마음은 다른 누구도 아닌 내가 만든다. 그렇기에 마음이 무엇인지 알기 전에 '나'는 무엇인지 먼저 알아야 한다. 붓다는 철저하게 현실적, 분석적 사고로 '나'를 정의한다. 아리아인들의 특징일까? 그는 '나'라는 존재는 나의 몸과 그 몸에서 생겨나는 마음을 합한 것이라고 생각하였다.

몸은 물질이다. 그 생명이 있는 물질에 마음이 생성된다. 살아 있는 생명은 항상 대상을 인식한다. 대상을 보고, 듣고, 냄새 맡고, 맛보고, 만져보고 촉감을 느낀다. 붓다는 그런 알음알이들이 마음을 만든다고 분석하였다. 즉, 마음은 살아 있는 '몸'이 인식대상에 반응하여 만들어진다고 파악하였다.

붓다는 마음을 생성하는 인식과정을 보다 구체적으로 분석하였다. 다음은 괴로운 마음이 일어나는 과정에 대한 붓다의 설명이다.

> '무엇이 괴로움의 일어남인가?
> 눈과 형색을 조건으로 눈의 알음알이(識)가 일어난다.
> 이 셋의 화합이 감각접촉이다.
> 감각접촉을 조건으로 느낌이,
> 느낌을 조건으로 갈애가 있다.
> 비구들이여, 이것이 괴로움의 일어남이다.' [32]

눈과 형색, 귀와 소리, 코와 냄새, 혀와 맛, 몸과 감촉, 마노와 법을 조건으로 각각의 6가지 알음알이(六識)가 일어나며, 이러한 감각 접촉으로 느낌이, 갈애가, 괴로움이 이어서 일어난다고 설하였다. 대상을 인식하면 알음알이가 생기고, 그것을 바탕으로 느낌이 일어난다. 나의 몸에 느낌이라는 마음요소가 일어나는 과정이다.

붓다는 더 깊이 분석한다. '나'라는 몸뚱이(색, 色)는 인식대상을 만나면 6가지 알음알이, 즉 육식을 통하여 느낌(수, 受)이 생기고, 그 대상에 대한 기억과 지식이 떠올라 그것이 무엇이라고 알게 된

---

[32] 『상윳따 니까야』,「괴로움 경(Dukkha-sutta, S12:43)」

다(상, 想).

예로써, 길을 가다가 살모사를 만나면 무섭다는 느낌이 먼저 생기고 나서 그것이 살모사라는 것을 안다는 것이다. 그다음은 필연적으로 '피해야지'라는 심리현상(행, 行)이 생긴다. 이 모든 과정이 합쳐져 궁극적으로는 '살모사구나. 무서워, 빨리 피해야지.'라는 마음(식, 識)이 된다.

이렇게 마음(識)은 나의 몸(色)에 일어나는 수(受)·상(想)·행(行)을 거쳐서 생겨난다. 나의 몸과 마음이 나를 구성하는데, 보다 구체적으로 살펴보면 5가지 구성요소들(色·受·想·行·識)이 합쳐진 것이다. 그렇다. 붓다는 '나는 이 5가지가 쌓인 무더기(오온, 五蘊)일 뿐이다'라고 통찰하였다. '나'라는 존재는 나누어서 보면 오온이 연기된 것이다.

그런데 오온 하나하나는 항상 변한다. 시간이 흐름에 따라 나의 몸(色蘊)도 변하고, 정신(受蘊·想蘊·行蘊·識蘊)도 변한다. 고정불변하는 나는 없다(無我).

그런데 편도체로 가서 느낌을 불러일으키는 과정이 시각피질에서 '살모사'라는 자세한 형상이 분석되는 과정보다 더 빠르다. 그래서 '무섭다'라는 느낌(受蘊)이 먼저 들어 얼른 피하고 본다. 돌아서 보면, 즉 자세한 모양새가 파악되면 위험한 살모사가 아니라 꼬부라진 나무막대기이거나 널브러진 새끼줄이다. 우선 위험한 대상을 피하는 것이 살아남는 데 상책이기 때문에 뇌가 그렇게 진화하였을 것이다.

붓다도 이것을 알았을까, 수온이 상온 앞에 설정된다. 최초로 대상을 인식하는 과정에서는 느낌의 생성이 정확한 형상을 파악하는 속도보다 빠르다. 인식(認識, perception, 지각)은 최초로 대상을 받아들이는 과정이다. 그 후에 일어나는 여러 가지 생각은 인지(認知, cognition)라 한다. 인지 과정에서는 수·상·행·식에 순서가 없다.

지금으로부터 2,500여 년 전에 뇌의 기능을 아는 사람은 없었을 것이다. 붓다도 뇌에 대하여 특별히 교설하지 않았다. 그런데 붓다가 통찰한 괴로운 마음이 일어나는 과정과, '나'의 정체에 대한 통찰은 철저하게 뇌과학이다. '괴로운 마음'을 '괴롭지 않은 마음'으로 바꾸는 방법을 발명한 붓다는 분명 위대한 뇌과학자임에 틀림없다.

14
몸과 마음 관계에 대한 붓다의 통찰

'마음과 몸이 서로 어떤 관계인가'라는 질문을 심신문제(心身問題)라고 하는데, 이는 오랜 세월 동안 논란거리였다. 이 문제는 현시대에도 많은 사람들이 궁금해한다.

아리스토텔레스(기원전 384~322년)는 인간의 마음이 따뜻한 심장에 있다고 생각했다. 또한 그는 동물의 뇌를 방열기관이라고 생각했다. 뇌는 쭈글쭈글하게 생겨 열을 잘 발산할 것으로 생각한 것이다.

옛 이집트인들도 감정과 기억, 지혜가 자리 잡고 있는 곳은 뇌가 아니라 심장이라고 생각했다. 그래서 미라를 만들 때 가장 중요하게 보관한 것도 심장이었다. 뇌는 필요 없는 부분이라고 생각해서 버렸다. 옛 중국에서도 심장은 '마음을 담당하는 장부(心腸)'로 여겨졌다. 마음 '心'은 심장의 생김새에서 유래한 것이다.

『열자(列子)』의 「탕문편(湯問篇)」에 심장이 사람의 정신을 지배한다는 임상사례가 나온다. 두 남자의 심장을 심장이식 수술로 바꾸어 놓으니 서로 집을 바꾸어 찾아가고, 처자식도 바꾸어 알더라는 것이다. 그 시대에 심장이식 수술을 했을 리 만무한 중국인 특유의 허풍이지만 마음이 어디에 있다고 생각했는지를 잘 보여준다.

반면 의학의 아버지라고 불리는 히포크라테스(기원전 약 460~370년)는 마음이 머무르는 곳을 심장이 아닌 뇌라고 생각했다. 의학이 발달하면서 마음이 뇌와 관련 있다는 주장에는 이견이 없다. 그러면 뇌와 마음은 구체적으로 어떤 관계일까?

17세기에 르네 데카르트(René Descartes)는 마음이라는 실체와 뇌라는 실체가 따로 존재한다는 물심이원론(物心二元論)을 주장했다. 그는 인간을 물질적 실체(몸)와 정신적 실체(영혼)의 결합체로 보았는데, 두 상이한 실체는 뇌의 송과체(松果體)에서 만나 마음을 만든다고 믿었다.

반면 단일론(單一論, monoism) 혹은 물질론(physicalism)은 마음과 몸(뇌)은 분리할 수 없는 하나의 실체라고 본다. 뇌의 어느 부위가 마음이라는 것이다. 즉 뇌에 대뇌, 소뇌, 숨뇌 등이 있듯이 마음뇌가 있다고 단일론자들은 주장한다. 그러나 마음은 뇌의 어느 부위에도 해부학적(즉, 공간적) 실체로 존재하지 않는다.

현대는 심신문제를 실체이원론이 아닌 속성이원론(property dualism)으로 설명한다. 인간이라는 한 실체 안에 두 가지 속성(property),

즉 물질적(physical)인 속성과 정신적(mental) 속성이 존재하며, 정신적 속성인 마음은 육체적 속성인 뇌의 활성에서 유래한다고 보는 것이다. 즉, 마음은 뇌의 활성으로 생성된다.

뇌와 마음의 관계는 전구와 빛의 관계에 비유할 수 있다. 전구에 전류가 흐르면 빛이 들어온다. 전구 속에 있는 텅스텐 필라멘트에 전류가 흐른 결과 빛이 생성되었다. 전구는 뇌, 텅스텐 필라멘트는 뇌의 신경회로에 대비된다. 뇌신경회로(텅스텐 필라멘트)에 전류가 흐르면 마음(빛)이 발생한다. 이처럼 마음(정신적 속성)은 뇌신경회로(몸, 물질적 속성)의 작용이다. 속성이원론이다.

붓다가 속성이원론을 설하지는 않았다. 하지만 '나'를 오온으로 규정한 것은 마음의 창발에 대한 속성이원론을 분명히 내포하고 있다. 대상의 인지를 통해 나의 몸(색)에서 정신(수·상·행·식)이 생긴다고 하지 않았는가. 『상윳따 니까야』「낑수까 나무 비유 경(Kiṃsukopama-sutta, 35:245)」은 마음(알음알이)이 물질에 존재한다고 설명한다.

> "그때 동쪽으로부터 재빠른 전령 두 명이 달려와서 그 문지기에게 '여보시오, 지금 이 도시의 성주는 어디에 계시오?'라고 말하면, 그는 '지금 그분은 중앙광장에 앉아 계십니다.'라고 대답할 것이다."

제2부 마음공간의 구조   85

'성주'는 알음알이(마음), 중앙광장은 몸을 이루는 네 가지 근본 물질(땅, 물, 불, 바람)이니 마음은 물질에 있다는 뜻이다. 『맛지마 니까야』 「여섯씩 여섯 경(Chachakka Sutta, M148)」에서 붓다는 더 나아가 눈, 귀, 코, 혀, 감촉, 마노(意)를 통한 6가지 인식으로 말미암아 마음이 생긴다고 설명한다. 마음이라는 실체가 따로 있는 것이 아니라 감각기관을 통하여 몸이 반응할 때 마음이 생긴다는 것이다. 이처럼 붓다는 몸의 반응이 마음을 창발한다고 설명하였다.

'나'라는 존재는 물질(色蘊)이기도 하지만 마음(識蘊)이라는 현상을 창발하는 존재이다. 이렇게 '나'는 물질적 속성과 정신적 속성을 갖는다. 현대 정신과학 이론인 마음의 속성이원론을 붓다는 2,500여 년 전에 이미 알고 있었다.

마음이 무엇인지 알아야 마음의 괴로움을 해결할 수 있다. 오온이 의미하듯 마음은 나의 몸이 인식과정을 거쳐서 생성하는 것이라고 붓다는 통찰하였다. 이는 매우 중요한 의미를 갖는다. 역으로 인식과정을 조절하면 마음을 조절할 수 있기 때문이다.

더 나아가 마음을 조절한다는 것은 뇌를 조절한다는 것이다. 결국 뇌도 마음에 의존한다. 인식을 조절하여 어떤 마음을 갖느냐에 따라 거기에 맞는 뇌가 만들어진다는 것이다. 이러한 사실은 최근 명상의 뇌과학적 연구를 통하여 잘 증명되고 있다.

대상을 어떻게 인식하는가에 따라 어떤 마음이 만들어질지가 결정된다. 이는 불교의 핵심 문제이다. 청안한 마음을 만드는 것이 불자들의 핵심 목표이기 때문이다. 우리는 오감을 통하여 인식한다고 생각한다. 하지만 붓다는 6가지 감각기관(六根)을 통하여 인식한다고 가르친다. 법경을 인식하는 감각기관인 의근을 설정한 것이다. 법경이 의근에 포섭되면 의식이 된다고 가르쳤다.

15 / 전오식(前五識)

무엇을 만들려면 재료가 있어야 한다. 마음을 만드는 재료는 심상(心想, qualia)이다. 마음공간에 떠오르는 이미지이다. 그 이미지는 형상, 느낌, 개념 등 여러 가지이다. 심상은 인식대상을 대할 때 나의 마음 속에 일어난다. 인식대상이 없어도 어떤 이유로 마음속에서부터 시작한 심상이 있을 수도 있지만 대부분 외부대상을 만날 때 생성된다. 그것들은 색·성·향·미·촉이다. 마음속에서는 법(法)을 연유로 시작한다.

대부분 파란 가을 하늘을 보면 '화창하다'는 심상이, 장미꽃을 보면 '아름답다' '매우 붉다'와 같은 심상이 일어난다. 이러한 심상들이 이야기로 엮여서 의미 있는 내용을 만들면 마음이 된다. '매우 붉은 장미꽃이 아름답구나.'라는 마음이 생긴 것이다.

심상은 매우 주관적이다. 같은 장미꽃을 보고도 각자 다른 심상이 생긴다. 같은 대상을 접하고도 각자의 마음이 다른 이유이다. 심상은 주관적이기 때문에 남의 마음에 어떤 심상이 생겼는지 내가 알 수 없다. 짐작만 할 뿐이다.

붓다는 마음의 괴로움을 해결하고자 길을 떠났다. 붓다는 무엇이 마음의 재료라고 생각하였을까? 어떤 재료로 마음을 만들기에 어떤 때는 즐겁고, 어떤 때는 괴롭고, 어떤 때는 무덤덤할까?

붓다는 나의 몸(色, 색)에 수(受, 느낌), 상(想, 인식), 행(行, 의도)을 거쳐 식(識, 마음)이 일어난다고 하였다. 또 마음은 대상을 아는 6가지 알음알이(六識, 육식)라 하였다. 수·상·행·식은 육식이 촉발한다. 마음의 재료는 대상을 만났을 때 일어나는 육식과 이어지는 수·상·행이다. 『상윳따 니까야』, 「괴로움 경(Dukkha-sutta, S12:43)」에서 수가 일어나는 과정에 대하여 붓다는 다음과 같이 설한다.

> "비구들이여, (중략) 눈과 형색을 조건으로 눈의 알음알이(識, 식)가 일어난다. 이 셋의 화합이 감각접촉이다. 감각접촉을 조건으로 느낌이, 느낌을 조건으로 갈애가 있다. 비구들이여, 이것이 괴로움의 일어남이다."

다른 감각들도 마찬가지 과정을 거쳐 마음을 만든다. 그런데 여기에서 우리는 마음에 대한 붓다 특유의 관점을 본다. 감각을 6가지로 본 것이다. 일반적으로 5가지 감각, 즉 오감이 있다고 알고 있다. 하지만 붓다는 법을 감지하는 마노(mano, 意, 의)라는 감각기관(意根)을 설정하고, 마노가 법경(法鏡)을 감지하면 마노의 알음알이(意識)가 된다고 하였다. 물론 그 마노의 알음알이도 마음의 재료가 되어 수·상·행·식으로 진행된다. 마음속에서 시작한 심상이다.

일반적으로 우리가 알고 있는 5가지 감각(오감)과 붓다가 설정한 여섯 번째 감각 기관인 마노의 관계를 붓다는 다음과 같이 설한다.

> "바라문이여, 이처럼 5가지 감각기능은 각각 다른 대상과 각각 다른 영역을 가져서 서로 다른 대상과 영역을 경험하지 않는다. 이들 5가지 감각기능은 마노(意, 의)를 의지한다. 마노가 그들의 대상과 영역을 경험한다." [33]

5가지 감각기능은 마노를 의지하고, 마노가 그들의 대상과 영역을 경험한다고 하였다. '경험한다'는 것은 안다는 것이다. 예로써, 눈은 소리를 알지 못하지만 마노는 소리를 안다. 마노가 5가지 감각기능의 대상과 영역을 경험한다는 것은 마노가 두루 돌아다니며 형상, 소리, 냄새, 맛, 촉감을 안다는 것이다. 알게 되면(六識) 수·상·행·식으로 이어진다.

마노가 어떻게 다른 감각기능의 대상과 영역을 경험할까? 원래

---

33 『상윳따 니까야』,「운나바 바라문 경(Uṇṇābhabrāhmaṇa-sutta, S48:42)」

설정된 마노의 기능을 보면 '마노와 법을 조건으로 마노의 알음알이가 일어난다.'고 하였다.

마노의 알음알이는 육식 가운데 하나인 의식이다. 마노, 즉 의근에 법경이 포섭되면 그 법경은 의식에 들어온다. 의식에 들어오면 알게 된다. 의식에 들어오기 전까지의 과정은 무의식이다. 그것은 우리가 모르는 사이에 일어난다. 그렇게 보면 마노가 다른 감각기능의 대상과 영역을 경험한다는 것은 '다른 감각기능이 만드는 법경'을 포섭한다는 것이다. 그래야 그들을 경험할 수 있다. 이 말은 한편으로 5가지 감각기능은 의근이 포섭할 수 있는 대상 즉, 법경을 만든다는 뜻이다. 그렇다. 전오식은 법경이 된다.

왜 5가지 감각기능은 자신의 영역만 경험할까? 감각기관인 눈, 귀, 코, 혀, 피부는 각각의 인식대상인 형태, 소리, 냄새, 맛, 촉감을

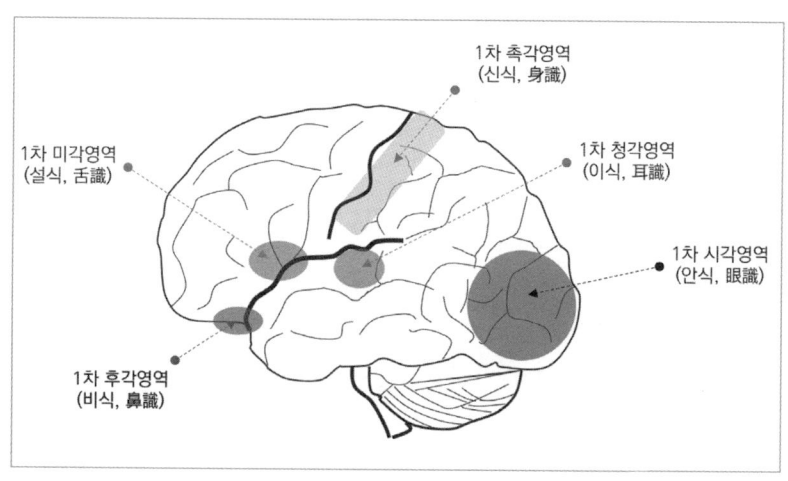

오감(五感, 전오식)이 일어나는 대뇌의 1차 감각피질

수용하여 대뇌로 보낸다. 보내는 신호는 활동전위(action potential)라고 하는 0.1V짜리 전기이다. 감각기관은 인식대상을 수용하여 전기로 바꾸는 변환기(transducer)이다. 변환된 활동전위는 초당 약 100m의 속도로 대뇌에 전달된다. 너무 느리지 않는가. 신경세포가 전기를 만들고 전달하는 방식이 일반 전기와 다르기 때문이다. 하여간, 감각기관으로부터 처음으로 이 신호를 받는 대뇌 부위들을 1차 감각피질(primary sensory cortex)이라 한다. '1차'라는 말을 붙이는 것을 보면 '2차, 3차…'로 이어짐을 암시한다. 그렇다. 1차 감각피질에서 어느 정도 분석이 될 뿐 분석과정은 더 나아간다.

2차, 3차…로 이어지는 분석과정은 차치하고, 1차 감각피질에서 각각의 대상을 경험한다고 보자. 경험한다는 것은 전달받은 신호들에 대한 해석이 일어난다는 뜻이다. 뇌과학적 용어로 신호처리(signal processing)라 한다.

그런데 몸에서 감각기관이 서로 따로 떨어져 있듯이 1차 감각피질도 대뇌에서 서로 떨어진 곳에 위치한다. 눈의 망막에서 변환된 형태(色境, 색경)에 대한 전기(활동전위)는 시각신호처리 영역으로만 가고 귀의 청각신호처리 영역으로 가지 않는다. 그렇게 된다면 강아지를 보는데 강아지는 보이지 않고 소리가 들릴 것이며, 소리를 듣는데 맛이 느껴질 것이다. 절대로 그런 일은 일어나지 않는다. 1차 감각영역은 각자의 감각기관과 1:1로 연결되어 있기에, 절대 다른 감각기관의 대상과 영역을 경험하지 못한다. 다섯 감각기관은 자신의 영역만 경험한다.

뇌에 서로 떨어져 위치하는 1차 감각영역들이 있고, 각 영역들은 해당하는 감각기관과 연결되어 있다는 신경해부학적 사실을 알지 못하더라도 '각자의 감각기관은 다른 감각기관의 대상과 영역을 경험하지 못한다.'는 것은 경험에 의한 상식일 수 있다. 문제는 의근이다. '5가지 감각기능은 마노를 의지하고, 마노가 그들의 대상과 영역을 경험한다.'고 하였다. '의지한다'는 것은 무슨 뜻이고, 어떻게 마노가 오감을 경험할까? 마노를 여섯 번째 감각기능으로 설정한 것은 붓다의 놀라운 위대함이다.

16 법이라는 감각대상, 법경(法鏡)

우리는 5가지 감각이 있다고 생각한다. 하지만 붓다는 6가지 감각이 있다고 했다. 마노라는 감각기관을 설정하고, 마노가 법경을 감지하면 마노의 알음알이, 즉 의식이 된다고 했다. 법경은 우리가 알고 있는 5가지 감각기관(전오근)인 눈·귀·코·혀·피부가 감지하지 못하는 인식대상이다. 전오근이 감지하는 형태·소리·냄새·맛·감촉은 모두 물질적 대상이다. 단순하게 생각하면, 법경은 전오근이 감지할 수 없는 비물질적(추상적)인 것이다. 또한, 전오근은 서로 다른 영역과 대상을 경험하지 않지만, 마노가 그들 각자의 의지처이고, 마노가 그들 각자의 영역과 대상을 경험한다고 설명한다.[34] 마노가 시각, 청각 등 오

---

[34] 『맛지마 니까야』, 「교리문답의 긴 경(Mahā-vedalla Sutta, M43)」

감을 감지한다는 뜻이다.

법경은 무엇이고 마노는 어디에 있는 어떤 감각기관일까? 우선 법경이 무엇인지 뇌과학의 관점에서 살펴보자.

초기불교 경전을 체계적이고 간략하게 서술해놓은 「아비담맛타 상가하(abhidhammattha-saṅgaha)」에서 마노의 문(door, 門)을 통해서 인지되는 '법이라는 대상(dhammārammaṇa, 법경, mano-object)'은 6가지(감성pasada의 물질, 미세한 물질sukhuma-rupa, 마음citta, 마음부수cetasika, 열반nibbāna, 개념들pannatti)라고 설명한다. 이러한 '법이라는 대상'들은 다섯 감각의 문(五門, 前五根)을 통해서는 인식되지 않는다.

먼저 감성의 물질에 대하여 살펴보자. 『아비담바 길라잡이 2(대림 스님·각묵 스님 옮김, 초기불전연구원)』에 따르면 감성은 감각기관과 다른 개념이다. 시각에서 보면, 감성은 빛과 색깔을 받아들이는 망막 안에 있는 '감각에 민감한 물질'이다. 귀의 감성은 속귀에 있는 달팽이 모양을 한 곳에 있다. 코·혀·몸의 감성 물질들도 마찬가지로 감각기관에 있는 특정한 물질을 뜻한다. 눈과 귀의 감성 물질은 각각 형색과 소리가 부딪혀 오는 것에 만반의 준비가 된 물질이며, 눈의 알음알이(眼識) 및 귀의 알음알이(耳識)의 물질적인 토대와 문(門)의 역할을 한다.

감성의 물질들은 '감각에 민감한 물질'들로서 마노의 감각대상이다. 감각기관은 물리적 자극을 전기(활동전위, action potential)로 바꾸는 변환기이다. 감각기관에 있는 감성의 물질들은 물리적 자극인 색·성·향·미·촉을 0.1V짜리 전기(활동전위)로 변환시키고 뇌의 1차 감각피질로 전달하여 뇌활성을 일으킨다. 그 뇌활성을 마노가 감지한다.

이렇게 보면, 마노가 감성 물질을 감각한다는 말은, 마노가 대뇌피질의 뇌활성(활동전위)을 감지한다는 것이다. 의근의 감각대상(mano-object)이 법경이니, 뇌활성이 곧 법경이라는 의미이다.

'법이라는 대상(法鏡, 법경)'이 뇌활성에 해당함을 보다 직접적으로 보여주는 것은 마음이다. 뇌활성은 신경회로의 활성이며, 마음의 근저에는 뇌활성이 있다. 신경회로들의 불꽃놀이(뇌활성)에 비유되는 마음이 '법이라는 대상'이 된다는 것은 뇌활성이 마노의 인식대상이 된다는 것이다.

마음부수는 마음이 일어날 때 함께 일어나 마음이 생기도록 만드는 마음 생성 도우미이다. 마음이 왕이라면 마음부수는 신하에 비유된다. 왕이 행차하면 신하도 항상 따라나선다. 느낌(受), 인식(想), 심리작용(行) 등이 마음부수이며, 마음이 뇌활성이듯 마음부수도 뇌활성이다. 이들이 '법이라는 대상'이 된다. 개념들은 생각 영역에 있는 추상적인 지식이다. 생각은 뇌활성이며, 이들은 마노의 감지 대상이다. 이처럼 '법이라는 대상'은 그 내용이 무엇이든 뇌 속에 일어나는 뇌활성이다. 그 뇌활성을 마노가 포섭하면 마노의 알음알이(意識, 의식)가 된다. 의식은 곧 마음이다.

뇌는 머리뼈 속에 갇혀 있다. 그곳은 칠흑같이 깜깜한 공간이다. 세상 밖의 물체나 소리와 같은 인식대상을 직접 만날 수 없다. 단지 그들의 이미지(像)를 마음거울에 맺어, 그것들을 해석하여 세상을 알 뿐이다. 이미지는 감각기관을 통하여 마음거울에 맺힐 수도 있고, 뇌 속에서 자발적으로 생겨 마음거울에 맺힐 수도 있다. 전자는 눈·귀·코·혀·피부에 있는 감성이 맺은 이미지이다. 이는 대뇌피질의 감각 뇌활성이며, 법이라는 대상이 되어 마노에 포섭되어 의식에 들어온다.

눈이 사과를 보았을 때, 눈의 감성이 작용하여 마음거울에 '사과'라는 상이 맺힌다. 그 상을 의근이 포섭하여 의식(마음)에 들인다. '사과'라는 상은 안식이다. 안식은 눈의 감각대상인 형태의 상이 단지 마음거울에 맺힌 것이다. '알음알이'는 단지 형태, 소리, 냄새, 맛, 촉감의 상이 마음거울에 맺힘(前五識)을 의미한다. 그것이 무엇인지는 마노에 포섭되어 의식에 들어와야 알 수 있다. 아비담마 논사들은 '전오식 알음알이'가 생기는 데도, 즉 마음거울에 상이 맺히는 과정에도 마노가 관여해야 한다고 한다. 마노의 이러한 역할을 오문전향(五門轉向)이라 한다.

시각을 생각해보자. 어느 한순간에도 여러 가지 상이 동시에 망막에 맺힌다. 그들은 동시다발적으로 마음공간에 들어와 마음거울에 상을 맺으려 한다. 마치 각각의 상이 동시에 마음공간으로 들어오려고 각자의 문을 두드리는 것과 같다. 마노는 그중 가장 세게 두드리는 문을 열어준다. 마노의 이런 기능이 여기서는 오문전향 가운데 안문전향(眼門轉向)이다.

정리하면, 외부의 감각대상은 오감문(감각기관)을 통하여 마음공간의 문을 두드리고, 의근이 문을 열어주면(오문전향) 그 감각이 마음거울에 상을 맺는다. 맺힌 상은 의근에 감각되어(포섭되어) 의식(마음)이 된다. 따라서 우리가 '저것은 사과다.'라고 할 때, 그것은 눈의 알음알이와 마노의 알음알이가 연속적으로 일어난 결과이다.

일상에서 마노는 매우 빠른 속도로 바쁘게 눈의 감성의 문을, 귀의 감성의 문을, 코·혀·피부의 감성의 문을 열어준다. 『상윳따 니까야』 「운나바 바라문 경(Uṇṇābhabrāhmaṇa-sutta, S48:42)」에 나오는 '이들 5가지 감각기능은 마노를 의지한다. 마노가 그들의 대상과 영역을 경험한다.'라는 가르침은 이를 두고 한 말일 것이다.

감성의 물질이 외부 인식대상을 마음거울에 맺은 이미지들은 외인적 법경(外因的 法境)이다. 마음공간의 내부에서 시작한 인식대상도 마음거울에 상을 맺는다. 이들은 내인적 법경(內因的 法境)이며, 마음, 마음부수, 개념과 같은 '법이라는 대상'들이다. 떠오르는 생각이 여기에 속한다. 마음거울에 맺힌 상은 뇌활성이다. 그 상을 감지하는 감각기관이 마노이다. 마음거울은 어디에 있으며, 어떻게 생겼을까?

● 외인적 및 내인적 법경

외인성 법경 – 안식(눈의 알음알이)의 경우 망막에 맺힌 상은 활동전위로 변환되고, 시상을 거쳐 1차 시각피질로 전달된다. 이후 활동전위들은 측두엽으로 나아가면서 외부대상에 대한 상을 재구성한다. 재구성된 상은 활동전위들의 앙상블이며 이는 외부로부터 유래한 법경, 즉 외인성(外因性) 법경이 된다. 이를 의근이 안문전향 하여 주의를 기울이면 눈의 알음알이(안식)가 생긴다. 안식을 다시 의근이 포섭하고, 받아들여 조사하고 결정하면 느낌(受)과 앎(인식, 想)이 일어난다. 다른 감각도 마찬가지다. 성(聲)·향(香)·미(味)·촉(觸)을 이·비·설·신이 받아들이면 이식·비식·설식·신식이 되고, 이들의 뇌활성이 법경이 되어 의근에 포섭되면 의식이 된다.

내인성(內因性) 법경도 있다. 떠오르는 생각들이다. 이들은 기억이 회상되는 것인데, 기억은 신경회로로 체화되어 있다. 체화되어 있던 기억들이 어떤 연유로 활성이 커지면 법경이 되어 의근에 포섭된다. 마음 내부에서 생성된 내인성 법경이다.

17 뇌는 마음거울

뇌가 있는 곳은 칠흑같이 깜깜한 머리뼈 속 공간이다. 그곳에서는 인식대상을 직접 만날 수 없다. 어떻게 바깥세상을 알까? 만일 사람이 그런 격리된 공간에 처한다면 TV, CCTV, 전화, 사회관계망서비스 등을 통해서 외부세상을 간접적으로 알 수 있을 것이다. 바다 밑 잠수함에서는 잠망경을 통하여 바다 위 세상을 볼 것이다.

뇌에도 바깥세상을 비추는 거울이 있다. 인식대상인 전오경의 실체를 뇌로 가져올 방법은 없지만, 대신 그들에 대한 이미지가 뇌에 맺힌다. 그 이미지는 마음을 만드는 재료가 되기에, 뇌를 마음거울(mind mirror)이라 한다. 뇌는 마음거울에 맺힌 상을 해석하여 대상을 안다. 그것이 마음이 된다.

거울 앞에 서면 나의 상이 거울 뒤 공간에 있는 것처럼 보인다. 상이 맺히는 공간을 상 공간(image space)이라 한다. 상 공간에 맺히는 상은 실상(實像, real image)과 허상(虛像, virtual image) 두 가지가 있다.

실상은 물체에서 나온 빛이 거울 면이나 렌즈 등에 반사되거나, 굴절한 후 빛이 실제로 모여서 생긴다. 그렇기 때문에 상 공간에 스크린을 놓으면 물체의 형상이 스크린에 맺힌다. 이와는 달리 허상은 상 공간에 스크린을 놓아도 형상이 맺히지 않는다. 허상의 위치에 실제로 빛이 지나가는 것이 아니기 때문이다.

일상에서 사용하는 거울은 빛의 굴절 원리를 이용한다. 하지만 빛은 뇌에 들어오지 못하기 때문에 뇌는 빛을 사용하여 상을 맺을 수 없다. 또 빛, 즉 색(色)뿐 아니라 소리·냄새·맛·감촉에 대한 상도 맺어야 한다. 후자들은 빛이 아니기에 유리거울에도 상이 맺히지 않는다. 뇌는 어떤 상을 맺을까?

뇌는 감각에 대한 '전기적 상'을 맺는다. 전기라는 실체가 맺은 상이기에 뇌에 맺힌 상은 실상(實像)이다. 전오경을 감지하는 감각기관인 전오근은 전기를 만들어 뇌로 보낸다. 전오근은 전오경을 활동전위라는 약한 전기로 바꾸는 변환기이다. 형색은 눈을 통하여, 소리는 귀를 통하여, 냄새는 코를 통하여, 맛은 혀를 통하여, 촉감은 피부를 통하여 전기로 바꾼다.

감각기관이 보내준 전기신호를 사용하여 대뇌피질에 있는 마음거울은 전오경을 재구성한다. 그 재구성된 실체가 마음거울에 맺힌 상이다. 형색은 시각피질, 소리는 청각피질, 냄새는 후각피질, 맛은 미각피질, 감촉은 몸감각피질이라는 마음거울에 각각의 상이 맺힌다. 마치 평면거울 앞에 서면 나의 상이 저절로 거울에 맺히는 것과 같이, 대상은 자동적으로 뇌에 상이 맺히며, 그 과정은 인식되지 않는 무의식적 과정이다.

예로써, 눈이 어떤 광경을 보면 시야에 있는 인식대상들은 무의식적인 과정으로 마음거울에 상이 맺힌다. 그 상이 안식(眼識)이다. 다른 이식(耳識)·비식(鼻識)·설식(舌識)·신식(身識)도 마찬가지이다. 맺힌 상들 가운데 의근에 포섭되는 것이 의식에 들어온다. 시야에 있는 시각대상들 전부가 의식에 들어오지 않는 것은, 모두가 동시에 의근에 포섭되지 않기 때문이다.

평면거울과 달리 마음거울은 신경세포들이 11차원으로 연결되어 형성된 입체거울이다. 그 복잡한 신경망에 전기가 흐르면서 외부대상의 실체를 재구성해낸다. 재구성의 시작은 어느 정도 알려져 있다. 소리는 속귀에서 음의 파장이 분석되고, 냄새는 후각망울(olfactory bulb)에서 분류되고, 맛은 혀의 각 부분에서, 촉감은 피부의 특정한 위치에서 감지되어 대뇌 감각피질로 들어간다. 하지만 대뇌에서 어떤 과정을 거쳐 그들의 정체를 재구성하는지는 뇌과학자들이 해결해야 할 몫이다.

시각, 즉 '형태 마음거울'에서의 재구성 과정은 꽤 알려져 있다. 망막에 맺힌 상은 전기(활동전위)로 변환되어 시상을 거쳐 1차 시각피질로 전달된다. 거기에서 2차, 3차, 4차··· 시각분석피질을 거치면

> ● 시각 마음거울
>
> 망막에 맺힌 상은 시상을 거쳐 시각피질과 측두엽을 거치면서 실상(實像, real image)을 맺는다. 망막에서부터 시작된 이 뇌 부위들은 시각대상에 대한 상을 맺는 거울, 마음거울이며 맺히는 상은 실상이다.
> 과학적으로 실상이란 렌즈나 거울에 의해 맺히는 상이 실제로 광선이 모여 이루어진 것이다. 물체에서 나온 빛이 거울이나 렌즈 등에 반사되거나, 굴절한 후 그 빛이 실제로 모여서 생기는 상이다. 실질적 물질(여기서는 빛)이 상을 만들기에 이 위치에 스크린을 놓으면 물체의 형상이 맺힌다.
> 그러나 이와는 달리 평면거울은 상이 맺힌 자리에 스크린을 놓아도 형상이 맺히지 않는다. 그 위치에 실제로 빛이 지나가는 것이 아니기 때문이다. 허상(虛像, virtual image)이라 한다.
> 뇌의 마음거울은 빛으로 맺는 상이 아니라 신경세포의 활성이 맺는 실상이다. 빛 대신에 활동전위가 지나가면서 서로 어울려 상을 만든다. 그것은 활동전위라는 실재하는 물질의 활동이다.
> 활동전위는 하나의 선만 타고 흐르지 않는다. 갈래를 쳐 다른 목적으로 사용할 수도 있다. 시각 마음거울의 경우 형태를 맺는 거울은 측두엽을 따라 흐르고, 움직임 분석은 두정엽을 향하며 흐른다. 마치 물길을 갈라 이곳저곳에 공급하는 것과 같다.

서 해마(hippocampus)로 분석이 계속된다. 해마는 측두엽(temporal lobe)에 있다. 따라서 '시각 마음거울'은 망막 → 시상 → 1차 → 2차 → 3차 → 4차 시각피질 → 해마를 관통하는 커다란 입체거울이다. 시각거울이 크다는 것은 그만큼 시각 마음거울이 삶에 중요하기 때문이다.

시야가 망막에 상으로 맺히면 망막에서는 점을 분석한다. 아무리 복잡한 시야라도 결국 점들의 모임이다. 망막은 밝은 점, 어두운 점, 색깔 점을 분석하여 시상으로 보내고, 시상은 이들을 뇌의 뒤편에 있는 1차 시각피질로 전달한다. 여기에 있는 세포들은 점을 모아 선을 분석한다. 수평선, 수직선, 기울어진 선들을 분석하는 신경세포가 있다. 단순세포(simple cell)라 한다. 예로써, 어떤 신경세포는 시야에 있는 45도로 기울어진 선을 인식한다. 1950년대 말 이와 같은 원리를 알아낸 하버드 의과대학의 토스텐 와이셀(Torsten Wiesel)과 데이비드 후벨(David Hubel) 교수가 1981년 노벨생리의학상을 수상하였다.

마음거울의 점점 더 높은 차원으로 가면서 면, 입체 등 복잡한 형상이 차례로 재구성된다. 사람 형상 같으면 손, 얼굴 등이 재구성된다. 해마의 어떤 신경세포는 손 혹은 얼굴을 인식한다는 뜻이다. 더 높은 차원으로 가면 시야 전체가 재구성된다. 해마의 어떤 신경세포는 시야의 특정한 지점을 인식한다. 이 신경세포는 시야의 많은 정보를 취합하여 내가 지금 어디에 있는지를 안다는 것이다. 내가 어디에 있는지 알려면 주변의 다양한 형상이 인지되어야 할 뿐 아니라, 상호 간의 위치 관계도 파악되어야 한다. 동서남북 사위가 결정되고 격자가 설정되어 내가 어느 위치에 있다는 것이 분석되어야 한다.

이와 같이 해마에는 시야의 격자를 그리는 격자세포(grid cell)와 장소를 아는 장소세포(place cell)가 있다. 이런 세포가 있기에 나의 위치가 파악되고 항해(내비게이션)가 가능하다. 격자세포와 장소세포를 발견한 연구자들이 2014년 노벨생리의학상을 수상하였다.

마음거울에 상이 맺히는 속도는 느리다. 활동전위가 초당 약

100m의 속도로 느리기 때문이다. 상이 맺히는 시간은 느리지만 마음거울은 평면 유리거울이 할 수 없는 다양한 기능을 제공한다. 신호처리 과정에 흐르는 전기를 끌어 다른 목적에 사용할 수 있다. 움직이는 형체의 경우 어디로 어느 정도로 빨리 움직이는지 분석하는 데 사용된다. 또한, 다른 감각과 서로 만나는 장소로 신호를 보낼 수도 있다. 흐르는 강물을 공업용, 가정용, 농업용 등으로 이용하는 것과 같다. 이렇게 뇌 전체가 서로 연결되어 있다고 보면 된다.

마음거울에 맺힌 감각대상의 상은 감각 뇌활성을 만들며, 이는 법이라는 감각대상(法鏡)이 된다. 법경을 감지하는 감각기관을 붓다는 의근이라고 설정하였다. 의근은 고타마 싯다르타를 깨달은 자 붓다로 만든 위대한 발견이다. 의근에 포섭되면 의식(마음)이 되고, 의근을 잘 관리하면 괴로운 마음에서 벗어날 수 있기 때문이다. 붓다는 의근을 발견하고 그 관리 방법까지 창안하였다.

18 의근의 신경과학

불교에서 마음은 대상을 아는 것이라고 정의한다. 따라서 대상 없이는 마음이 일어나지 않는다. 붓다는 대상을 아는 6가지 감각기관이 있다고 했다. 5가지 감각기관인 눈, 귀, 코, 혀, 피부는 우리가 잘 안다. 이들을 불교용어로 전오근이라 하는데, 각각 형색, 소리, 냄새, 맛, 촉감을 감지한다.

감각대상이 감지되면 그것은 알음알이(마음)가 된다. 눈으로 형색을 알고, 귀로 소리를 알고, 혀로 맛을 알고, 코로 냄새를 알고, 피부로 감촉을 안다. 이런 5가지 알음알이를 전오식이라 한다. 그런데 특이하게도 붓다는 6가지 감각이 있다고 했다. 마노(mano)라는 감각기관을 설정하고, 마노가 법경을 감지하면 마노의 알음알이, 즉 의식이 된다는 것이다.

'6가지 알음알이의 무리를 알아야 한다.'라고 한 것은 무엇을 반연하여 한 말인가?

> "눈과 형색들을 조건으로 눈의 알음알이(안식, 眼識)가 일어난다.
> 귀와 소리들을 조건으로 귀의 알음알이(이식, 耳識)가 일어난다.
> 코와 냄새들을 조건으로 코의 알음알이(비식, 鼻識)가 일어난다.
> 혀와 맛들을 조건으로 혀의 알음알이(설식, 舌識)가 일어난다.
> 몸과 감촉들을 조건으로 몸의 알음알이(신식, 身識)가 일어난다.
> 마노(意)와 법들을 조건으로 마노의 알음알이(의식, 意識)가 일어난다.[35]

'6가지 알음알이의 무리를 알아야 한다.'라고 한 것은 이것을 반연하여 한 말이다.

의식이 어떻게 생성되는지는 현대 뇌과학조차 해결하지 못하는 난제이다. 붓다는 마노라는 감각기관을 설정하고, 마노가 법경을 감지하면 의식이 된다고 했다. 하지만 마노가 무엇인지, 법경이 무엇인지, 의식이 무엇인지 더 자세하게 설명하지 않았다. 다만, 전오근에서 눈은 형색, 귀는 소리와 같이 자신의 영역만 경험할 뿐 결코 서로 다른 영역과 대상을 경험하지 않으며, 마노가 그들 각자의 영역

---

[35] 『맛지마 니까야』, 「여섯씩 여섯 경(Chachakka Sutta, M148)」

과 대상을 경험한다고 하였다.[36] 마노가 시각, 청각 등 오감을 다시 감지하여 알음알이를 통합한다는 뜻이다.

법경(mano-object)은 무엇이고 마노는 어디에 있는 어떤 감각기관일까?

법경은 전오근으로는 결코 감지할 수 없는 추상적인 감각대상이다. 앞의 글에서 법이라는 감각대상, 즉 법경이 무엇이든 그것은 뇌활성이라고 설명했다. 이러한 뇌활성은 다섯 감각의 문을 통해서는 절대로 감지되지 않는다. 뇌활성은 뇌 속에서 일어나는 현상이고, 전오근은 뇌 밖에 위치하는 감각기관이기 때문이다. 그러고 보면, 마노라는 감각기관은 뇌 속에 있어야 함이 자명하다. 그 감각대상인 법경, 즉 뇌활성이 뇌 속에 있기 때문이다.

뇌활성은 어떻게 생성될까?

뇌활성은 5가지 감각기관이 감각대상을 받아들여 만들어진다.

---

36 『맛지마 니까야』, 「교리문답의 긴 경(Mahā-vedalla Sutta, M43)」에서 마하꼿티따 존자와 사리뿟따 존자의 대화. "도반이시여, 5가지 감각기능인 이들 눈의 기능과 귀의 기능과 코의 기능과 혀의 기능과 몸의 기능은 서로 다른 대상과 다른 영역을 갖고 있어 서로 다른 영역과 대상을 경험하지 않습니다. 도반이시여, 이들 5가지 감각기능이 서로 다른 대상과 다른 영역을 갖고 있어, 서로 다른 영역과 대상을 경험하지 않는다면 무엇이 그들 각자의 의지처이고, 무엇이 그들 각자의 영역과 대상을 경험합니까?" "도반이여, 5가지 감각기능인 눈의 기능과 귀의 기능과 코의 기능과 혀의 기능과 몸의 기능은 서로 다른 대상과 다른 영역을 갖고 있어 서로 다른 영역과 대상을 경험하지 않습니다. 도반이시여, 이들 5가지 감각기능이 서로 다른 대상과 다른 영역을 갖고 있어, 서로 다른 영역과 대상을 경험하지 않지만 마음이 그들 각자의 의지처이고, 마음이 그들 각자의 영역과 대상을 경험합니다."

따라서 5가지 감각기관은 변환기라고 설명하였다. 각각의 감각기관은 색·성·향·미·촉을 0.1V짜리 전기로 변환하여 뇌의 1차 감각피질로 전달한다. 그렇게 하여 생성된 뇌활성을 마노가 감지한다. 이렇게 보면, 마노는 대뇌피질의 뇌활성(활동전위)을 감지한다. 의근의 감각대상이 법경이니, 뇌활성이 곧 법경이라는 의미이다.

뇌는 바깥세상을 비추는 거울이다. 머리뼈 속 깜깜한 공간에 갇힌 뇌는 5가지 감각의 문을 통하여 외부세상을 본다. 외부세상에 있는 인식대상인 전오경에 대한 이미지가 전오근을 통하여 뇌에 맺힌다. 그 이미지는 마음을 만드는 재료가 되기에, 뇌를 마음거울이라고 했다. 뇌는 마음거울에 맺힌 상을 해석하여 대상을 안다. 그것이 마음이 된다.

여기서 잠깐! 마음거울에 맺힌 상이 마음이 되려면 의근에 감각되어야 한다. 그렇다. 마음거울에 맺힌 상을 감각하는 기관이 의근이다.

마음거울에 맺힌 상은 뇌신경회로의 활성이다. 뇌에 맺히는 상은 감각기관에서 시작되어 복잡한 뇌신경망을 통하여 흐르는 활동전위들의 합창이다. 그런데, 활동전위는 방향성을 가지고 흐른다. 예로써, 시각신호 처리의 경우 망막 → 시상 → 1차 시각피질 → 2차, 3차… 시각피질 → → → 해마로 흐르면서 형태분석이 완성되고, 종국에는 전전두엽으로 흘러간다.

현대 뇌과학에서 의식은 전전두엽의 기능으로 본다. 전전두엽의 활성이 의식을 만든다는 뜻이다. 예로써, 형색을 아는 눈의 알음알이 의식은 형색에 대한 뇌활성이 전전두엽에 들어와야 의식에 들어온다. 시각뿐만 아니라 청각, 후각 등 모든 감각 신호처리의 뇌활성도 궁극적으로 전전두엽으로 흘러들어가 의식이 된다. 바깥세상에 있는 감각대상으로부터 시작된 외인성 뇌활성뿐 아니라 뇌 속에서 자발적으로 생긴 내인성 뇌활성도 전전두엽으로 흘러들어가 의식에 들어온다. 기억을 회상하는 생각이 이런 뇌활성이다.

전전두엽으로 들어오는 뇌활성을 포섭(감각)하는 기관이 의근이다. 그것은 무엇일까?

전오근을 보자. 오감의 감각기관에서 실제로 대상과 부딪히는 부분을 '감성'이라 한다. 그곳(감성)은 신경세포들이 모여 있는 감각부위이다. 눈의 경우 망막이 감성이며, 귀의 경우 달팽이관에 있는 코르티기관(organ of Corti), 코의 경우 코 천장 후각상피의 후각 신경세포들, 혀의 경우 맛봉오리, 피부의 경우는 촉감을 감지하는 여러 가지 피부 감각기관들이다. 이들 전오근은 외부의 물리적 힘(빛, 음파, 냄새 분자, 맛 분자, 닿음)을 활동전위로 바꾸는 변환기들이다. 반면에 의근은 전오근이 만들었거나(외인성) 뇌 속에서 자발적으로 생긴(내인성) 활동전위들의 앙상블을 감지하는 신경세포들이다. 외인성이든 내인성이든 생성된 신경 앙상블들은 전전두엽으로 흘러들어오게 되어 있고, 의근 신경세포들은 이 앙상블들을 포섭한다.

전오근에 있는 감각 신경세포들은 일정한 곳에 밀집하여 위치한다. 예로써, 눈에는 망막에 감각 신경세포들이 있다. 하지만 전전두엽으로 흘러들어오는 길은 하나가 아니기 때문에 11차원으로 된 신경망의 어느 위치에서도 들어올 수 있다. 그래도 당연히 길목은 있다. 따라서 의근 신경세포들은 11차원의 공간에서 전전두엽의 길목에 흩어져 존재한다.

의근 신경세포들의 정체는 무엇일까? 전전두엽으로 들어오는 신호는 동시다발적이다. 눈에서, 귀에서, 코에서, 혀에서, 피부에서 동시다발적으로 시작하여 마음거울에 상을 맺고, 그 상들은 동시다발적으로 전전두엽으로 들어온다.

그런데 의근은 한 찰나에 하나씩만 포섭한다. 붓다는 의근에 포섭되면 그 상은 의식이 된다고 했다. 또한, 의근은 싸띠에 의지한다고 했다. 싸띠가 의근 신경세포들을 관리한다는 뜻이다.

19 의식

 붓다는 우리에게 6가지 감각이 있다고 보았다. 5가지 감각기관에 더하여 마노라는 여섯 번째 감각기관을 설정하고, 그것의 감각대상을 법경으로 대응시켰다. 그리고 감각기관인 마노가 법경을 감지하면 마노의 알음알이, 즉 의식이 된다고 하였다.

 현대 뇌과학은 의식을 두 가지 측면에서 본다. 의식의 수준과 의식의 내용이다. 의식에는 반드시 의식의 내용이 있다. 예로써 사과, 자동차, 건물 등 물체를 의식하고 감정, 망상, 생각 등도 의식한다. 내용이 없는 의식은 없다. 붓다가 '마노와 법들을 조건으로 마노의 알음알이가 일어난다.'고 설한 것은 의식의 내용에 관한 것이다. 즉, 의근(마노)에 감각된 인식대상(法鏡)이 의식의 내용물이 된다.

 의근이 감지하는 대상은 법경, 즉 법이라는 감각대상이다. 이는 눈, 귀, 코, 혀, 피부가 결코 감각하지 못하며, 오로지 마노만이 감각할 수 있다. 앞에서 법경은 추상적인 것이며, 그것이 무엇이든 뇌신경회로의 활성이라고 설명했다. 그 뇌활성들은 뇌 속에서 일어나기 때문에 눈, 귀 등 전오근은 결코 법경을 감지할 수 없고, 오직 마노만이 법경을 감각한다.

이제 의식의 수준을 살펴보자. 언뜻 내용이 없는 의식은 없어 보인다. 내용이 있는 의식, 예로써 꽃을 의식하든가 생각을 의식하는 것 등은 모두 '완전한 의식' 상태이다. 불완전한 의식 상태도 있다는 의미이다. 의식의 수준에 따라 수면, 식물인간 상태, 최소 의식 상태, 최면 상태, 완전 의식 상태 등 의식의 상태는 다양하다. 의식의 수준에 따라 '의식의 내용물'이 담길 수도 있고, 그렇지 않을 수도 있으며, 내용을 담았더라도 제대로 표현할 수 없을 수도 있다. 의식의 수준은 뇌의 전반적인 각성 수준이다.

뇌의 각성 수준이 견실해야 의식의 내용을 담을 수 있다. 식물인간 상태, 마취 상태, 수면 상태는 의식 수준이 매우 낮아서 감각이나 생각 등 의식의 내용물을 담을 수 없다. 그리고 최소 의식 상태에서는 의식의 내용물을 담을 수는 있지만 표현할 수 없다. 이런 상태를 '의식이 몸에 갇힌 상태'라 한다. 마취에서 깨어나기 직전 흔히 이런 의식 수준에 머무르게 된다. 병실이라면 이때는 의료진들이 나누는 대화를 듣고 의식할 수는 있지만, 반응은 하지 못한다.

의식이 몸에 갇힌 것이다. 의식의 수준과 내용물은 거미줄과 거기에 걸린 먹잇감에 비유해볼 수 있다. 거미줄이 부실하면 먹잇감이 아예 걸리지 않거나, 걸려도 거미줄이 흔들리지 않아 거미가 먹잇감이 걸렸음을 인식하지 못한다. 거미줄(의식의 수준)이 튼튼해야 먹잇감(의식의 내용물)이 걸린 것을 거미가 알아차린다. 이렇게 보면 '의식의 수준'은 인식대상(먹잇감)에 대한 상이 맺히는 마음거울의 완전성 수준이라고 볼 수 있다. 마음거울이 부실하면 상(의식의 내용)을 맺을 수 없다.

의식의 정체가 무엇인지는 현대 뇌과학이 해결해야 할 과제이지만, 의식이 전전두엽을 정점으로 하여 형성된다는 데에는 대부분 동의한다. 의식 속으로 들어오는 모든 내용물의 신호는 궁극적으로는 전전두엽으로 들어오기 때문에 의근은 전전두엽의 길목에 있을 것이라고 앞의 글에서 말하였다. 내용물의 신호가 들어오는 길목에 기다리고 있다가 그 신호들을 탐지하고 포섭하여 의식을 생성하는 전전두엽 신경망으로 전달해주는 것이 의근의 역할이다.

상좌부 불교에서는 17찰나 인식과정(vīthi-citta)에서 의근을 '오문전향'과 '받아들이는 마음'에 배대시킨다. 마음을 인식대상으로 향하게 하여 그것을 받아들이는 것이 의근의 역할이라는 것이다. 이는 곧 인식대상을 탐지하는 것이며, 뇌과학적으로 보면 인식대상에 주의를 기울이는 주의신경망(attention network)의 기능이다.

주의를 기울인 인식대상은 감마뇌파를 일으키며 의식 속으로 들어온다. 이 과정을 붓다는 의근이 법경을 만나면(감각하면) 마노의 알음알이(의식)가 된다고 했다. 2,500여 년 전의 일이다.

뇌는 11차원으로 연결된 뇌신경망이다. 따라서 의근 신경세포들도 11차원의 공간에서 전전두엽의 길목에 흩어져 존재할 것이다. 그 길목에 버티고 앉아 흘러들어오는 뇌활성을 포섭하는 의근 신경세포들의 정체는 무엇일까? 물론 아직 여기에 해당하는 것으로 증명된 신경세포는 없다. 하지만 주의신경망에 VEN(von economo neuron) 신경세포라는 특이한 신경세포가 발견된다.

VEN은 매우 큰 방추체 모양의 신경세포인데, 커다란 신경가지들을 이용, 들어오는 신호를 잘 포착하여 재빠르게 먼 곳으로 전달하는 역할을 할 것으로 추측된다. 이러한 특성은 의근으로 훌륭한 역할을 할 것이라는 추정이다.

보통 20대 중반 이후부터 나이가 들면서 논리적 사고나 기억력이 감퇴한다. 그러나 80대가 되어도 2, 30대 젊은이에 비근한 인지능력을 보이는 '초-노인(super-ager)'들이 있다.

사후 뇌 검사를 통해 이들의 뇌에서 VEN이 월등히 많이 보존되어 있음이 알려졌다. 반면에 알츠하이머 치매나 건망증에 걸린 사람들은 VEN의 숫자가 확연히 줄어 있었다. 이를 통해 VEN 신경세포가 의근 및 의식과 밀접한 관련이 있음을 추정할 수 있다.

그렇다면 VEN 신경세포들이 이루고 있는 신경망이 의근 신경망일 가능성이 높다. 이 신경망이 견실하면 의식이 또렷하다. 마치 거미줄이 튼튼하면 거미가 먹잇감이 걸렸음을 잘 알아차리는 것과 같다.

거미는 싸띠에 해당한다. 거미(sati)는 거미줄(mano, 마음거울)을 관리한다. 이를 두고 붓다는 '마노(意)는 싸띠를 의지한다.'고 하였다.[37]

---

37 『상윳따 니까야』, 「운나바 바라문 경(Uṇṇābhabrāhmaṇa-sutta, S48:42)」

20 마노는 싸띠에 의지한다

지금의 인도 북부 네팔 가까이에 있었던 아나타삔디까 원림(給孤獨園)에서 운나바 바라문이 세존께 여쭈었다.

"고따마 존자시여, (중략) 5가지 감각기능은 각각 다른 대상과 각각 다른 영역을 가져서 서로 다른 대상과 영역을 경험하지 않습니다. 그렇다면 이들 5가지 감각기능은 무엇을 의지합니까? 무엇이 그들의 대상과 영역을 경험합니까?"
"바라문이여, 5가지 감각기능은 마노를 의지한다. 마노가 그들의 대상과 영역을 경험한다."
"그러면 마노는 무엇을 의지합니까?"
"마노는 싸띠를 의지한다."

"그러면 싸띠는 무엇을 의지합니까?"

"싸띠는 해탈을 의지한다."

"그러면 해탈은 무엇을 의지합니까?"

"바라문이여, 해탈은 열반을 의지한다." [38]

이 내용은 무엇을 의미하는지 쉽게 이해되지 않는다. 세존의 가르침은 5가지 감각기능 → 마노(意) → 싸띠(sati) → 해탈(vimutti) → 열반(nibbāna)의 순서로 의지처가 전개되는데, 문제는 '의지한다'의 명확한 의미가 잘 와닿지 않는다는 점이다.

이미 불환자(不還者)의 성자가 된 운나바 바라문이지만 아라한(阿羅漢)이 되고자 열반으로 나아가는 마음이 어떻게 전개되는지 세존께 여쭈었다. 세존은 "마노는 싸띠를 의지하고, 싸띠는 해탈을, 해탈은 열반을 의지한다."고 답하셨다.

'의지하다'는 무엇을 의미할까? '의지하다'라고 번역한 빠알리어 원문은 'paṭisaraṇam'인데, 빠알리성전협회(The Pali Text Society)에서는 'refuge in' 'shelter' 'help' 'protection'으로 번역한다. 이를 바탕으로 'paṭisaraṇam'을 흔히 'recourse(의지하다, 도움 혹은 보호를 구하다)' 혹은 'resort(피난처, 의지처)'로 영역한다. 그래도 잘 와닿지 않는다.

---

38 『상윳따 니까야』, 「운나바 바라문 경(Uṇṇābhabrāhmaṇa-sutta, S48:42)」

세존은 5가지 감각기능은 마노를 의지하고, 마노가 그들의 대상과 영역을 경험한다고 분명하게 설명하셨다. 눈은 형색, 귀는 소리, 코는 냄새, 혀는 맛, 피부는 감촉만 알지만, 마노는 이들 모두를 경험하여 인식대상을 전체적으로 파악할 수 있다는 뜻이다.

마찬가지로 싸띠는 마노의 대상과 영역을, 해탈은 싸띠의 대상과 영역을, 열반은 해탈의 대상과 영역을 경험한다고 세존은 설하셨다. 운나바 바라문의 질문에 세존은 마음이 기능적으로 층계구조를 이루고 있음을 알려준 것이다. 마음의 하위층은 상위층에 의지하고 도움을 받으며, 상위층은 하위층의 역할을 경험하고 보호한다는 의미다. 경험한다는 것은 하위층이 하는 일을 지켜보고 있다는 뜻이다. 이처럼 기능적으로 층계를 이루는 구조를 계층구조(hierarchial structure)라 한다. 그렇다. 뇌는 계층구조를 이루어 기능한다.

마음이 층계를 이루며 서로 의지하고 관리함을 수행의 관점에서 살펴보자.

감각기능을 잘 단속하여 감각적 욕망들과 해로운 법들을 떨쳐버리지 못하면 바른 깨달음을 얻을 수 없다고 세존은 설하셨다.[39] 세존은 지혜롭게 주의를 기울임(yoniso manasikāra)으로써 아직 일어나지 않은 번뇌들은 일어나지 않고 이미 일어난 번뇌들은 없어진다고 하셨다.

인식대상에 주의를 기울이는 것은 마노의 기능이다. 마노가 주의

---

39 『맛지마 니까야』, 「모든 번뇌 경(Sabbāsava sutta, M2)」

를 기울인 인식대상은 의식(마음)에 들어온다. 5가지 감각기능을 마노가 지혜롭게 관리해 해로운 법들은 떨쳐버리고 유익한 법들에 주의를 기울이도록 하는 것이 깨달음으로 가는 길이다.

싸띠가 마노의 대상과 영역을 경험한다는 것은 마노가 대상을 포섭하여 의식(마음)을 만드는 과정을 지켜보고 있다는 뜻이다. 그러기에 싸띠는 마노가 해로운 대상을 포섭하지 못하게 관리할 수 있다. 싸띠의 이러한 역할을 세존은 '지혜롭고 슬기롭고 현명한 문지기가 있어 모르는 자들은 제지하고 아는 자들만 들어가게 한다.'는 비유로 설명했다.[40] 문지기(싸띠)가 모르는 자들(마음에 해로운 법들)이 성(마음)에 들어오지 않도록 대문(감각의 문)을 관리한다는 뜻이다.

5가지 감각기관, 마노, 싸띠의 관계를 5마리의 말이 끄는 마차에 비유할 수 있다. 마부(마노)는 마차(마음)를 통제하는 자(싸띠)에 의지하여 말들(5가지 감각기관)을 지혜롭게 관리하여 잘못된 길(수행에 방해되는 해로운 마음)로 들지 않게 한다. 이처럼 마음은 싸띠 → 마노 → 감각기관의 관리 계층구조를 이룬다. 마치 행정조직이 도 → 시 → 구 → 동으로 계층구조를 이루는 것과 같다.

좀 더 자세히 마음의 계층구조를 보자.
초기경전에서 대상을 아는 것이 마음이라고 하였다. 대상을 인식

---

40 『상윳따 니까야』, 「낑수까 나무 비유 경(Kiṃsukopama-sutta, S35:245)」

하면 마음이 생기기 때문이다. 대상을 아는 최전선에 첫 번째 층인 5가지 감각기관이 있다. 감각기관이 받아들인 정보는 대뇌의 1차 감각피질로 전달된다. 두 번째 층이다. 여기에서 형색, 소리, 냄새, 맛, 촉감 등 오감의 분석이 시작된다.

분석된 감각들은 의식에 들어가기 위해 전전두엽으로 흘러간다. 그 여정에서 세 번째 층인 마노에 포섭된다. 마노가 감각들을 경험하는 것이다. 세존께서 '5가지 감각기능은 마노를 의지한다. 마노가 그들의 대상과 영역을 경험한다.'고 한 것은 이 과정을 두고 설한 것이다. 마노에 포섭되면 의식이 된다. 5가지 감각기관은 끊임없이 각각의 대상을 감각하고, 마노는 빠른 속도로 그 감각들을 포섭하여 의식으로 불러들인다. 의식에 들어온 감각의 내용들은 유기적으로 통합되어 마음이 된다.

네 번째 층인 싸띠는 마노가 감각을 포섭하는 과정을 지켜본다. 싸띠가 마노의 대상과 영역을 경험하는 것이다. 세존께서 '마노는 싸띠를 의지한다.'고 한 것은 이를 설한 것이다. 이와 같이 마음의 생성은 감각기관 ⇄ 마노 ⇄ 싸띠의 계층구조를 이룬다. 하위층은 상위층에 정보를 전달하고, 상위층은 하위층을 제어(경험, 관리)한다. 이렇게 보면 '의지한다'는 말은 '관리(보호)를 받는다'는 뜻에 가장 가깝다. 세존은 이러한 마음의 층이 해탈, 열반까지 이어진다고 일렀다.

결국 싸띠의 기능은 '지금의 마음'이 생성되는 과정을 알아차림하는 것이다. 싸띠는 해로운 마음이 일어나면 알아차림 하여 떨쳐버릴 수 있고, 마노를 잘 관리하여 유익한 마음이 일어나도록 할 수도 있다.

이처럼 싸띠는 나의 마음을 알아차림 하는 마음근육이다. 마음근육의 힘이 강하면 선한 마음을 일으켜 깨달음으로 나아갈 수 있다. 세존이 창안한 싸띠 수행은 마음근육 강화 운동이다.

21 마음공간의 구조

 마음은 '대상을 아는 것(알음알이)'이라고 붓다는 정의했다. 대상은 6가지인데 모양새를 가진 것, 소리, 냄새, 맛, 촉감, 그리고 법(法)이다. 이 대상들을 감각기관이 감각하여 알음알이 한다. 각각의 대상에 대한 감각기관은 눈, 귀, 코, 혀, 몸(피부), 마노이다. 눈, 귀, 코, 혀, 피부가 감각할 수 없는 대상을 법이라 하고, 법을 감각하는 감각기관을 마노(mano)라 한다. 마노가 법을 포섭하면 의식이 된다.

 일반적으로는 오감이 있다고 하지만, 붓다는 6가지 감각이 있다고 하였다. 6가지 감각기관(六根, 육근)이 6가지 감각대상(六境, 육경)을 만나서 6가지 알음알이(六識, 육식)를 생성한다. 그런데 눈, 귀, 코, 혀, 몸은 각각 자신들의 감각대상인 형태, 소리, 냄새, 맛, 촉감만을 감각하지만 마노(意)는 본래 자신의 감각대상인 법을 알음알이 할 뿐만 아니라 눈의 알음알이(眼識), 귀의 알음알이(耳識), 코의 알음알이(鼻

識), 혀의 알음알이(舌識), 몸의 알음알이(身識) 들도 감각한다. 그렇기에 마노는 모든 알음알이를 경험하여 하나로 통합시킨다. 형태, 소리, 냄새, 맛, 촉감 등을 하나로 엮어서 의미 있는 통합된 알음알이(의식, 마음)를 만드는 것이다.

감각기관이 대상을 만나면 알음알이가 일어난다고 하였다. 간단한 것 같지만 이 과정은 좀 복잡하다. 익숙한 대상을 만나면 순간적으로 그 대상을 알 수 있다. 눈이 고양이를 만나면 고양이라고 즉각 알고, 귀가 '동해물과 백두산이~'를 만나면 즉각적으로 애국가임을 안다.

하지만 익숙하지 않은 대상을 만나면 어떨까? 이것일까 저것일까 생각한다. 판단하기 어렵다는 뜻이다. 판단하는 과정 중에 우리의 뇌는 지금 만나고 있는 '익숙하지 않은 대상'을 기억 속에 있는 알고 있는 지식과 대조시킨다. 이렇게 대조시켜보고 다르면 다시 저렇게도 대조시켜본다. 기억하고 있는 기존 지식과 현재 인식하고 있는 대상을 맞춰보는 것이다. 사실 익숙한 대상을 만날 때에도 같은 과정이 일어난다. 너무 쉬워서 단 한 번의 대조로 끝나기에 그 과정이 없어 보일 뿐이다.

인식대상을 기억정보와 대조하기 위해서는 인식대상이 뇌의 마음공간에 상을 맺어야 한다. 인식대상은 바깥세상에 있고 기억정보는 뇌 속에 있기 때문이다. 감각기관이 대상을 만나 인식대상이 감각 기관(根)에 있는 감성(感性)부위에 부딪히는 것이 상을 맺는 과정의 시작이다.

감성부위는 대상에 상응하는 전기(활동전위)를 만들어 대뇌의 1차 감각피질로 전달한다. 이어서 감각피질에서는 복잡한 처리 과정을 거쳐 대상에 대한 상을 맺는다. 따라서 뇌가 만드는 마음공간에는 상을 맺는 거울이 있는데, 특별히 마음을 만드는 상을 맺기에 뇌는 마음거울이라 할 수 있다. 대상이 마음거울에 맺히는 과정은 무의식적 과정이다. 감각기관이 대상을 만나면 자동적으로 마음거울에 상이 맺히게 되어 있다. 그러기에 이렇게 맺힌 상은 우리의 편견이 개입되지 않은 순수한 상이다.

다음 단계에서 뇌는 마음거울에 맺힌 순수한 상이 무엇인지 알려고 한다. 대상이 무엇인지 판별하는 과정이다. 이는 마음거울에 맺힌 순수한 상을 뇌에 기억되어 있는 기존 정보(기억정보, 기억이미지)와 대조하는 과정이다. 매칭되는 기억이미지가 있으면 우리는 그것을 무엇이라고 판단한다. 이 대조과정도 무의식적으로 빠르게 일어난다. 익숙한 대상은 무의식 속에서 즉각적으로 대조되고, 이렇게 판별된 대상이 마음공간에 나타나게 된다. 익숙하지 않은 대상은 대조하는 시간이 오래 걸리며 심지어 의식 수준 속에서 대조되기도 한다. 대조가 끝나고 판별되어 마음공간에 현현(顯現)된 이미지가 알음알이가 된다. 이처럼 알음알이는 대상을 접촉하여 순수이미지를 만들고, 이를 기존의 기억이미지와 대조하여 판단하는 과정을 거친다.

문제는 기억공간에 저장된 기억이미지(기억정보)는 순수하지 않고 탐·진·치 번뇌로 물들어 있다는 것이다. 따라서 마음거울에 맺힌 순수이미지가 기억이미지와 대조될 때에 번뇌(마음오염원)가 함께 개입된다. 결과적으로 마음공간에 나타나는 이미지는 오염된 채로 현현한다.

그래서 대상을 있는 그대로 보지 못하고 편견으로 왜곡된 대상을 알음알이 한다. 그 알음알이는 대체로 즐겁지 못하다. 오염은 부정적이기 때문이다.

대조하는 것은 마노의 기능이다. 마노는 5가지 감각문(感覺門)을 대상으로 향하게 하여(오문전향五門轉向이라 함) 감각문이 마음공간에 순수이미지(前五識)[41]를 맺게 하고, 이어서 맺힌 순수이미지를 기억이미지와 대조하여 그 결과를 마음공간에 현현시킨다. 마음공간에 현현된 오염된 이미지를 우리는 다시 편견(탐진치 삼독)으로 오염시키고, 그 결과물은 기억이미지로 저장된다. 그렇게 더욱 오염된 기억이미지가 다음 차례의 인식에 개입한다. 악순환은 이렇게 증폭된다.

붓다는 마노(意根)는 싸띠에 의지한다고 하였다.[42] 앞의 글에서 의

---

41   마음공간에 처음으로 맺힌 이미지는 순수한 이미지 그 자체이며, 이는 5가지 알음알이(전오식)이다. 전오식은 아직 마음공간에 현현하지 않은(드러나지 않은) 무의식적인 것이다.

42   『상윳따 니까야』, 「운나바 바라문 경(Uṇṇābhabrāhmaṇa-sutta, S48:42)」

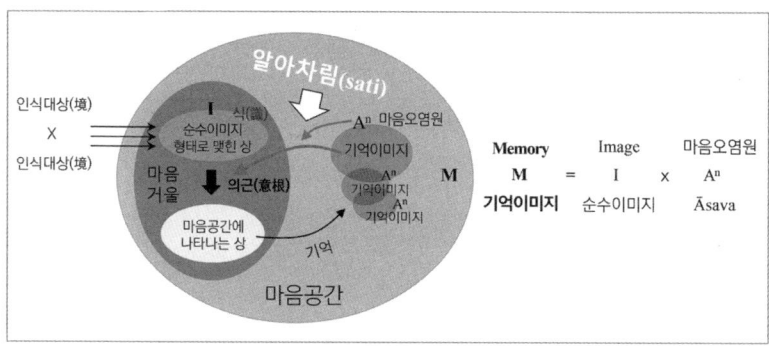

마음공간은 마음거울(의근, mano), 마음거울에 맺힌 순수이미지(識), 기억이미지 및 알아차림 기능(sati)으로 구성된다. 기억이미지는 오염원으로 물들어 있다. (출처: Buddhapala 저 『BUDDHA 가르침: 불교에 관한 모든 것』, pp.765. SATI SCHOOL, 2009에서 수정함.)

지한다는 것은 관리를 받는다는 뜻이라고 설명하였다. 뇌는 계층구조를 이루고 있기에 상위구조인 알아차림 신경망이 하위구조인 마노의 기능을 관리한다. 싸띠는 마노가 전오식을 받아들이고, 기존 기억이미지와 대조하여 판단하는 전체 과정을 지켜보고 관리한다. 잘못 판단하면 수정하라고 지시한다. 그 과정이 순수이미지와 기억이미지를 대조하는 과정이다.

수행의 측면에서 싸띠의 보다 중요한 기능은 마노가 순수이미지와 기억이미지를 대조하여 판단할 때에 기억이미지에 결합된 오염이 개입하는 것을 알아차린다는 것이다. 이렇게 하여 싸띠는 기억이미지에 결합된 마음오염원을 해체하여 순수이미지가 있는 그대로 마음공간에 나타나게 한다. 수행으로 싸띠힘이 강해지면 그런 능력이 더욱 커진다.

마음공간의 주인은 싸띠이다. 마음이 일어나는 과정을 지켜보면서 알아차림 하기 때문이다. 그리고, 마음이 일어나는 과정에서 인위적으로 조절할 수 있는 단계는 싸띠가 마노를 관리하는 단계가 유일하다. 의식적으로 제어할 수 있기 때문이다.

감각기관의 감성부위에서 감각대상에 대한 활동전위 신호가 생성되고, 이어서 감각피질로 전달되어 전오식(순수이미지)이 생성되는 과정은 무의식적이기에 우리가 인위적으로 제어할 수 없다. 반면에 우리는 인위적으로 마노가 유익한 감각대상으로 향하게 하고 해로운 감각대상으로는 향하지 않게 할 수 있고, 마음공간에 현현하는 이미지에 마음오염원이 개입하지 않게 할 수도 있다.

싸띠힘이 커질수록 이런 능력이 커진다. 그래서 부처님이 일렀다. 행주좌와 어묵동정(行住坐臥 語默動靜) 깨어 있는 동안에는 항상 싸띠 하라고.

22 뇌의 마음거울과 마음공간

뇌가 있는 곳은 칠흑같이 깜깜한 동굴과 같은 곳, 머리뼈 속이다. 그 곳에서는 바깥세상에 있는 인식대상을 직접 만날 수 없다. 어떻게 바깥세상을 알까? 뇌는 그들을 비추는 거울을 통해서 알 수 있다. 감각기관인 전오근이 외부에 있는 전오경을 감지하여 뇌로 보낸다. 전오근에는 외부대상과 부딪히는 감성물질이 있다. 눈의 망막, 귀의 달팽이관, 코 안의 코천장, 혀의 맛봉오리, 피부의 접촉 감각기관이 감성물질들이다. 여기에서 전오경을 활동전위라는 약한 전기로 바꾸어 뇌로 보낸다. 뇌신경회로 활동의 시작이며 마음거울에 상이 맺히는 과정의 시작이다.

감각기관은 대상을 이루는 최소단위를 분석하여 뇌로 보낸다. 예로써 망막에서는 형색의 최소단위를 분석한다. 형색의 최소단위는 점이다. 망막의 감성부위는 점을 분석한다. 마치 필름의 화소와 같고, 디지털카메라의 픽셀(pixel)과 같다. 장미꽃은 입체이지만 망막에는 평면적인 상이 맺힌다. 망막이 평면이기 때문이다. 망막의 화소는 밝은 점, 어두운 점, 색깔 점을 분석한다. 아무리 복잡한 구조라 하더라도 점들의 집합이다. 귀는 소리의 높낮이(pitch)를 감지하고 분석한다. 속귀의 달팽이관 속에 있는 코르티기관이라는 장치가 소리와 부딪혀 높은 피치, 낮은 피치를 감지한다. 아무리 웅장한 오케스트라라 할지라도 피치들의 모임이다.

뇌는 전오근들이 보내주는 최소단위에 대한 정보를 이용하여 실제 외부대상을 재구성한다. 대뇌의 시각피질은 망막이 보내주는 장미꽃을 이루는 점들을 분석하여 '입체적'인 장미꽃 이미지를 만들어낸다. 분석이 끝난 정보가 전전두엽에 도달하면 그것이 무엇이라고 알게 된다. 의식 속으로 들어온 것이다. 그 이전까지는 상(형색, 소리, 냄새, 맛, 촉감에 대한 이미지)을 맺는 과정이며, 그 과정은 무의식적으로 이루어진다.

마음공간에 상을 맺기에 뇌를 마음거울이라 한다. 형색에 대한 마음거울은 망막 → 시상 → 후두엽의 1차, 2차, 3차… 시각피질 → 측두엽(PIT, AIT)에 걸친 뇌 부위이다. 이 부위를 통과하면서 완성된 형색에 대한 이미지는 전전두엽으로 들어온다. 완성된 형색은 아직 무의식 속에 있는 안식(眼識), 즉 눈의 알음알이이다.

완성된 안식, 즉 형색에 대한 상은 전전두엽으로 들어와서 의식이 된다. 전전두엽으로 떠밀어 올리는 힘이 따로 있어서가 아니라, 신경회로 자체에 그런 힘이 내재되어 있다. 물이 높은 곳에서 낮은 곳으로 흘러가듯, 안식을 처리하는 신경회로의 활동전위는 망막에서부터 →→→ 측두엽 → 전전두엽으로 흐르게 되어 있다. 신경회로의 속성이 그렇다.

붓다의 가르침은 이 활동전위의 흐름이 의근에 포섭되면 의식이 된다는 것이다. 더 자세한 설명은 하지 않았다. 대신 의식을 알아차림 하는 싸띠가 있다고 하였다.

싸띠는 의식을 알아차림 하는 기능이다. 따라서 싸띠는 기능적으로 의식보다 한 차원 더 높다. 현대 뇌과학은 의식이 어떻게 생성되는지를 알려고 노력한다. 누구나 동의하는 해답은 아직 찾지 못하였다. 전전두엽을 정점으로 일어나는 신경회로들의 활성이 의식을 생성한다는 사실에는 동의하는 것 같다.

붓다는 의식이 무엇이라고 설명하는 대신 의근과 싸띠의 관계를 설명하였다. 의근은 싸띠에 의지하고, 싸띠는 해탈에, 해탈은 열반에 의지한다고 하였다. 마음공간의 계층구조를 일러준 것이다. 마음공간에서 우리가 능동적으로 제어 가능한 층은 싸띠이다. 싸띠(알아차림)는 우리가 의식적으로 제어할 수 있기 때문이다. 육식은 마음공간에 무의식적으로 맺히는 과정이고, 해탈·열반은 수행의 결과로 따라올 따름이기에 제어가 불가능하다. 따라서 우리는 의도적으로 싸띠를 제어하고 단련할 수 있다.

싸띠 수행은 싸띠힘을 키우는 마음운동이다. 그래서 붓다는 '행주좌와 어묵동정' 깨어 있는 동안 항상 싸띠 하라고 일렀다. 그러면 싸띠힘이 커지기 때문이다. 싸띠힘이 커지면 나의 마음을 알아차림 하고 지금·여기에 머무를 수 있다. 또한 탐진치가 일어나는 것을 알아차림 하고 의식적으로 막을 수 있다. 그렇게 마음오염원을 해체시킨다.

마음거울에 상이 맺히는 데 어느 정도의 시간이 걸릴까? 실험을 해보라.

상대방에게 떨어지는 지폐를 잡으라고 하고 빳빳한 지폐 한쪽 끝을 잡고 있다가 놓아보라. 잡는 손의 위치가 지폐의 중간쯤이라면 절대로 못 잡는다. 잡는 손의 위치가 지폐의 아래 끝부분이라면 확률은 반반이다. 지폐가 떨어지는 것을 보고 그것을 잡는 데 걸리는 시간에 지폐는 이미 아래로 떨어진다. 이는 시각정보를 처리하는 속도가 꽤 느림을 보여준다.

원숭이 앞에 바나나가 놓여 있는 장면을 상상해보자. 원숭이가 바나나를 보았을 때 0.02~0.04초 후에 망막에서 활동전위가 생성된다. 이 활동전위가 시상을 거쳐 후두엽의 1차 시각피질에 도달하기까지는 바나나가 시야에 나타난 시점부터 0.04~0.06초 걸린다. 여기에서 두 갈래로 신호처리가 계속된다. 모양새(형색)는 아래 측두엽

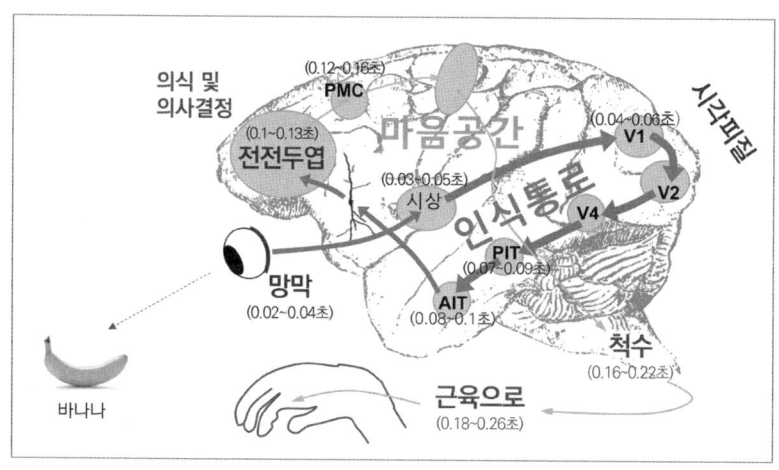

쪽으로, 움직임은 위 두정엽 쪽으로 나아가며 분석된다. 측두엽에서는 뒤아래측두엽(posterior inferior temporal lobe, PIT), 앞아래측두엽(anterior IT, AIT)을 거쳐 해마에 도달하면 모든 형태적 분석이 완성된다. 망막에 생긴 점들을 재조합하여 시각피질에서는 선을, 해마에서는 바나나에 대한 완전한 상을 재구성한 것이다. 즉, 안식(눈의 알음알이)이 생긴 것이다. 여기까지 0.08~0.1초 걸린다.

이어서 안식은 전전두엽 쪽으로 전달되는데 그 과정에서 의근에 포섭되어 의식 속으로 들어온다. 바나나라는 외부 시각대상이 원숭이의 의식 속에 나타나는 데 0.1~0.13초 걸렸다. 의식 속에서는 바나나에 대한 평가(좋음, 싫음, 무덤덤함)가 일어나고, 이어서 그 판단에 따른 유익하거나 해로운 마음이 일어난다. 그 결과를 바탕으로 어떤 행위가 일어난다.

망막에서 시작한 바나나에 대한 분석신호가 전전두엽으로 들어오는 것은 긴 터널을 통과하는 것과 흡사하다. 그것은 뇌라는 마음거울에 인식대상에 대한 상을 맺고, 음미하는 과정이다. 마음공간에 있는 이러한 통로를 인식통로(인식과정, vīthi-citta)라 한다. 통로를 통과하는 동안, 즉 인식이 한 번 일어나는 동안 17번의 마음이 순차적으로 일어나고 사라진다. '대상을 아는 과정에 있는 마음들'이다.

하나의 마음이 일어나고 사라지는 시간을 1심찰나, 줄여서 1찰나라 한다. 따라서 하나의 대상을 아는 과정에는 17개의 마음이 일어났다 사라지고, 시간적으로는 17찰나가 걸린다. 현대시간으로 1찰나는 1/75초(0.013초)이기에, 약 0.2초에 걸쳐 한 번의 인식이 일어난다. 우리는 대상을 끊임없이 계속 인식하는 것 같지만 사실은 0.2초씩 끊어서 반복하여 인식한다는 뜻이다. 17찰나설이다.

제3부

인식과정을 해부하다

23
17찰나설과 마음공간의 인식과정

불멸 후 스리랑카, 미얀마 쪽으로 전파된 불교를 남방불교 혹은 상좌부 불교라 하는데, 아비담마는 상좌부 불교에서 전승되어온 교학 체계이다. 아비담마에서는 살아 있는 한 마음은 끊임없이 일어나고 머물고 사라지는 과정을 반복한다고 하는데, 한 번의 마음이 일어나서 머물다가 사라지는 기간을 심찰나(心刹那)라고 부른다. 이 기간은 너무나 짧아서 번개가 번쩍이고 눈 한 번 깜짝이는 순간에도 수많은 심찰나가 흘러갈 수 있다.

아비담마에서는 6가지 알음알이, 즉 눈의 알음알이, 귀의 알음알이, 코의 알음알이, 혀의 알음알이, 몸의 알음알이, 마노의 알음알이와 관련지어 6가지 인식과정을 설정한다. 그것은 눈·귀·코·혀·몸·

마노의 문(門)과 연결된 인식과정들이다. 이 감각기관을 문으로 표현하였다. 눈·귀·코·혀·몸의 인식과정은 합쳐서 오문인식(五門認識) 과정으로 부르고, 마노의 인식과정은 의문인식(意門認識) 과정이라 한다.

인식과정에 있지 않는 마음은 '인식과정을 벗어난 마음'으로 바왕가(Bhavaṅga)라 한다. 따라서 살아 있는 한 마음은 바왕가 혹은 인식과정의 마음으로 연속된다. 마음의 흐름이 중단되면 그것은 죽음이다. 인식과정의 마음은 능동적인 마음이고 바왕가는 수동적인 마음으로 볼 수 있다.

오문인식과정은 감각 인식이다. 아비담마는 감각대상을 '매우 큰 것' '큰 것' '작은 것' '매우 작은 것'으로 나눈다. '크다'와 '작다'는 대상의 물질적 크기의 크고 작음을 뜻하는 것이 아니라 인식에 충격을 주는 '힘의 강약'을 나타낸다. 물론 큰 물체나 큰 소리는 '매우 큰 것' 혹은 '큰 것'이 되겠지만 작은 물체나 작은 소리라도 우리가 주의를 기울여 찾는 것이라면 매우 큰 대상이 될 수 있다.

'매우 큰 인식대상'을 인식하는 데 17번의 마음이 일어나고 머물고 사라진다고 한다. 17심찰나가 지나가는 것이다.

아비담마는 마음은 '대상을 아는 것'이라는 고유성질(자성, 自性)을 가진 하나이지만, 특징과 역할 등에 따라 89가지로 분류한다. 89가지 마음 가운데 17번의 마음이 한 번의 오문인식과정에서 일어난다는 것이다.

17개의 마음은 아무렇게나 일어나지 않고 한 마음에서 다음 마음으로 규칙적인 순서에 따라서 일어난다. 인식과정 동안 17번의 마음이 연속적으로 생멸하는 과정은 마치 특정한 통로를 통과하는 것과 같다. 그래서 마음공간에 있는 이러한 통로를 '인식통로'라고도 한다. 이 통로를 통과하는 동안, 즉 인식이 한 번 일어나는 동안 17번의 마음이 순차적으로 일어나고 사라진다.

인식통로를 지나가는 통과과정은 바왕가의 흐름(인식에서 벗어난 마음) → 예비·변환(1~3번째 심찰나) → 입력·수용(4~6번째 심찰나) → 조사·결정(7~8번째 심찰나) → 처리(9~15번째 심찰나) → 여운(16~17번째 심찰나)의 단계를 거친다. 이러한 하나의 인식과정이 끝나면 다시 바왕가의 마음으로 돌아간다. 우리가 대상을 뚫어지게 주시하고 있다고 생각하지만 실제로는 17심찰나(0.23초) 동안 한 번 인식하고, 쉬었다가 다시 17심찰나 동안 인식하는 과정을 반복한다고 아비담마는 설명한다.

1찰나(kṣaṇa)는 어느 정도의 시간일까? 찰나는 고대 인도의 시간 단위이다. 힘센 장사가 손가락을 한 번 튕길 때 65찰나가 지나간다고 한다. 이 경우 한 번 탄지(彈指, 손가락을 튕기는 것)하는 시간의 65분의 1이 1찰나가 된다. 다른 문헌에 따르면 두 남자가 마주 보며 5,000가닥의 명주실 양쪽 끝을 잡아당기고, 제3의 남자가 날카로운 칼로 단숨에 그 실을 자를 때 명주실 한 가닥이 잘리는 동안 64찰나

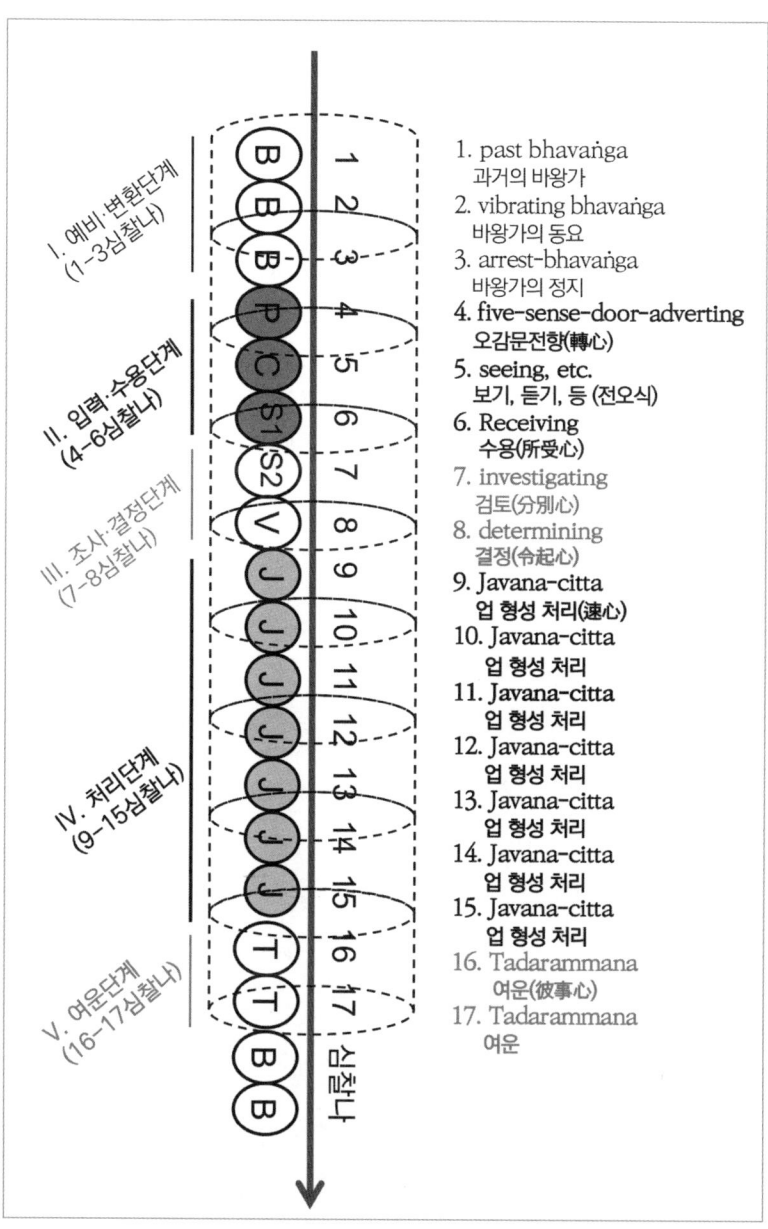

인식통로(인식과정 vīthi-citta)

의 시간이 흐른다고 한다. 찰나가 도대체 얼마만큼의 시간인지에 대해서 의견이 일치하지 않고 그마저도 현대시간으로 바꾸기에는 설명이 모호하다. 하지만 찰나가 무척 짧은 시간을 뜻한다는 것만은 분명하다.

서북 인도의 카슈미르와 간다라를 중심으로 발전했던 설일체유부(設一切有部)는 상좌부의 분파이다. 설일체유부의 가장 핵심적인 논서인 『아비달마구사론(阿毘達磨俱舍論)』에서는 찰나를 구체적으로 정의하고 있다.

"찰나 120이 모이면 1달찰나(怛刹那, tatkṣaṇa)가 되고, 60달찰나는 1랍박(臘縛, lava)이 되며, 30랍박은 1모호율다(牟呼栗多, muhūrtta)가 되고, 30모호율다는 1주야(晝夜)가 된다."

이 설명을 토대로 계산하면 1찰나는 1/75초(=0.013333초)다. 1초가 75찰나로 이루어져 있다는 말이다.

『아비달마구사론』의 설명에 따라 1찰나(1/75초)를 아비담마의 1심찰나와 같다고 가정하면, '매우 큰 감각대상'을 인식하는 17개의 마음들이 인식통로를 지나가는 데 0.23초(1/75초·찰나×17찰나) 걸린다. 이렇게 짧은 시간에 한 번의 인식이 일어난다는 것이다. 그 인식 과정 동안에 대상에 대한 이미지를 마음 공간에 받아들이고, 그것이 해로운 것인지 유익한 것인지 판단·결정하고, 해로우면 해로운 마음으로, 유익하면 유익한 마음으로 음미하면서 업(業)을 짓는다. 대상의 크기가 작으면 인식통로를 끝까지 통과하지 못하고 바왕가로 떨어진다. 바왕가에 있던 마음이 '매우 작은 인식대상'을 만나면 인식과정이 일어나다 말고 중단되어 다시 바왕가로 돌아온다.

오문인식과정은 망고 맛보기에 비유된다.

다음은 삼장(三藏, Tripitaka)에 나오는 내용을 대림 스님과 각묵 스님이 번역한 것[43]을 일부 수정한 것이다.

피곤한 나그네가 망고나무 아래에 잠들어 있다. 잠든 상태는 인식과정에 들어가지 않은 바왕가 마음이다.

① 잘 익은 망고가 나그네 가까이에 떨어진다. 이는 매우 큰 안식대상이 '안문(eye door)'을 두드리는 것에 비유된다.

②~③ 망고가 떨어지는 것은 나그네를 깨워서 머리를 들게 한다. 이는 색경(망고)이 안문에 나타나 바왕가를 두 번 흔들어 정지하게 하는 것에 비유된다. 이제 나그네는 더 이상 잠자지 않는다.

④ 나그네는 눈을 뜨고 무슨 일이 일어났는지 두리번거린다. 이는 마음을 감각대상으로 향하게 하는 것(오문전향, 五門轉向)에 비유된다.

⑤ 나그네는 떨어진 망고를 본다. 이는 색경을 보는 안식에 비유된다.

⑥ 이제 나그네는 망고를 집는다. 이는 안식을 수용하는, 받아들이는 마음이다.

---

[43] 『아비담마 길라잡이 1』, 대림 스님·각묵 스님 옮김, 초기불전연구원, 2019.

⑦ 그런 다음 나그네는 망고가 먹을 만한지 조사한다. 이는 감각대상을 조사하는 마음이다.

⑧ 나그네는 망고가 먹을 만큼 좋다고 판단한다. 이는 결정하는 마음이다.

⑨~⑮ 나그네는 망고를 일곱 번 물어서 먹으며 맛을 즐긴다. 이는 감각대상의 맛을 즐기는 일곱 번의 마음이다. 이 마음들은 업을 짓는다.

⑯~⑰ 나그네는 혀로 망고의 남은 부분과 치아에 묻은 주스를 모아서 두 번 삼킨다. 여운의 마음이다. 일을 다 끝냈으므로 나그네는 다시 잠이 든다. 이는 바왕가 상태로 들어감에 비유된다.

간단없이 연속하여 인식하는 것 같지만 아비담마의 17찰나설은 0.23초(17찰나)씩 끊어서 인식한다고 한다. 인식과 인식 사이에는 반드시 인식하지 않는 수동적인 마음인 바왕가로 떨어진다.

0.23초는 너무 짧지 않은가? 그 짧은 시간에 한 번의 인식이 일어난다는 것인가? 그렇다. 또한, 한 번의 인식이 끝나지 않았는데 중간에 다른 인식대상을 보여주면 두 번째 대상은 인식하지 못한다. 예를 들어 첫 번째 인식대상(예를 들어, 영어 알파벳 이미지)을 보여준 후 0.18~0.27초 후에 보여주는 두 번째 것은 대부분 인식하지 못한다. 주의맹(注意盲, attention blink)이라 한다. 첫 번째 인식과정이 아직 끝나지 않았기 때문이다. 17찰나설은 주의맹으로 증명된다.

24 17찰나설의 현대 뇌과학적 이해

주의맹이라는 현상을 설명하는 유튜브 동영상이 있다.[44] 피험자의 컴퓨터 화면에 알파벳을 무작위로 빠르게 보여준다. 피험자의 과제는 'W' 다음에 나오는 알파벳을 알아맞히는 것이다. 천천히 보여주면 누구나 알아맞히지만 빠른 속도로 보여주면 대다수는 'W' 다음의 알파벳을 인식하지 못한다. 통계에 의하면 첫 번째 이미지를 보여준 후 0.18~0.27초 후에 보여주는 두 번째 이미지는 거의 인식하지 못한다. 이를 주의맹이라 한다. 주의를 기울일 수 없다는 뜻이다. 피험자는 첫 번째 알파벳 'W'는 주의를 기울여 쉽게 인식하지만 매우 짧은 시간차로 나타나는 다음 알파벳은 인식하지 못한다.

---

44 Brain Games-Attentional Blink (https://youtu.be/kVvzpviOB7o)

왜 주의맹 현상이 생길까? 첫 번째 보여준 'W'에 대한 인식과정이 아직 끝나지 않았기 때문이다. 17찰나설은 하나의 인식과정이 끝나야 다음 대상을 인식할 수 있다고 한다. 주의맹은 이에 대한 과학적 증거이다. 주의맹 현상은 한 번의 인식이 일어나는 데 대략 0.2초가 걸림을 보여준다. 이 시간은 17찰나(0.23초)와 거의 완벽하게 일치한다.

주의맹 현상이 생기는 이유를 이해하려면 뇌의 작동원리를 이해해야 한다. 쉽게 생각하면 뇌가 어떤 일을 하는 동안에는 동시에 다른 일을 하지 못한다는 것이다. 뇌의 자원이 모두 처음의 대상을 처리하는 데 동원되었기 때문이다.

사람의 경우 대뇌피질에만 150억 개의 신경세포가 있고, 그 가운데 1차 시각피질에 10억 개 정도가 있으니, 2차, 3차, 4차 시각피질 등 시각 분석에 관여하는 전체 신경세포의 수는 수십억 개가 될 것이다. 그리고 이 신경세포들이 만드는 연접의 수는 6조 개가 넘는 것으로 추정된다. 자원이 무한한 것처럼 보인다. 하지만 매우 단순한 대상을 인식하는 데에도 대부분의 자원이 동원된다.

예로써 '+'라는 단순한 형상을 인식하는 경우를 보자. '+'를 보면 망막에 '+' 상이 맺힌다. 망막은 어느 지점이 밝고 어느 지점이 어두운지, 어느 지점은 어떤 색을 띠는지 등 점의 명암과 색깔을 분석하여 시상으로 보내고, 시상은 이 정보를 1차 시각피질에 전달한다.

시야에 아무리 복잡한 형태가 있더라도 망막에 상이 맺히면 그것은 점들의 집합이다. '+'는 가운데 수평 및 수직으로 검은 점들이 나열되어 있고, 나머지 부위는 전부 밝은 점으로 채워져 있다. 망막은 이 모든 점들에 대한 정보를 뇌로 보낸다. '+'와 같은 단순한 형상을 분석하는 데도 시각 마음거울 전체가 동원된다. 따라서 하나의 인식과정이 끝나야 뇌의 자원이 다음 인식과정에 동원될 수 있다. 주의맹은 하나의 인식과정에 걸리는 시간이 현대시간으로 약 0.2초라는 걸 보여준다. 아비담마의 시간으로 17찰나이다.

한 번의 인식이 일어나는 데 17찰나, 즉 0.23초가 걸린다는 것은 앞에서 원숭이가 바나나를 보고 잡는 데 걸리는 시간으로도 살펴보았다. 바나나를 좋아하는 원숭이에게 눈앞에 있는 '바나나'는 '매우 큰 인식대상'이다. 따라서 바나나를 보는 순간 잡으려고 할 것이다. 실험에 의하면 원숭이가 바나나가 있음을 알고 잡아야겠다고 판단한 후 팔근육을 움직이는 데까지 약 0.25초 걸린다. 바나나가 있음을 인식하는 데까지는 대략 0.2초 걸렸다. 바나나를 인식하는 데 17찰나, 즉 0.23초 걸렸다는 뜻이다. 테라와다 스님들은 이것을 어떻게 알았을까? 놀라울 따름이다.

투수와 타자의 관계를 보자. 시속 144km로 날아오는 공이 스트라이크 존에 도달하는 데 걸리는 시간은 겨우 0.4초다. 시속 152km인 공은 0.375초, 161km(100마일)인 공은 0.35초 만에 타석에 도착한다. 타자는 공이 도달하기 전에 스윙을 시작해야 한다. 대략 0.2초 만에 구질을 파악하고 거기에 맞는 스윙을 시작했을 것이다. 인식과정이 그만큼 짧다는 뜻이다.

외야수들이 공을 잡기 위해 달려가는 과정도 마찬가지다. 날아오는 궤도를 인식하여 순간순간 달리는 속도와 방향을 결정해야 한다. 그래야 달리는 속도와 방향에 대한 편차가 되먹임된다. 날아오는 공을 정확히 잡기 위해 빠른 속도로 인식의 반복이 일어나야 한다.

운전은 어떠한가. 갑자기 물체가 나타나면 우리는 순간적으로 브레이크를 밟거나 핸들을 돌린다. 이것은 뜨거운 물체에 손이 닿았을 때 손을 떼는 단순 반사운동이 아니다. 단순 반사는 대뇌가 관여하지 않는, 즉 의식적 인식이 필요 없는, 척수 수준에서 일어나는 운동이다. 하지만 운전 중에 일어나는 순간적인 위기 탈출 행동은 대뇌의 판단이 개입하는 의식적 인식과정이다. 아마도 17찰나의 시간이 걸려서 위기상황을 인지, 판단하고 행동으로 옮기지 않았을까?

'매우 큰 인식대상'을 인식하는 17개의 연속되는 마음들은 각각 다른 역할을 한다. 앞선 심찰나의 마음들은 대상과 부딪힌다. 그러면 수동의 마음인 바왕가는 끊어지고 능동적 인식과정의 마음이 뒤따른다. 이 마음들은 대상에 대한 상을 맺고 받아들여 음미한다. 음미가 끝나면 수동의 마음 바왕가로 돌아간다.

이러한 인식과정은 하나의 통로를 지나는 것과 같다. '매우 큰 인식대상'이라야 이 인식통로를 온전히 지나간다. '작은 대상'은 지나다 말고 바왕가로 되돌아간다. '매우 작은 인식대상'이라면 바왕가가 흔들리다 만다. 감각기관이 어떻게 모든 인식대상을 인식하랴. 관심이 없는 작은 대상들은 그냥 흘려보낸다.

25 '저게 뭐지' 반응과 인식통로

붓다는 '마음은 대상을 아는 것'이라고 하였다. 역으로, 대상이 없으면 마음도 없다. 안다는 것은 인식하는 것이다. 살아 있는 한 우리는 인식을 하거나 하지 않는 과정을 반복한다. 인식하지 않을 때의 마음을 바왕가라 한다. 단지 존재를 지속시켜주는 수동적 마음인 존재지속심(存在持續心)이다. 바왕가의 마음으로 있다가 인식대상이 나타나면 바왕가에서 깨어나 인식과정을 거치고 다시 바왕가로 돌아간다.

대상을 어떻게 인식하느냐에 따라 나의 마음이 결정된다. 그만큼 인식은 마음의 괴로움, 즐거움, 평온함을 결정하는 데 직접적인 관계가 있다.

인식은 감각기관을 통한다. 5가지 외부감각을 받아들이는 5가지 감각기관을 5가지 근(五根) 혹은 문(五門)이라 한다. 5가지 외부감각이외에도 붓다는 '떠오르는 생각'과 같은 내적 대상도 감각된다고 보았다. '떠오르는 생각'은 과거의 기억과 같은 추상적인 것이다. 붓다는 외부감각과 관계가 없는 이런 추상적인 내적 생각을 감각하는 감각기관을 의근(意根)이라고 설정하였다. 따라서 세상에 존재하는 모든 외부대상은 오문(五門), 내적 마음에서 생성되는 내부대상은 의문(意門)을 통해 인식된다. 각각 오문인식(五門認識) 및 의문인식(意門認識)이라 한다.

부처님 열반 후 상좌부 스님들은 인식과정을 매우 세세하게 관찰하고 분석하였다. 인식과정 분석은 테라와다 교학의 백미(白眉)다. 여기서는 오문인식과정만 살펴보자.

외부 감각대상은 '매우 큰 것' '큰 것' '작은 것' '매우 작은 것'으로 나뉜다. 반드시 물리적으로 큰 것이 큰 대상이 아니라, 나의 마음에 큰 충격을 주는 것이 큰 대상이다. 보물찾기를 하는 중이라면 숨겨진 작은 보물은 크기는 작지만 '매우 큰 것'이 된다.

대상은 17심찰나에 걸쳐 인식된다. 17개의 마음이 연속하여 지나가면서 대상을 인식한다는 것이다. 오문인식의 대상은 물질이다. 즉, 형색은 물체의 빛, 소리는 공기의 파동, 냄새는 냄새 물질, 맛은 맛 물질, 감촉은 피부에 닿는 물리적 충격이다.

17개의 마음이 지나가는 과정을 인식통로라 한다. 아비담마 교학은 마음과 마찬가지로 물질도 일어나고 사라지면서 존재한다고 설한다. 그런데 물질은 한 번 일어나면 17심찰나 동안 머문다. 물질이 머무는 17심찰나 동안 17개의 마음이 일어나고 사라지는 과정을 통하여 물질에 대한 한 번의 인식이 일어난다.

인식통로를 지나가는 동안 일어나는 마음들은 판에 박은 듯 일정하다. 그 통과과정은 바왕가의 흐름(인식에서 벗어난 마음) → 예비·변환(1~3번째 심찰나) → 입력·수용(4~6번째 심찰나) → 조사·결정(7~8번째 심찰나) → 처리(9~15번째 심찰나) → 여운(16~17번째 심찰나)의 단계를 거친다. 이러한 하나의 인식과정이 끝나면 다시 바왕가의 마음으로 돌아간다.

하나의 인식과정이 진행되고 있는 동안에는 새로운 인식대상이 나타나도 우리는 그것을 인식하지 못한다고 아비담마는 설한다. 우리는 그러한 가르침이 뇌과학적 진실임을 '주의맹' 현상으로 살펴보았다. 뇌의 자원(資源)이 하나의 인식과제에 동원되면 그 대상에 대한 인식이 완료되기 전에 다른 대상을 인식하는 데 동원될 수 없기 때문이다.

17찰나설을 옹호하는 다른 과학적 증거는 '저게 뭐지' 뇌파(EEG)다. 대상을 만났을 때 뇌가 반응하는 과정을 뇌파를 통하여 직접 관찰할 수 있다.

갑자기 소리가 나거나 물체가 나타나면 우리의 주의는 순간적으로 그 대상으로 향한다. 조용한 곳이 아니라도 마찬가지다. 쉼 없이 파도로 출렁이는 바다 가운데 갑자기 돌고래가 튀어 오르면 우리의 주의는 즉시 그쪽으로 향한다. 사방에 같은 파도가 계속되면 우리는 동일한 파도 가운데 특정한 파도에 주의를 주지 않는다. 하지만 파도와는 다른 어떤 현상(예, 돌고래)이 나타나면 즉각 그 대상으로 주의가 간다.

이처럼 주의가 가는 대상은 주변과는 다른 특별한 것들이다. 이들은 보통과는 다른 것, 즉 일종의 '에러(error)' 혹은 '돌출(salience)'이다. '에러' 혹은 '돌출'은 특별하고, 특별한 것은 큰 인식대상이 된다. 우리의 뇌는 특별한 것을 우선적으로 탐지하고 인식한다. 특별한 것은 대부분의 경우 삶에 가치가 있는 것들이기 때문이다.

특별한 외부자극을 탐지하고 주의가 그쪽으로 향하는 과정을 뇌과학에서는 '지향반사(orienting reflex, von Restorff effect)'라 한다. 쉽게 말하면 '저게 뭐지' 반응-('what is it' response)이다. '저게 뭐지' 반응에서 나타나는 뇌파를 '사건 연관 전위(event-related potential)'라 한다. '에러' 혹은 '돌출' 사건에 연관되어 발생하는 뇌파라는 뜻이다.

뇌파는 뇌신경세포들의 활성에 의하여 만들어지는 전위를 머리피부에서 측정한 값이다. 즉, 뇌 속에 있는 신경세포 하나하나가 만드는 것이 아니라 많은 신경세포의 활성이 합해진 것이다. 이는 축구경기장 밖에서 관중들의 함성을 듣는 것에 비유된다. 골이 들어가지 않은 상황에서는 그냥 웅성웅성하는 정도지만, 골이 들어가면 매우 큰 함성이 들린다. 관중 개개인의 소리가 아니라 전체가 내는 소리가 뇌파에 해당한다. 즉, 뇌파는 센서가 부착된 특정한 뇌 부위에 있는 신경세포의 전체적인 활성을 나타낸다.

'소리'를 들려준 후 정수리 부근에서 측정한 뇌파 그래프를 보면 '소리' 자극 후 크게 두 개의 뇌파 파동이 나타난다. 구체적으로는 0.2초 전후에 나타나는 파동과 0.3초 전후에 나타나는 파동이다. 이 두 뇌파 파동은 소리에 대한 한 번의 인식과정을 나타내는데, 0.3~0.4초 걸려서 '저게 뭐지' 반응이 일어남을 보여준다. 이만큼의 시간이 걸려서 소리가 인식되는 과정은 아비담마에서 설명하는 '인식통로(vīthi-citta)'를 지나가는 과정에 대비된다. 뇌파는 뇌신경세포들의 활성을 머리피부 → 센서 → 컴퓨터를 거쳐서 보여주는 뇌활성이다. 이런 측정과정을 거치는 동안 약간의 시간이 지체되었을 것이다. 따라서 실제로 뇌에서는 이보다 더 빠르게 소리에 대한 반응이 일어났을 것이다. 이렇게 보면 '저게 뭐지' 반응에 걸리는 시간은 '인식통로'를 통과하는 17심찰나(0.23초)에 매우 근접한다고 할 수 있다. 한 번의 인식이 일어나는 데 걸리는 시간에 대한 아비담마의 설명(인식통로)과 뇌과학적 현상('저게 뭐지' 반응)이 매우 유사하지 않은가?

17심찰나를 통한 인식과정을 상좌부 스님들은 어떻게 알았을까? 이런 과정을 이론적으로 추론할 근거가 있었을까? 내가 추론하는 한 그러한 근거는 없다. 다만 깊은 수행을 통하여 대상이 인식되는 과정을 하나하나 뚜렷하게 느꼈을 것이다.

스님들은 '마음은 극히 짧은 시간에 일어났다 사라진다(刹那生·刹那滅)'고 한다. 0.23초 동안에 17개의 마음이 일어나고 사라진다. 하나의 마음이 일어나서 사라지는 데 걸리는 시간을 1심찰나라고 하였는데, 현대시간으로는 1/75초, 약 0.013초이다.

어떻게 그렇게 짧은 시간에 하나의 마음이 일어나는지 차후에 뇌과학으로 살펴보자.

26 오감문과 의문

살아서 의식이 깨어 있는 한 대상을 만나면 인식이 일어나고, 인식된 것을 바탕으로 여러 마음이 흘러간다. 인식과정은 바왕가 → 예비·변환 → 입력·수용 → 조사·결정 → 처리 → 여운을 거친다고 아비담마 교학은 설한다. 모든 외부 대상에 대한 인식과정은 동일한 절차를 거치며, 그 과정은 마치 하나의 터널을 지나는 것과 유사하기에 이를 마음의 인식통로라 한다. 이 통로를 지나는 동안에 17개의 마음이 일어났다 사라지면서 각자의 역할을 하여 인식을 완성한다.

이 인식과정은 스스로 완전하다. 과정을 지켜보고 통제하는 '아는 사람'이 따로 존재하지 않는다. 찰나의 마음들 자체가 인식에 필요한 모든 기능을 수행한다. 마음들은 어떤 자아나 주체 없이 발생한다. 단지 주어진 조건에 따라 특정한 마음이 일어나서, 주어진 역할을 수행하고 사라진다.

이처럼 아비담마는 매 심찰나에 일어나는 마음이 각자의 역할을 수행해 대상을 안다고 설한다. 상일주재(常一主宰)하는 불변하는 나(我)는 달리 존재하지 않는다. 무아이다.

눈의 알음알이(眼識)를 살펴보자. 형색(色境)이 눈의 감성물질(眼根)과 부딪히면, 안근을 토대로 안식이 일어난다. 대상이 들어오는 장소를 문, 마음이 일어나는 물질적 근거를 토대라 한다. 눈의 감성은 문이면서 토대이다.

17심찰나 인식통로에서 안식은 다섯 번째 심찰나에서 일어난다. 안식을 제외한 나머지, 즉 바왕가, 안문전향(眼門轉向), 수용, 조사, 결정, 속행(자와나), 여운의 마음들은 마노의 알음알이들이다. 이 마음들은 심장토대를 의지해 일어나는데, 마노의 알음알이가 일어나려면 대상이 마노의 문(意門)을 열고 들어와야 한다.

오감문은 5가지 감각을 구분하여 각자의 알음알이(前五識)를 한다. 알음알이가 완성되기 위해서는 마노의 요소(意界, mano-dhātu)[45]가 마중을 나가주어야 한다. 오문전향(五門轉向)의 마음이다.

전오식은 오문전향의 마중을 받은 대상에만 일어난다. 많은 형색이 안문으로 동시에 들어오지만 한 찰나에는 하나의 전오식만 일어

---

[45] 세상을 이루는 일체의 법은 오온, 12처, 18계로 구분된다. 오온은 나를 이루는 구성요소이며, 바깥세상은 12처(6경, 6근) 혹은 18계(6경, 6근, 6식을 이루는 18가지 요소)로 분류된다. 의계(意界, mano-dhātu)는 6근을 이루는 요소 가운데 하나로써 의근이다.

난다. 일어난 전오식은 단지 1심찰나 동안만 존재한다. 마치 허깨비가 나타났다가 사라지는 것과 유사하다. 따라서 전오식이 진정으로 의식에 들어오기 위해서는 의문인식(意門認識)이 가담하여 온전한 의식수준으로 불러들여야 한다. 결국 오문인식과정은 오문과 의문이 함께하는 혼합문 인식과정이다.

오문은 각자 특이한 대상을 구분하여 받아들이지만 마노의 문은 공통이다. 그래서 전오근은 자신의 영역만 경험하지만, 마노가 그들 각자의 영역과 대상을 경험한다고 하였다.[46] 마노가 시각, 청각 등의 전오식을 다시 감각하여 온전한 의식으로 불러들이고 그 의미들을 통합한다는 뜻이다.

나는 안문인식과정을 방문객을 맞이하는 과정에 비유한다. 전원주택에 사는 집주인이 거실에 앉아 졸고 있다. 아무런 인식을 하지 않는 바왕가 상태다. 이때 어떤 방문객(인식대상)이 울타리에 있는 문(五門)으로 들어와 정원을 지나 현관문 가까이 온다. 집주인은 밖에 무언가 있음을 눈치채고 졸음에서 깨어나 현관문으로 가서(五門轉向) 방문객(前五識)을 맞이하여 거실로 들인다. 방문객을 맞이하러 가는 집주인은 의계(意界: 意根의 역할)이고, 거실은 마노의 알음알이(意識界)가 일어나는 심장토대에 비유된다. 거실에서 방문객을 대상으로 일어나는 마음은 의문 안에서 일어남이 분명하다. 벌써 의문을 통과한

---

46 『맛지마 니까야』, 「교리문답의 긴 경(Mahā-vedalla Sutta, M43)」

[오감문과 의문] 울타리가 있는 전원주택을 뇌라고 비유하였다. 감각대상(방문객)은 울타리(몸)에 설치된 오감문을 열고 정원을 거쳐 현관문을 두드린다. 방문객이 정원을 걸어 들어오는 과정이 의문을 여는 과정이다.

것이다. 그러면 의문은 어디에 있었는가?

집 울타리에 있는 오문과 현관문 사이에 의문이 있음이 분명해 보인다. 마음은 '인식하지 않는 마음(바왕가) → 인식하는 마음 → 바왕가'를 반복하면서 흘러간다. 바왕가 상태에 있다가 어떤 형색이 안문에 나타났다고 가정해보자. 이 새로운 대상에 대한 눈의 알음알이(前五識)가 생기기 위해서는 먼저 흘러가는 바왕가가 끊어져야 한다.

바왕가가 끊어지는 과정을 보자. 오감문은 감각대상에 대한 상을 인식통로에 들여보내는 기능을 한다. 인식통로에 들어온 상은 '지나가는 바왕가(atita-bhavaṅga)'와 부딪힌다. '매우 큰' 인식대상이면 '지나가는 바왕가' 다음 심찰나에 일어나는 바왕가는 흔들리고(흔들리는

제3부 인식과정을 해부하다 157

바왕가), 이어서 일어나는 심찰나에서 바왕가는 끊어진다(끊어지는 바왕가). 감각대상이 조금 작지만 그래도 '큰 대상'이면 2, 3개의 '지나가는 바왕가'가 상과 부딪혀야만 다음 심찰나의 바왕가가 흔들린다. '작은 대상'이라면 더 많은 수의 '지나가는 바왕가'에 부딪히며 흘러간다. '매우 작은 대상'이면 바왕가가 흔들리다 만다. 이러한 대상은 인식작용을 일으키지 않는다.

보통 언급되는 17심찰나 인식통로는 '매우 큰 대상'을 인식하는 과정이다. 이 경우 '지나가는 바왕가' '흔들리는 바왕가' '끊어지는 바왕가'가 각각 하나씩 흘러간다. 세 심찰나는 정원에 방문객이 들어와 현관문 앞까지 도달하는 시간에 해당한다. 이 과정 동안 거실에 있는 주인은 졸음에서 깬다(안문전향의 시작).

이제 바왕가에서 나와 인식을 시작한다. 인식의 시작은 현관문으로 마중 나오는 것이다. 이는 오문전향에 비유된다. 그 후 방문객을 거실로 들어오게 한다. 거실이 심장토대라고 본다면 거실로 들어오는 과정인 '지나가는 바왕가' '흔들리는 바왕가' '끊어지는 바왕가'가 의문을 여는 과정이 아닐까? 현관문이 있다고 가정했지만 인식통로에서 여기에 해당하는 문은 따로 없다. 그러고 보면 인식통로의 맨 앞 세 심찰나의 바왕가가 의문에 해당한다.

뇌과학으로 보자. 안문 혹은 안근은 눈이며, 눈의 감성물질 및 안식의 토대는 망막이다. 망막의 시신경은 시상(視床, thalamus)에 연결되어 있다. 따라서 시신경까지는 눈에 속하며, 시상부터가 뇌에 속한다. 망막에 맺힌 형색에 대한 상의 시각신호가 시신경을 타고 시상에 도달하는 것이 뇌와 부딪히는 순간이며, '지나가는 바왕가'의 심찰나이다.

한편 시상의 축삭들(시각방사)은 뇌의 후두부에 있는 1차 시각피질로 신호를 보내 신경세포들을 깨운다. 바왕가가 흔들리는 심찰나이다. 곧 이어서 바왕가는 끊어진다.

이후 형색에 대한 시각분석 뇌활성이 측두엽으로 전개돼 해마를 거쳐 전전두엽으로 들어오는데, 이 무렵 전전두엽의 길목에 있는 의근 신경세포가 '두리번거리며' 측두엽으로 들어오는 시각신호들을 마중 나간다(안문전향). 시야의 여러 상이 동시에 들어오는데, 상대적으로 큰 신호들을 먼저 마중한다. 한 심찰나에 하나씩.

마중한다는 것은 포섭하는 것이며, 포섭된 상은 안식이 된다. 다섯 번째 심찰나의 마음이다. 의근은 생성된 안식을 그대로 전전두엽으로 받아들인다. 전오식 다음 심찰나에 일어나는 '받아들이는 마음'이다. 여기까지가 현관문으로 상을 마중 나가서(안문전향) 전오식을 거실로 받아들이는(받아들이는 마음) 과정에 비유된다. 즉, 네 번째 안문전향의 마음과 여섯 번째 받아들이는 마음은 모두 의근의 역할이다.

현실에서는 안문·이문·비문·설문·신문을 통하여 들어온 수많은 인식대상이 동시다발적으로 현관문을 두드린다. 의근은 한 심찰나에 하나씩 재빠르게 받아들인다.

27 오문전향과 받아들이는 마음

우리가 무엇을 볼 때 한순간에 그것을 보는 것 같지만 '먼저 그쪽으로 주의가 보내진 후 봄(눈의 알음알이, 眼識)'이 일어난다. 이처럼 대상으로 주의를 보내는 것을 전향(轉向)이라 한다. 앞에서 설명한 '주의맹' 현상은 인식대상에 주의를 보내지 않으면 인식이 일어나지 못함을 보여주었다.

대상을 아는 과정이 인식과정이며, 그 과정은 '바왕가 → 예비·변환 → 입력·수용 → 조사·결정 → 처리 → 여운'을 거친다. 이 과정 동안에 17개의 마음이 일어났다 사라지면서 각자의 역할을 하여 대상을 안다고 아비담마는 설한다.

대상이 마음공간에 나타나야 인식이 일어난다. 외부의 대상은 오문(오근)을 통하여 나타나고, 내부의 대상, 즉 떠오르는 생각(法境)은 의문(意門)을 통하여 나타난다. 오감이 오문을 통하여 마음공간에 나타나면 '바왕가 → 예비·변환 → → →'의 과정(오문인식과정)이 17찰나에 걸쳐서 일어난다. 내부에서 떠오르는 법경(法境, 생각)은 이미 마음공간 속에 있는 대상이기에 곧바로 '결정 → 처리 → 여운(의문인식과정)'을 거친다.

오문인식과정을 보자. 바왕가 상태에서 인식대상이 나타나면 바왕가가 흔들려 끊어진다. 이 과정을 '바왕가 → 예비·변환'이라 하며, 3심찰나가 지나간다. 각각 ① 인식대상과 부딪히는 바왕가 ② 흔들리는 바왕가 ③ 끊어지는 바왕가이다. 이 과정을 '어떤 방문객(인식대상)이 울타리에 있는 문(五門)으로 들어와 정원을 지나 현관문 가까이 온다.'는 것에 비유하였다. 마음공간에 들어와 의문 앞에 도달한 것이다.

이번에는 나그네와 망고의 비유를 기억해보자. 잠에서 깨어난 나그네는 눈을 뜨고 무슨 일이 일어났는지 두리번거린다. 그리고 떨어진 망고가 있는 방향으로 주의를 돌린다. 이는 마음이 감각대상으로 향하는 것에 비유된다. 네 번째 심찰나인 ④ 오문전향이다. 이제 나그네는 떨어진 망고를 본다. 이는 색경(망고)을 보는 안식, 즉 ⑤ 눈의 알음알이다. 다른 비유로, 집주인이 현관문을 열고 방문객을 보는 것이다. 나그네는 망고를 집는다. 이는 안식을 수용하는 ⑥ 받아들이는 마음이다. 방문객을 거실로 안내하는 것에 비유된다. 여기까지가 입력·수용 단계이다.

　오문전향 없이는 대상이 인식되지 않는다. 사람들로 혼잡한 길을 걷는데 친구가 저쪽에서 반대방향으로 지나가는 경우가 있다. 나는 친구를 보았다. 친구도 내 쪽을 보는 것 같다. 나중에 친구에게 어디에서 네가 지나가는 것을 보았다고 말하면, 그 친구는 나를 전혀 보지 못하였다고 하는 경우가 있다. 분명히 내 쪽을 훑어보고 갔는데도 말이다. 왜 그럴까? 친구가 나에게 오문전향(여기서는 안문전향)을 하지 않았기 때문이다. 나의 시각 이미지가 친구의 망막에 맺힌 것은 분명할 것이다. 하지만 친구는 나의 이미지에 전향하지 않았다.

　오문전향을 하는 실체는 무엇일까? 다시 방문객을 맞이하는 과정으로 돌아가보자. 방문객이 현관문을 노크한다. 이는 인식대상이 마음의 문(意門)을 노크하는 것과 같다. 그러면 나는 열어주기 위해 노크하는 문으로 간다. 가서 문을 여는 내가 오문전향(17심찰나설의 네 번째 마음)의 마음이다. 이제야 그 방문객이 누구인지 안다. 눈의 인식과정이라면 안식이 일어난 것이다(다섯 번째 심찰나). 그다음 나는 방문객을 집 안으로 받아들인다. 여섯 번째 심찰나인 '받아들이는 마음'이다.

　마중을 나가서 문을 열어주었기에 그 문을 두드린 인식대상이 집 안으로 들어왔다. 뇌과학으로 보면 마중 간다는 것은 주의(attention, 빠알리어로는 manasikara)를 기울인다는 것이다. 여기서 강조해야 할 점은 실제로는 수많은 방문객이 동시다발적으로 문을 두드린다는 것이다. 예로써, 시야에는 많은 형색이 있다. 각각의 형색은 모두 눈의 문을 통하여 망막에 각자의 상을 맺고, 동시에 마음공간으로 들어와 마노의 문을 두드린다. 여기까지는 수동적 및 자동적으로 일어난다. 의도적으로 망막에 어떤 상은 맺히고, 어떤 상은 맺히지 않게 할 수 없다는 뜻이다.

망막에 맺힌 수많은 상이 동시에 의문을 두드리지만 나(意根, mano)는 의지를 갖고, 한 심찰나에 내가 선택한 하나의 방문객(像)에게만 문을 연다(주의를 기울인다). 어느 문을 우선적으로 열까? '매우 큰 대상'을 먼저 연다. '작은 대상'이나 '매우 작은 대상'은 의근의 선택을 받지 못할 수 있다. 이들은 문만 두드리다가 소멸되는 '효과 없는 대상'이 된다. 이런 대상은 인식이 되지 않는다.

일체의 법(法)을 18가지 요소(dhātu)로 분류한 체계인 18계(十八界)에서 '오문전향'과 '받아들이는 마음'은 마노의 요소인 의계(意界, mano-dhātu)의 역할이다. 의계는 법계를 포섭하여 의식계(意識界)를 생성한다. 의계는 의근의 역할이며, 의근이 수행하는 구체적인 역할은 '오문전향의 마음'과 '받아들이는 마음'이다. 의계의 역할인 오문전향과 받아들이는 마음은 어디에서 일어나는 어떤 마음일까? 겉으로 보이는 전오근(눈·귀·코·혀·피부)과 달리 의근은 보이지 않는다. 뇌 속에 있기 때문이다.

현대 뇌과학에서 의식은 전전두엽의 기능으로 본다. 뇌의 어디에서 시작한 활성이건 전전두엽으로 들어왔을 때 의식으로 나타난다. 전전두엽으로 들어오는 뇌활성(법경)을 포섭(감각)하는 요소가 의계이며, 그것은 의근의 역할이다. 의근의 정체는 아마도 VEN(von Economo neuron) 신경세포일 것이라고 나는 주장한다. 방추체 모양으로 생긴 이 신경세포는 뇌활성이 전전두엽으로 들어가는 길목에 위치하고 있다. 이들은 매우 큰 가지돌기(dendrite)로 들어오는 뇌활성 신호를 쉽게 포착하고, 커다란 축삭(axon)을 통하여 이 신호들을 전전두엽으로 전해줄 것이다.

마음은 5가지 감각기관으로 들어오는 감각대상을 토대로 만들어진다. 내적으로 생기는 생각도 마음을 만들지만 이야기를 단순화하기 위해 여기서는 오감만 생각하자. 많은 감각대상은 분별없이 감각기관에 부딪히지만, 주의를 준 대상만 인식된다. 주의를 주는 실체는 의근이며, 의근을 관리하는 문지기가 싸띠(알아차림)다. 싸띠가 오문을 잘 단속해 번뇌의 대상이 마음으로 들어오지 못하게 하여야 한다.[47] 번뇌를 일으킨 후 버리는 것보다 애초에 일어나지 않도록 하는 게 훨씬 현명하기 때문이다.

'지혜롭게 주의를 기울임(yoniso manasikāra)'은 오문이 대상을 받아들이는 찰나에 의근이 어떤 대상을 선택하는지 결정하는 중요한 방향키이다. 붓다는 '지혜로운 주의를 기울이기 때문에 아직 생겨나

---

47 『상윳따 니까야』, 「낑수까 나무 비유 경(Kiṃsukopama-sutta, S35:245)」

지 않은 번뇌들은 생겨나지 않고, 이미 생겨난 번뇌들은 버려진다.'
고 했다.[48] 오문을 지혜롭게 관리하여 해로운 법들은 떨쳐버리고 유
익한 법들에 주의를 기울이도록 하는 것이 깨달음으로 가는 출발점
이다.

　의근은 재빨리 많은 대상을 포섭하려는 특성을 가진다. 의근이
유익한 법들에 지혜롭게 주의를 기울이게 하는 기능이 싸띠이다. 싸
띠 수행으로 의근을 잘 관리하여야 한다.

48　『맛지마 니까야』,「모든 번뇌 경(Sabbāsava sutta, M2)」

28 심찰나의 뇌과학

상좌부 불교의 교학인 아비담마에서는 오감문 인식대상이 17심찰나를 거쳐서 한 번씩 인식된다고 한다. 아비담마는 마음과 마찬가지로 물질도 찰나생·찰나멸 한다고 한다. 마음이 한 번 일어나고 사라지는 데 걸리는 시간을 1심찰나라 한다. 물질은 한 번 일어나면 17심찰나 동안 머문다. '1물질찰나'는 17심찰나인 것이다.

마음은 대상을 아는 것이다. 마음이 대상을 아는 동안 대상은 머물러 있어야 한다. 물질이 한 번 일어나 있는 17심찰나 동안에 17개의 마음이 일어났다 사라지면서 그 물질을 인식한다. 이것이 소위 '17찰나설'로서 테라와다 교학의 백미이다.

17개의 마음이 인식통로라는 일정한 순서를 거치면서 대상을 인식한다. 심찰나는 물리적인 절대적 길이가 있는 시간 단위가 아니라

'마음이 한 번 일어났다 사라지는 데 걸리는 시간'으로 정의되었다.

하나의 마음은 한순간(1심찰나)에 일어나서 대상을 아는 기능을 수행하고 사라진다. 하나의 마음이 멸하면 틈 없이 다음 마음이 따라서 일어난다. 이렇게 마음은 흘러간다. 심상속(心相續)이다. 심지어 죽을 때도 '죽음의 마음'을 낸다. 그렇게 되면 현생은 끝나게 된다.

하나의 마음이 일어났다가 사라지는 1심찰나가 얼마만큼의 시간인지 분명하지 않지만 무척 짧은 시간을 뜻한다는 것만은 확실하다. 힘센 장사가 손가락을 한 번 튕길 때 65찰나가 지나간다고 하는 것만 보아도 그렇다.

다행히 북방 상좌부 불교인 설일체유부의 핵심 논서인 『아비달마구사론』에는 찰나의 길이가 명확히 설명되어 있다. 1찰나는 1/75초(0.0133초)에 대비된다. 상좌부 아비담마에서 말하는 '심찰나'의 길이는 현대시간으로 정의되지 않았지만, 『아비달마구사론』에서 정의한 '찰나'와 같다고 가정하자. 그렇게 보면 17심찰나는 0.23초이다. 물질적 대상을 한 번 인식하는 데 걸리는 시간이다.

앞의 글에서 나는 두 가지 뇌과학적 실험증거로 이 시간이 맞음을 보여주었다. 첫 번째 증거인 주의맹 현상은 한 번의 인식과정이 마무리되는 데 0.18~0.27초 걸림을 보여주었다. 하나의 인식과정이 진행되고 있는 동안에 다른 인식대상을 보여주면 우리는 그것에 주의를 기울이지 못한다. 이처럼 주의맹 현상은 한 번의 인식이 일어나는 데 17심찰나와 거의 같은 시간이 걸림을 보여준다.

다른 하나의 뇌과학적 증거는 '저게 뭐지' 반응이다. 인식하는 과정을 보여주는 '저게 뭐지' 반응 뇌파는 한 번의 인식과정이 0.3~0.4초에 걸쳐서 일어남을 보여주었다.

이상의 두 가지 실험 결과는 한 번의 인식이 일어나는 데 17심찰나(1/75초×17=0.23초)가 걸리며, 아울러 1심찰나가 1/75초와 매우 가깝다는 것도 증명한다.

그렇게 빠른 시간에 한 번의 마음이 일어났다가 사라질까? 테라와다 스님들은 이것을 어떻게 아셨을까? 뇌과학은 이를 옹호할까? 이제 '1심찰나'에 대비되는 현대시간을 뇌과학적으로 알아보자.

마음은 대상을 아는 것이라고 하였다. '매우 큰 대상'이 나타나면 예비·변환 → 입력·수용 → 조사·결정 → 처리 → 여운의 역할을 하는 17개의 마음이 17심찰나에 걸쳐 지나가면서 그 대상을 안다.

입력단계만 생각하자. 과학은 단순화하여 이해한다. 입력 다음에는 수용, 조사, 결정 등의 마음이 틈 없이 이어지기 때문에 입력만 고려하면 나머지는 자동으로 뒤따른다. 이는 마치 호수에 조약돌을 던지면 물결 파동이 차례차례로 퍼져나가는 것과 유사하다. 우리는 1초에 몇 개의 조약돌을 던져 넣는지만 고려하면 된다. 조약돌은 인식대상이고 그것을 아는 마음이 파동처럼 이어져 일어난다고 보는 것이다.

과연 1초에 몇 개의 조약돌을 호수(뇌)에 던져 넣을까? 다른 감각도 마찬가지겠지만 가장 연구가 잘된 시각을 생각해보자. 시각대상, 즉 형태를 받아들이는 감각기관은 눈이다. 시야의 광경은 눈의 망막에 상을 맺는다. 상은 밝고 어두운 점들과 색깔 점들로 되어 있다. 아무리 복잡한 광경이라도 결국 점들의 집합이 아닌가. 망막은 바로 이러한 점들을 감지하고, 각각의 점은 활동전위라는 전기를 만들어 뇌의 시상으로 보낸다.

하나의 순간으로 보면 망막에 맺힌 상에 있는 수많은 점들은 하나의 스냅숏(snapshot)을 만들 것이다. 즉, 망막은 점으로 된 스냅숏을 찍어서 시상으로 보낸다. 이는 마치 스크린 영화관에서 영사기(눈, 眼根)로 필름(망막)의 영상을 스크린(뇌)에 비추어주는 것과 같다. 영화관에서는 1초당 24개의 사진 프레임을 비춘다. 그런 영상이 스크린에서 빠른 속도로 연속해서 지나가면 우리는 그들을 정지화면이 아니라 동영상으로 인식한다.

눈의 알음알이, 즉 안식도 마찬가지다. 눈은 망막에 맺힌 스냅사진을 매우 빠른 속도로 시상에 보내고, 시상은 그들을 대뇌의 1차 시각피질에 보내준다. 그러면 뇌는 그것들을 연결하여 연속된 동작으로 인식한다.

필름에 감광색소가 있듯 망막에도 명암 및 색깔을 감지하는 감광색소가 있다. 망막의 감광색소는 광수용 세포로 만들어진다. 막대 광수용 세포는 명암에 반응하고, 원추 광수용 세포는 색깔에 반응한다. 흑백 감광색소는 5~30개의 막대 광수용 세포들이 어울려 만든다. 직경이 0.25mm인 원 모양인데 어울리는 방식에 따라 '밝은 점' 혹은 '어두운 점'을 감광한다. 원추 광수용 세포들은 '색깔 점'을 분석한다. 망막에 있는 이런 '점 감각 센터'들은 1초당 약 90번의 '점' 신호들을 시상으로 보내준다. 망막 전체로 보면 1초당 약 90개의 '점으로 된 스냅사진'을 시상으로 보내주는 것과 같다.

'점으로 된 스냅사진'들이 시상을 거쳐 대뇌의 1차 시각피질에 도달하면 여기서는 선이 분석된다. 점들을 모아서 선을 만드는 것이다. 망막에서 동시다발적으로 시작한 점들은 1차 시각피질에서는 동시다발적으로 선들로 재구성된다. 점으로 된 망막의 스냅사진이 여기에서는 선으로 그려진 스케치 사진이 되는 것이다. 망막에는 점을 인식하는 신경세포들이 있고, 1차 시각피질에는 선을 감지하는 신경세포들이 있다고 보면 된다. 망막의 점 신호가 1차 시각피질에 와서는 모여서 선이 되는 것이다. 선 신호들은 모여서 면을 이룬다. 이런 방식으로 점점 더 복잡한 시각분석이 일어난다.

복잡한 시각분석 과정을 설명하고자 하는 것이 아니다. 선을 감지하는 신경세포가 어떠한 빈도로 활성화하는지를 보면 스케치 사진이 얼마나 빠른 속도로 만들어지는지를 알 수 있다. 하나의 사진이 뇌에 생성된다는 것은 한 점의 식(識)이 일어나는 것이다. 이는 또한 하나의 조약돌(사진)을 호수(뇌)에 던져 넣는 것에 비유되지 않는가.

1차 시각피질에 있는 선을 감지하는 신경세포를 단순세포(simple cell)라 한다. 단순세포는 1초에 약 60번 활동전위를 격발한다. 선으로 된 사진을 1초에 60번 그린다는 뜻이다. 이는 뇌라는 호수에 초당 60번 조약돌을 던져 넣는 것이며, 시각대상을 아는 마음이 1초에 60번 일어난다는 뜻이다. 하나의 안식 심찰나가 1/60초인 것이다. 이는 아비담마의 1심찰나(1/75초)에 너무나 근접한 시간이다. 놀라울 따름이다. 인식이 연속적이 아니라 17심찰나(0.23초)로 토막 난 과정의 반복이며, 1심찰나는 1/75초라는 것을 어떻게 알았을까.

29 눈의 감성과 알음알이(眼識)

형색은 눈으로, 소리는 귀로, 냄새는 코로, 맛은 혀로, 촉감은 몸(피부)으로 안다. 오감이다. 오감을 앞의 5가지 알음알이(前五識)라 하고, 오감의 감각기관을 전오근(前五根)이라 한다.

붓다는 전오근이 감각할 수 없는 대상을 법경이라고 하였다. 감정이나 떠오르는 생각 같은 추상적인 것들이다. 이러한 감각대상들을 감지하는 감각기능을 의근(意根)이라고 설정하고, 의근의 알음알이를 의식(意識)이라고 하였다.[49]

눈이 빛을 매개로 형색을 접촉하여 눈의 알음알이(眼識)가 일어난다. 아비담마는 감각기관과 감성물질을 구분하여, 감각기관은 미세

---

49 『맛지마 니까야』, 「여섯씩 여섯 경(Chachakka Sutta, M148)」

한 감성을 지탱하는 토대가 된다고 설한다. 눈의 감성은 빛과 색깔을 받아들이고, 눈의 알음알이의 물질적인 토대와 문(門)의 역할을 하는 망막 안에 있는, '빛(형색)의 감각에 민감한 물질'이다.

『청정도론(清淨道論, Visuddhimagga)』의 저자 붓다고사 스님은 눈의 감성을 다음과 같이 설명한다.

> "눈의 특징은 형상이나 색깔이 부딪혀 오는 것에 만반의 준비가 된 4대의 감성이다. (중략) 여기서 눈이라고 하는 것은 검은 속눈썹으로 둘러싸여 있고, 검고 밝은 원반에 의해 변화하는 파란 연꽃잎을 닮은 것을 눈이라 부른다. 눈의 감성은 (여러 물질적인 현상이) 혼합된 전체 눈에서, 흰 동자에 의해 싸여 있고 눈앞에 서 있는 사람의 형상이 비치는 곳인 검은 동자의 중간에 있다. 그것은 일곱 층의 솜에 뿌려진 기름처럼 눈의 일곱 층에 퍼진다. 그것은 받치고, 뭉치고, 익히고, 움직이는 기능을 하는 4대의 도움을 받는다."[50]

감각기관인 눈의 '검고 밝은 원반'은 눈동자의 홍체(검은 부분)와 흰자위막(공막, 흰 부분)이다. 홍체는 조리개 역할을 하여 동공을 조절한다. 눈 전체를 연꽃잎에 비유하고 '파란 연꽃잎을 닮은 것'을 눈이라고 했다. 동공을 조이고 펴는 것을 연꽃이 밤낮에 따라 오므리고

50 　『청정도론(清淨道論, Visuddhimagga)』14장

펴는 것에 투사하였을까. 여기까지는 모양새를 따라가며 어렵지 않게 이해할 수 있다.

눈의 감성에 대한 설명이 어렵다. '동자의 중간'은 동공이다. 동공에 있는 '눈의 감성은 일곱 층에 퍼진다.'는 것은 무엇을 묘사한 것일까? '형상이나 색깔이 부딪혀 오는 것에 만반의 준비가 된 것'은 눈이며, '빛(형색)의 감각에 민감한 물질', 즉 눈의 감성은 망막이다.

현대 뇌과학에서 망막은 10개의 세포층으로 되어 있다고 본다. 그런데 망막의 가장 두꺼운 부분도 약 0.3mm 정도밖에 되지 않는다. 여기에 7층이 있다고 아셨을까? 아니면 각막에서부터 시작하여 맨 뒤쪽의 공막까지 7층이라는 것일까?

망막에서는 밝은 점, 어두운 점, 색깔 점이 감지된다. 시야의 광경이 아무리 복잡하더라도 전부 점들로 이루어져 있다. 시야의 실재하는 점들이 망막에 그대로 투사된다. 그것을 우리는 망막에 맺힌 상이라 한다. 망막에는 광수용 세포들이 어울려 점을 감지하는 화소들이 있다. 화소의 크기는 직경이 약 0.25mm이며, 광수용 세포들이 어울리는 양상에 따라 '밝은 점', '어두운 점' 혹은 '색깔 점'을 감광한다. 망막에서는 시야의 광경이 점으로 해체되어 인식되는 것이다. 망막은 '점으로 된 스냅사진'을 시상으로 보내준다. 1초에 약 90개의 스냅사진을. 이것이 망막이 하는 역할이다. 망막은 눈의 알음알이의 문이며 토대가 된다.

아비담마는 눈의 감성물질이 형색(빛)과 부딪히면 눈의 알음알이, 즉 안식이 일어난다고 설명한다. 안식이 눈에서 일어나는 것으로 이해했다. 눈의 감성물질과 형색은 서로 부딪힐 뿐 알음알이는 뇌에서 일어나는데, 뇌는 온전히 생략됐다. 당시에는 뇌의 역할을 전혀 몰랐기 때문이리라. 형색과 눈의 감성이 부딪혀 생긴 '점으로 된 스냅사진'이 시상으로 보내지는 것이 안식의 시작이다. 안근인 눈이 하는 역할은 여기까지이다.

시상은 그 사진을 받아서 대뇌 1차 시각피질로 전달한다. 이제 진정한 안식이 시작되었다. 안식의 완성 과정은 측두엽으로 진행되어 해마를 거쳐 전전두엽 입구까지 계속된다. 거기에서 의근의 안문전향을 기다린다. 안문전향을 받으면 그제야 안식이 완성된다. 17찰나 인식과정의 다섯 번째 찰나의 마음(전오식)이 된 것이다. 이렇게 완성된 안식을 의근이 다시 작용하여 전전두엽으로 받아들인다(여섯 번째 찰나인 '받아들이는 마음'). 이제 의식의 문턱에 다다랐다. 지금까지는 온전히 무의식 상태에서 일어난다.

그다음 일곱 번째 찰나의 마음은 '조사하는 마음'이고, 여덟 번째 찰나의 마음은 조사가 끝나 좋고 나쁨이 결정되는 '결정하는 마음'이다. 이제 의식의 문턱을 넘었다. 대상이 의식 속으로 들어왔다는 뜻이다. 아홉 번째 마음부터는 업을 짓는 업 형성 마음이다. 좋으면 좋은 대로 나쁘면 나쁜 대로 대상에 대한 업을 짓는다.

눈은 안문이고, 뇌는 의문(意門)이다. 안문은 형색에 대한 이미지를 의문 앞에 가져다 놓는 역할을 한다. 의문 앞에 온 이미지는 의문을 두드린다. 노크 소리를 들은 의근은 의문을 열어준다(오문전향, 네 번째 심찰나). 이제 의문인식과정이 시작된다.

이처럼 눈의 알음알이는 안문과 의문을 통과하는 혼합문 인식과정이다. 즉, 인식대상인 형색이 안문과 의문을 통과하는 것이다. 1차 시각피질이 물질적인 의문이고, 부딪히는 바왕가, 흔들리는 바왕가, 끊어지는 바왕가가 정신적인 의문이다. 1차 시각피질의 활성으로 부딪히는 바왕가, 흔들리는 바왕가, 끊어지는 바왕가가 일어난다는 뜻이다. 의문 안으로 들어오면 점들은 모여서 선을 만든다. 전체적으로 보면 '점으로 된 스냅사진'이 '선으로 된 스케치 사진'이 된다. 여기까지가 1차 시각피질에서 일어난다.

시각 신호처리 과정이 더 진행되면서 선이 모여서 면이, 면이 모여서 입체가 완성되고, 색깔, 움직임 등에 대한 분석도 일어난다. 모양과 색깔은 해마가 있는 측두엽으로 가면서 완성되고, 움직임은 뇌의 위쪽인 두정엽으로 가면서 파악된다. 완성된 모양새와 움직임은 전전두엽으로 들어가 의식으로 들어온다. 눈의 알음알이가 완성되었다.

결론적으로 눈의 알음알이는 망막 → 시상 → 1차, 2차, 3차… 시각피질 → 해마 → 전전두엽을 통과하는 뇌신경 신호 처리 과정이며, 전전두엽으로 들어오는 길목에서 의근이 그 신호를 포섭하면(오문전향) 안식이 생성되고, 생성된 안식을 다시 의근이 전전두엽으로 받아들인다. 전전두엽에서는 의식, 즉 마노의 알음알이가 일어난다.

눈의 알음알이는 형색에 대한 뇌활성이며, 의근에 포섭되어 의식에 들어오는 찰나에 있는 단 1심찰나 동안의 마음이다.

안식은 의식에 들어온 알음알이일까? 의식에 들어왔다면 아마도 허깨비 하나가 순식간(1심찰나)에 나타났다 사라진 정도일 것이다. 허깨비를 의근이 받아들여 조사하고, 그 성질을 결정한 후 음미(속행)해야 온전히 의식에 들어왔다고 할 수 있다. 의근에 포섭되면 의식에 들어온다고 붓다는 설했다. 안식은 의근의 마중(안문전향)을 받았을 따름이며, 마중하여 완성한 안식을 의근이 다시 받아들인다(받아들이는 마음). 여기까지가 의근의 역할이다.

그러면 이제 의식에 들어온 것일까? 받아들인 안식을 대상으로 조사하는 마음, 결정하는 마음이 이어진다. 나는 결정하는 마음(여덟 번째 심찰나)에 와서야 의식에 들어온다고 본다. 인식통로에서 세 개의 바왕가 → 오문전향 → 안식 → 받아들이는 마음 → 결정하는 마음을 거치면서 인식대상(여기서는 형색)이 의식에 들어온다.

형상은 안문을 통과하고, 이어서 '바왕가 → 예비·변환 → 입력·수용 → 조사·결정 → 처리 → 여운'이라는 인식통로를 거친다고 아비담마는 설명한다. 전체 과정이 17심찰나(약 0.23초) 걸리고, 그동안 17개의 마음이 순차적으로 일어났다 사라지면서 형상을 인식한다. 인식통로를 통과하는 형상은 마치 말을 몰고 내달리는 서부의 사나이같이 순식간이다. 망막에서부터 4심찰나(4/75초=0.05초) 만에 뇌의 후두부에 있는 1차 시각피질로 갔다가 다시 측두엽을 거쳐 전전두엽 앞에까지 왔다! 그 전체 경로를 17심찰나(0.23초)만에 내달린다.

　한 마리의 말(형상)이 내달리는 것이 아니다. 마치 경마장에서 여러 말이 동시에 우르르 달려가는 것과 흡사하다. 망막에는 여러 가지의 상이 동시에 맺히고 이들은 각자 안식 인식통로를 달려가기 때문이다.

　그런데 오문전향 하는 의근은 한 찰나에 하나의 말에만 주의를 보낸다. 한 찰나에 하나의 대상만 포섭하는 것이다. 주의가 보내진 말만 완전한 상(眼識)을 맺고 다음 단계(받아들임)로 나아간다. 주의맹 현상은 하나의 대상에 주의를 주면 그 대상에 대한 인식과정이 완전히 끝나지 않으면 다음 대상이 인식되지 않음을 보여준다. 아마도 인식에 필요한 뇌의 자원에 한정이 있어 그럴 것이라고 해석한다. 아비담마도 그렇게 설명한다. 수행에서 체험한 대단한 인식능력이다.

　대상을 안다는 것은 '아는 주체'가 있어서 '객체', 즉 인식대상을 아는 것이다. 그런데 불교는 아는 주체가 따로 없다고 본다. 17심찰나 동안 인식통로를 통과하는 17개의 마음 자체가 대상을 아는 행위자이다. 대상을 인식하는 마음들은 찰나생 찰나멸 하면서 흘러간다. 불변하는 '아는 주체'인 자아(我)가 따로 대상을 인식하는 행위를 하는 것이 아니다. 무아는 불교의 핵심적인 가르침이다.

30 귀의 알음알이(耳識)

소리를 아는 것이 귀의 알음알이(耳識)이다. 이식도 안문(눈) 인식과정과 마찬가지로 이문(귀)과 의문을 통과하는 혼합문 인식과정이다. 소리는 공기를 매개로 귀의 감성물질에 부딪힌다. 소리는 공기의 파동이다. 이근(耳根), 즉 귀의 감성물질은 무엇일까?

지금부터 약 1,500년 전, 붓다고사 스님이 지은 『청정도론』에는 귀의 감성물질에 대해 "귓구멍 속에서 부드럽고 갈색인 털에 둘러싸여 있는 골무 모양을 한 곳에 있다."라고 설명한다. '골무 모양을 한 곳'은 고막이리라.

눈의 망막이 안식의 시작점이듯 사실 고막은 소리 감각의 시작점이다. 공기를 타고 온 음파가 고막을 친다. 고막의 진동이 소리로 감지되는 곳은 속귀의 달팽이관 속에 있는 코르티기관이다. 고막과 달팽이관 사이를 중간귀라 한다. 중간귀와 속귀는 인체에서 가장 단단

한 뼈에 싸여 있다. 중간귀 속에는 인체에서 가장 작은 뼈, 가장 작은 근육이 있으며, 고막의 진동을 달팽이관으로 전달한다.

이처럼 작고 접근하기 어려운 곳에 위치하고 있기 때문에 소리를 감지하는 '귀의 감성'은 오랫동안 베일에 싸여 있었다. 과학자들도 15세기까지는 고막과 중간귀의 뼈에만 주목하였고, 속귀에 있는 달팽이관은 16세기 중반에야 발견되었다. 그리고 소리를 감지하는 감각기관, 즉 '귀의 감성'인 코르티기관은 19세기에 와서야 겨우 발견되었다.

소리의 세기(크고 작음), 높이(pitch, 높고 낮음), 음색을 소리의 3요소라 한다. 세기와 높이는 쉽게 이해된다. 음색은 소리의 느낌이다. 같은 높이, 같은 크기의 소리라도 피아노와 오르간의 소리는 느낌이 다르다. 사람의 말소리도 누구의 목소리인지 구별이 되듯이 발음체의 차이에 따라서 소리가 다르게 느껴지는 것을 음색이 다르다고 한다. 심지어 발자국 소리에도 음색이 있지 않은가. 학창시절 교실에서 친구들과 장난치고 있다가 복도에 걸어오는 발자국 소리만 들어도 어느 선생님인지 알았던 기억이 있을 것이다.

우리 몸의 어느 부분도 허투루 만들어지지 않았다. 달팽이같이 생긴 달팽이관(cochlear)은 작지만(바닥의 지름은 약 9mm, 바닥에서 꼭지까지 높이는 약 6mm) 매우 우아하다. 소리는 전기(활동전위)로 변환되어 대뇌의 1차 청각피질로 전달되는데, 활동전위는 달팽이관 속에 있는 코르티기관의 털세포(hair cell)가 만든다. 즉, 귀의 감성물질은 현대 뇌과학으로 보면 코르티기관의 털세포이다. 털세포의 털이 흔들리면 활동전위가 만들어지기 때문이다.

소리의 높이는 공기 파동의 주파수에 따라 결정된다. 사람의 귀가 들을 수 있는 주파수, 즉 가청 주파수는 대략 20~2만Hz이다.

전통적인 거문고에는 6개의 현이 있다. 거기에 16개의 괘를 버팀목으로 달아 현의 길이를 조절할 수 있게 하였다. 현의 굵기와 길이가 소리의 높이를 결정하기 때문이다.

코르티기관에도 떨림줄이 있다. 달팽이관은 2바퀴 반 정도 꼬인 나선형이며, 이를 펼치면 길이가 약 35mm이다. 2.5바퀴 회전하는 관 안에는 림프액으로 찬 3개의 터널이 있다. 3개의 터널이 하나가 되어 2.5바퀴 회전하는 것이다. 공기의 파동이 고막에 부딪히면 고막이 진동하고, 고막의 진동은 림프의 파동을 유발한다. 그런데 파동이 고막에서부터 쭉 퍼져가는 것이 아니라 관의 특정 부위에서만 생긴다. 그 파동의 위치는 소리의 높낮이에 따라 달라지는데, 높은 소리는 달팽이관 나선의 시작 부위, 낮은 소리는 꼭대기 부근의 림프 파동을 유발한다. 왜 그렇게 되는지는 매우 어려운 파동 물리학 영역이다.

한편, 림프의 파동은 그 위치에 있는 코르티기관을 진동시킨다. 보다 정확하게 말하면 코르티기관의 바닥막(basilar membrane)을 진동시킨다. 코르티기관은 달팽이관을 따라 올라가며 나선형으로 형성되어 있는데, 현(떨림줄)이 2만여 개가 있는 나선 모양의 거문고라고 상상하면 된다. 림프의 파동은 이 떨림줄들을 진동시킨다. 마치 손(림프)으로 거문고 현을 퉁기는 것(림프 진동)과 같다. 높은 소리는 달팽이 나선의 시작 부위의 현을, 낮은 소리는 꼭대기 부위의 현을 퉁긴다. 현이 퉁겨지면(흔들리면) 코르티기관 바닥막에 붙어 있는 털세포가 흔들려 전기가 발생하고, 이 활동전위는 소리를 전달하는 신호가 된다. 물리적인 공기의 진동인 소리가 활동전위로 변환된 것이다.

이렇게 만들어진 활동전위는 청신경을 타고 숨뇌로, 이어서 다리뇌 → 중간뇌 → 시상을 거쳐 1차 청각피질로 전달된다.

달팽이관에서 생겨난 털세포들의 전기가 소리의 상(像, image)이다. 형색에 대한 상이 망막에 맺히듯, 소리의 높낮이 상은 달팽이관에 있는 코르티기관에 맺힌다. 이문(耳根, 귀)에 맺힌 소리의 상은 1차 청각피질로 전달된다. 그다음부터는 안문인식과정과 동일한 17심찰나 인식통로를 거친다. 단지 청각피질에서부터 시작하는 것이 다르다.

1차 청각피질은 측두엽 위측두이랑(superior temporal gyrus)의 윗면에 있는 헤슬이랑(Heschl's gyrus)[51]에 위치한다. 이곳은 가측고랑(lateral sulcus)의 아래 벽(즉, 위측두이랑의 윗면)을 이루며 고랑 속에 있기 때문에 밖에서는 보이지 않는다. 측면에서 보면 전두엽과 측두엽

---

51 측두엽 윗면에서 가로질러 위치하기에 가로측두이랑(transverse temporal gyrus)이라고도 한다.

을 경계 짓는 큰 고랑이 가측고랑이다. 흔히 1차 청각피질을 측두엽 윗부분이라고 겉면에 표시하지만 이는 잘못되었다. 고랑 속에 숨어 있기 때문에 하는 수 없이 그렇게 표시하는 것이다.

눈의 알음알이의 경우 망막에 맺힌 점으로 된 스냅사진은 시상을 거쳐 1차 시각피질에서 선으로 된 스케치 사진으로 재구성된다. 점들이 선으로 바뀌었을 뿐 모양새는 그대로 전달된다. 단지 망막 평면에 맺힌 상에 비하면 일그러졌을 뿐이다.

귀의 알음알이도 마찬가지다. 코르티기관에 맺힌 소리의 높낮이 상은 그대로 1차 청각피질, 즉 헤슬이랑으로 전달된다. 코르티기관의 각각의 위치와 헤슬이랑의 각각의 위치가 1:1 대응으로 연결되어 있다는 뜻이다. 따라서 같은 높이의 음은 항상 헤슬이랑의 같은 위치에 전달된다. 코르티기관의 피아노 건반과 헤슬이랑의 피아노 건반이 연결되어 있다고 상상하면 된다.

설명이 너무 자세하고 지루하였다고 느꼈을 수 있다. 감각지형도(感覺地形圖)를 이해할 필요가 있기 때문이다. 뇌는 머리뼈 속 깜깜한 곳에 갇혀 있다. 그곳에서는 세상 밖 형색도 소리도 직접 만날 수 없다. 카메라(눈)와 귀(전화)로 형색과 소리에 대한 외부 신호를 전달 받아야 한다. 뇌의 어느 부위가 그 신호들을 받느냐가 뇌가 갖는 정보의 전부이다. 그것으로 형색인지 소리인지, 소리 가운데서도 높은 소리인지 낮은 소리인지를 구분하여야 한다. 예를 들면, 코르티기관이 손상을 입어 소리를 감지하지 못한다 하더라도 헤슬이랑을 자극하면 뇌는 소리가 들린다고 인식한다는 뜻이다. 그러기에 감각을 분명히 구분하기 위해서는 감각기관에 분명한 감각지형도가 그려져 있어야 한다.

31 육식의 구분 – 감각지형도

불교는 일체의 존재, 즉 일체법(一切法)을 정신·물질(名色, nāma-rūpa)로 본다. 물질(色, rūpa)은 '변하는 특징을 가진 것'이고 정신(名, nāma)은 '기우는 특징을 가진 것'이다.[52] 정신은 마음이며, 초기경전에는 알음알이(識, viññāṇa, 영어로는 consciousness)라는 용어로 나타난다.

붓다는 여러 초기경에서 "식별한다고 해서 알음알이라 한다."고 알음알이를 정의하고 있다. 그리고 "눈의 알음알이, 귀의 알음알이, 코의 알음알이, 혀의 알음알이, 몸의 알음알이, 마노의 알음알이가 있다."고 6가지 알음알이(六識)를 설한다. 육식(六識)이 마음이라는 것이다.

---

52 『상윳따 니까야 주석서』 SA.ii.16

대상을 아는 것이 마음이기에 마음은 대상 없이는 절대로 일어나지 않는다. 그리고 붓다는 "느낌(vedanā), 인식(saññā), 의도(cetanā), 감각접촉(phassa), 주의를 기울임(manasikāra), 이를 일러 정신이라 한다."[53]라고 설한다. 정신(識)은 느낌(受), 인식(想), 의도(思, 行)로 이루어지며, 대상에 주의를 기울여 접촉함으로써 생긴다는 것이다.

마음의 생성에 중요한 '대상에 주의를 기울임'에 주목해보자. 앞의 글 〈27. 오문전향과 받아들이는 마음〉에서 주의를 기울이지 않으면 인식되지 않음을 설명하였다. 주의를 기울이지 않으면 대상을 인식하지 못한다는 것을 보여주는 동영상인 'The Monkey Business Illusion'을 보라.[54] 다른 데 정신을 팔고 있으면 커다란 고릴라가 나타나 정면을 보고 가슴을 치고 지나가도 우리는 그 고릴라를 인식하지 못한다. 그만큼 마음이 일어나려면 '대상에 주의를 기울임'은 필수적이다. 그래서 상좌부 불교는 '주의를 기울임'을 모든 마음과 반드시 함께하는 마음부수(cetasika, 心所)로 분류한다. 마음부수는 마음이 일어나게 하는 도우미들이다.

'대상에 주의를 기울임'을 뇌의 입장에서 살펴보자. 뇌의 무엇이 어디로 주의를 기울일까? 뇌는 두개골 속 캄캄한 동굴에 갇혀 있다.

53　『상윳따 니까야』,「분석 경(vibhaṅga-sutta, S12:2)」
54　https://www.youtube.com/watch?v=EDyXW9PpA5Q

뇌에 눈이 있어 형색이라는 대상에 주의를 기울이랴, 귀가 있어 소리에 주의를 기울이랴? 눈·귀·코·혀·몸은 뇌와 멀리 떨어진 바깥에 있다. 그들이 전해주는 색·성·향·미·촉에 대한 신호가 뇌에 도달할 뿐이다. 그 신호는 0.1V짜리 활동전위들이다. 뇌에 도달한 활동전위들은 각각의 부위에서 뇌활성을 불러일으키고, 뇌는 그 뇌활성에 주의를 기울인다.

뇌가 주의를 기울인다고 했지만, 주의를 기울이는 실체는 사실 감각대상을 선별하는 기능인 의근이다. 한편, '주의를 기울인다는 것'은 그 뇌활성을 '감각한다' 혹은 '포섭한다'는 의미이다. 의근은 뇌활성을 감각하고, 의근에 감각되면 그 뇌활성은 의식에 들어온다. 의근에 포섭되는 뇌활성은 무엇일까?

눈에서부터 시작된 뇌활성이면 그것은 곧 안식이고, 귀에서부터 시작된 뇌활성이면 이식이다. 안식, 이식 등 전오식을 의근이 감각한다는 뜻이다. 그래서 눈, 귀, 코, 혀, 몸 등 전오근은 자신의 영역만을 경험하지만(알음알이 하지만), 마노가 그들 각자의 영역과 대상을 모두 경험한다고 하였다.[55] 마노가 시각, 청각 등의 전오식을 다시 포섭하여 그 의미들을 통합한다는 뜻이다.

또한, 17찰나설에서 전오식은 단 1심찰나(1/75초) 동안만 일어났다 사라진다고 한다. 전오식이라는 허깨비 하나가 눈 깜짝할 사이에 나타났다 사라지는 격이다. 그것을 의근이 포섭하여 완전한 의식을

55　『맛지마 니까야』, 「교리문답의 긴 경(Mahā-vedalla Sutta, M43)」

만든다.

다시 정리해보자. 마음(정신)은 대상으로 주의를 기울여 그것이 무엇인지 아는 것인데, 뇌의 입장에서 보면 그것은 의근이 뇌활성을 포섭하여 그것이 무엇인지 아는 것(알음알이)이다. 의근에 포섭되면 어떻게 하여 의식이 되는지는 현대 뇌과학도 해결하지 못하는 '어려운 문제'이다. 그런데 뇌는 어떻게 '어떤 뇌활성은 눈의 알음알이이고, 어떤 뇌활성은 귀의 알음알이'라고 분별할까?

앞의 글에서 우리는 눈의 알음알이와 귀의 알음알이를 살펴보았다. 눈의 알음알이는 후두엽의 1차 시각피질에서 시작하는 뇌활성이고, 귀의 알음알이는 측두엽의 1차 청각피질에서 시작하는 뇌활성이다. 이처럼 안식과 이식의 뇌활성은 일어나는 위치가 다르다. 뇌는 이 위치적 상이함을 정보로 하여 각 뇌활성이 무엇을 의미하는지를 분별한다. 뇌에는 각각의 감각이 일어나는 위치가 따로 배정되어 있다. 이를 뇌의 감각지형도(感覺地形圖)라 한다.

각각의 감각기관에도 감각지형도가 그려져 있다. 가장 쉽게 이해할 수 있는 감각지형도는 혀(舌根)의 맛지도이다. 혀의 앞부분은 단맛, 뒷부분은 쓴맛, 옆쪽은 짠맛과 신맛, 가운데는 감칠맛을 감각한다. 이러한 혀의 맛지도는 그대로 서로의 위치 관계를 유지하면서 대뇌의 1차 미각피질로 전달된다. 따라서 대뇌 미각피질 내 특정부위의 뇌활성은 특정한 맛을 대변한다. 의근이 그 위치의 뇌활성에 주의를 기울여 포섭하면 나는 그 맛을 느낀다고 알게 되는 것이다.

형색에 대한 지형도는 눈의 망막에, 소리의 높낮이는 귀의 달팽이관에 있는 코르티기관의 바닥막에, 냄새는 후각망울에 그려진다. 맛지도는 혀에 그려진다고 했다. 몸(피부)은 몸의 각 부위 자체가 몸감각지형도이다. 피부의 각 부분이 그대로 뇌의 1차 몸감각피질과 연결되어 있다. 보다 정확하게 말하면 피부의 감각수용체 하나하나가 뇌의 1차 몸감각피질인 중심고랑뒤이랑(postcentral gyrus)에 연결되어 있다. 입술, 손, 엄지손가락과 같이 민감한 피부에는 감각수용체가 많기에 뇌에서 상대적으로 넓은 위치를 차지한다.[56] 이처럼 뇌의 각 부위는 특별한 정보를 대변한다.

2021년 미국 스탠퍼드 대학의 과학자들은 이러한 원리를 이용하여 마음으로 글을 쓰는 장치를 개발하였다.

과학자들은 사지가 마비되어 손을 전혀 쓸 수 없는 피험자에게 뇌-컴퓨터 인터페이스 칩(brain-computer interface chip)을 왼쪽 뇌에 2개 심었다. 각 칩에는 100개의 작은 전극이 있어 손의 움직임을 조절하는 신경세포들의 신호를 포착하여 인공지능 컴퓨터에 전달한다.

피험자에게 a, b, c, d 등 알파벳을 손으로 쓰듯 마음속으로 쓰게 하고 인공지능에게 그때의 뇌활성 패턴을 학습시켰다. 어떤 뇌활성이 a이고, 어떤 뇌활성이 b인지 등을 학습시킨 것이다. 학습 결과는

---

56 https://en.wikipedia.org/wiki/Cortical_homunculus

> ● 감각수용영역(receptive field)과
> 감각지형도(感覺地形圖, sensory topographic map)
>
> 뇌가 이용하는 정보는 뇌의 위치 정보가 유일하다. 시각피질에 활성이 있으면 뇌는 지금 무엇을 보고 있다고 판단하고, 1차 몸감각영역에 활성이 있으면 무엇인가 감촉이 일어나고 있다고 안다. 뇌의 어느 위치가 활성을 갖느냐 하는 것은 뇌가 그 정보를 해석하는 데 결정적인 역할을 한다. 같은 종류의 감각이라 할지라도 명확히 구분되어 뇌에 전달되어야 한다는 것이다. 예로써 손에 닿은 촉감은 뇌의 몸감각영역의 가운데 부위에 전달되고, 입술에 닿은 촉감은 가측 아래 부위에, 발바닥에 닿은 촉감은 안쪽 아래 부위에 전달된다.
> 뇌가 어떠한 감각을 수용하고 있는지 분별이 일어나려면 감각기관에도 감각수용영역이 그려져 있어야 하며, 이 감각지형도 그림은 1:1로 대응되면서 뇌의 감각영역에 전달되어야 한다. 감각기관과 뇌에 그려지는 이러한 감각에 대한 위치 관계를 감각지형도라 한다. 예로써, 소리의 높낮이에 대한 감각지형도가 속귀 코르티기관의 바닥막에 그려져 있고, 그 위치 정보(감각지형도)가 1:1로 1차 청각피질에 연결되어 있기에 뇌는 청각피질의 활성부위를 기반으로 소리의 높낮이를 판단한다.

놀라웠다. 인공지능은 분당 90자의 속도로 피험자의 '마음으로 글쓰기(mindwriting)'를 컴퓨터 화면에 표시하였다.[57]

---

57 Willett, F.R., Avansino, D.T., Hochberg, L.R. et al. High-performance brain-to-text communication via handwriting. Nature 593, 249–254 (2021). https://doi.org/10.1038/s41586-021-03506-2

32 / 마음부수

불교에서 법은 다양한 용도로 쓰이지만 크게 부처님 가르침으로서의 법(佛法, Dhamma)과, 존재하는 모든 것(一切法)을 의미할 때 사용된다. 일체법은 정신·물질(名色, nāma-rūpa)로 본다. 존재로서 법(dhamma, 소문자로 표기함에 주의하라)은 고유성질(自性, sabhāva)을 가진 '궁극적인 것(究境法, paramattha)'으로 개념(概念, paññatti)과 엄밀히 구분한다. 예로써, 지·수·화·풍(地·水·火·風) 등 여러 가지 '궁극적인 것(究境法)'들이 어울려 아버지 혹은 책상과 같은 개념이 된다.

상좌부 불교에서는 일체법, 즉 고유성질을 가진 것들을 물질 28가지, 마음 1가지, 마음부수(心所) 52가지, 열반 1가지 등 82가지로 분류한다. 물질(色, rūpa)은 '변하는 특징을 가진 것'이고, 마음은 '대상을 아는 고유성질을 갖는 구경법' 한 가지로 본다. 한편, 정신(名,

nāma)은 '(대상으로) 기우는 특징을 가진 것'이라고 설명한다.[58] 그리고 붓다는 "느낌, 인식, 의도, 감각접촉, 주의를 기울임, 이를 일러 정신이라 한다."라고 설한다.[59] 정신은 느낌, 인식, 의도로 이루어지며, 대상에 접촉하여 주의를 기울임으로써 생긴다는 것이다.

정신과 마음의 차이는 무엇인가? 케임브리지 영어사전에서는 형용사 '정신의(mental)'를 '마음과 관련된 것(relating to the mind)'이라고 설명한다. 결국, 정신과 마음은 동의어라고 보아도 무방하다. 따라서 마음은 대상으로 기우는 특징을 가지며, 대상으로 기울어 그것을 아는 것이다.

붓다는 알음알이의 대상이 색·성·향·미·촉·법 6가지이며, 이들 육경과 육근이 만나 6가지 알음알이가 생긴다고 하였다.

마음은 대상을 아는 것으로서는 하나이지만 상좌부 불교 아비담마는 그 종류에 따라서 '유익한(善) 업을 짓는 마음' 21가지, '해로운(不善) 업을 짓는 마음' 12가지, '무기(無記)의 마음' 56가지, 총 89가지 마음으로 분류한다. 이 다양한 마음들은 같은 대상을 두고도 사람에 따라 다르게 일어난다. 왜 같은 대상을 알면서 서로 다른 마음이 생겨날까?

아비담마는 마음이 홀로 일어나지 않고 마음부수와 항상 함께 일

---

58 『상윳따 니까야 주석서』 SA.ii.16

59 『상윳따 니까야』, 「분석 경(vibhaṅga-sutta, S12:2)」

어난다고 설명한다.

　마음부수는 마음이 일어나게 하고, 마음의 성질을 결정짓는 도우미 요소이다. 마음과 마음부수의 관계는 흔히 왕과 신하들의 관계로 비유한다. 왕은 절대로 혼자 행차하지 않는다. 반드시 신하들의 시중을 받는다. 신하들이 어떤 의도로 시중을 드느냐에 따라 왕의 행차 성격이 결정된다. 신하들이 마음부수(心所)이며, 왕의 행차가 마음이다.

　해로운 마음부수의 도움을 받으면 해로운 마음이, 아름다운 마음부수의 도움을 받으면 유익한 마음이 일어난다. 마음과 마음부수는 함께 일어나고 함께 멸하며, 동일한 대상을 가지고, 동일한 물질적 토대(마음을 일으키는 물질)를 근거로 가진다. 해로운 마음부수가 작용하는데 유익한 마음이 일어나지 않는다는 뜻이다.

　아비담마는 마음부수를 52가지로 분류하고, 그들 가운데 모든 마음과 반드시 함께하는 7가지 마음부수가 있다고 말한다. 이들 가운데 하나라도 없으면 마음이 일어나지 않는다는 것이다. 그것들은 '감각 접촉' '느낌' '인식' '의도' '집중' '주의를 기울임' 및 '생명기능'이다. 『상윳따 니까야』 「분석경」에서 붓다가 정신을 정의한 '느낌, 인식, 의도, 감각 접촉, 주의를 기울임'에 집중과 생명기능을 더했다. 마음이 일어나려면 생명이 살아 있어야 하고, 기울인 주의가 대상으로부터 떨어지지 않고 붙어 있어야 한다(집중)는 것이다. 집중의 중요성은 선정의 마음에서 명확하게 드러난다. 왜냐하면 집중력이 약하면 선정에 들지 못하기 때문이다. 집중 마음부수의 힘을 키우는 훈련이 사마타(Samatha) 수행으로, 이를 통하여 선정에 들 수 있다.

'주의를 기울임(manasikara)'은 인식하고자 하는 대상으로 마음이 향하게 한다. 마치 방향키를 잡은 조타수(操舵手)가 배의 진행 방향을 조절하는 것과 같이 인식대상으로 마음을 기울이게 한다. 길을 가다가 어떤 생각에 골똘히 빠지면 스쳐 지나가는 많은 대상을 인식하지 못한다. 심지어 아는 사람이 지나가는데도 전혀 의식하지 못하는 경우가 있다.

또한 〈31. 육식의 구분 - 감각지형도〉에서 언급한 'The Monkey Business Illusion 영상'은 주의가 다른 곳에 가 있으면 큰 고릴라가 지나가다가 멈춰서 가슴을 치고 지나가도 그 고릴라를 인식하지 못함을 잘 보여준다. 모두 '주의를 기울임' 마음부수가 마음을 그 인식대상으로 향하게 하지 않았기 때문이다.

17심찰나 인식통로에서 '주의를 기울임' 마음부수가 결정적 역할을 하는 마음이 네 번째 마음인 '오문전향'이다. 5가지 감각의 문을 통하여 마음공간으로 들어온 여러 가지 인식대상 가운데 하나의 목표대상으로 향하는 마음이 오문전향의 마음이다. 그러고 보면 마음공간으로 대상이 들어오는 것은 우리의 의지와 관계가 없는 수동적·자동적 과정이고, 마음공간에 들어온 대상에 주의를 기울이는 것은 능동적·의지적 과정임을 알 수 있다.

'주의를 기울임' 마음부수의 신경근거는 의근이며, 의근을 조절하는 마음이 싸띠이다. 마노(意根)는 싸띠의 도움을 받으며[60], 싸띠가 마노를 잘 관리하여 해로운 대상을 포섭하지 못하게 하여야 한다고 붓다는 설했다.[61] '주의를 기울임' 마음부수(意根)는 빠르게 대상을 바꿀 수 있다. 그것이 의근의 특성이다. 그러나 한순간 반드시 하나의 대상으로만 주의를 기울인다. 우리는 성숙하면서 '주의를 기울임'과 '집중' 기능이 발달한다. 이 발달이 제대로 이루어지지 않으면 산만함이 특징인 '주의력 결핍 과잉행동장애(ADHD)' 청소년이 된다. 어른이 주의력이 결핍되면 우리는 그들을 '사오정'이라 놀린다.

의근은 여러 가지 대상을 재빠르게 포섭하는 특징을 갖는다. 그런 의근을 제어할 수 있는 기능은 알아차림이다. 아무 대상으로나 무작위로 주의를 기울이지 않도록 알아차림 기능이 의근을 관리하여 기준점(코끝에 호흡의 드나듦이나 배의 오르내림)에만 주의를 기울이도록 하는 훈련이 싸띠 수행이다. 또한, 붓다는 '지혜롭게 주의를 기울임(yoniso manakikāra)' 때문에 아직 생겨나지 않은 번뇌들은 생겨나지 않고 이미 생겨난 번뇌들은 버려진다고 했다.[62] '주의를 기울임' 마음부수를 잘 다스려 올바른 전오식이 일어나게 하는 것(성소작지成所作智)이 깨달음의 출발선상에 있다는 가르침이다.

---

60 『상윳따 니까야』, 「운나바 바라문 경(Uṇṇābhabrāhmaṇa-sutta, S48:42)」
61 『상윳따 니까야』, 「낑수까 나무 비유 경(Kiṃsukopama-sutta, S35:245)」
62 『맛지마 니까야』, 「모든 번뇌 경(Sabbāsava sutta, M2)」

● 마음과 마음부수

마음은 대상을 아는 것으로 정의된다. 그런데 인공지능과 달리 사람의 아는 마음은 대상을 일차원적으로 아는 것이 아니다. 가장 단순한 과보의 마음인 전오식만 하더라도 거기에는 7가지 '다른 것과 같아지는 반드시들' 마음부수들이 관여한다. 그것은 감각 접촉, 느낌, 관념, 의도, 집중, 생명기능, 마음기울임 들이다. 가장 복잡한 마음에는 38가지의 마음부수들이 관여한다.

마음부수는 인과력으로 작용한다. 마음부수의 인과성(因果性, causality)에 따라 마음은 인지적으로 대상을 안다. '저것은 참새'라고 안다고 할 때 단순히 하나의 사실적 정보로 '새'라는 형체를 아는 것이 아니라, '참새'와 관련된 많은 연관된 정보들이 떠오르면서 참새를 인지하게 된다. 그것이 인지적 앎이다.

마음의 특성은 결국 마음부수의 종류에 따라 결정된다. 이는 마치 새들의 군무와 같다. 전체적으로 드러나는 군무가 마음이지만 그 마음의 특성은 각각의 새들의 활동에 달려 있다. 각각의 새들은 매 찰나 공간을 이동하고 다음 찰나에 전체적으로 또 다른 군무를 만든다. 새로운 마음의 생성이다. 이렇게 찰나마다 형성되는 군무가 있을 뿐 군무를 주관하는, 따로 분리되어 독립적으로 존재하는 주체자는 없다. 마음을 주관하는 자는 없다는 뜻이다. 마음은 마음부수들에 따라 인연생기할 따름이다. 마치 새들의 움직임에 따라 군무가 일어나듯이. 상일주재(常一主宰)하는 자아가 없다는 가르침이다.

과보의 마음은 업이 익어서 생산되었으므로 수동적이며 활동하지 않는다. 예로써 바왕가는 깊이 잠든 사람의 마음에 과보로 나타나 일어났다가 사라지기를 끝없이 되풀이한다. 이 기간에는 몸과 말과 마음으로 아무런 노력도 하지 않으며 외부 대상을 식별하지 못한다.

오문인식과정에서도 과보의 마음들(전오식, 받아들이는 마음, 조사하는 마음)이 있다. 이들은 대상을 알려는 노력을 하지 않는다. 단지 작용만 할 뿐이다. 아홉 번째 심찰나부터 시작하는 자와나(속행) 과정이 되어서야 대상을 분명하게 인식하는 노력과 행위들을 한다. (『아비담마 길라잡이 2』, 「과보라는 조건」)

한편, 인과력(因果力)은 어떤 상태(원인)에서 다른 상태(결과)가 필연적으로 일어나는 요인, 혹은 힘을 일컫는다. 마음부수는 필연적으로 마음을 결과한다는 의미이다. 역으로 마음은 필연적으로 마음부수의 영향을 받는다.

33 / 바왕가는 어떤 마음일까

 상좌부 불교에서는 일체법, 즉 고유성질을 가진 것들을 물질 28가지, 마음 1가지, 마음부수 52가지, 열반 1가지 등 82가지로 분류한다. 마음은 '대상을 아는 고유성질을 갖는 것'으로 한 가지 구경법이지만, 일어나는 세상(욕계, 색계, 무색계, 출세간)과 성질(해로운, 유익한, 무기의)에 따라 89가지로 분류한다.

 각각의 마음은 각기 다른 마음부수들의 도움을 받아 일어난다고 한다. 이러한 마음들은 그 순간에 주어진 대상을 아는 능동적인 마음들이며, '매우 큰 대상'을 알 때에는 17개의 마음들이 정해진 순서에 따라 일어났다 사라지면서 자기 역할을 하여 그 대상을 인식한다. 17개의 마음들이 지나가는 순서는 어떤 정해진 통로를 지나가는 것과 같아서 '인식통로'라 한다. 그 통로를 지나가는 데 17심찰나, 즉

0.23초 걸린다고 상좌부 아비담마는 설한다.

그런데 이러한 능동적인 인식을 쉼 없이 연속하는 것이 아니라, 한 번의 인식과정이 끝나면 반드시 중단되었다가 다시 인식과정에 들어간다고 한다. 능동적으로 인식하지 않는 상태의 마음은 '인식과정을 벗어난 마음'이다. 인식과정에 있지 않은 수동적인 마음을 아비담마는 '바왕가(bhavaṅga, 存在持續心)'라 한다. 우리가 아무리 집중하여 어떤 대상을 인식하더라도 17찰나의 인식과정을 마친 후에는 반드시 바왕가의 마음으로 돌아온다는 것이다. 물론 바왕가는 아주 짧은 순간일 수도 있고 오래 지속될 경우도 있다. 멸진에 들었을 때, 꿈도 꾸지 않는 깊은 잠이나 기절했을 때 등이 오래 지속되는 경우에 해당한다.

바왕가는 어떤 마음일까? 마음은 대상을 아는 것을 고유한 특성으로 하기에 대상 없이는 절대로 일어나지 않는다고 아비담마는 설한다. 바왕가도 마음이라면 바왕가가 인식하는 대상이 있다는 것이다. 인식을 벗어난 마음이 바왕가라 하였는데 인식을 하다니, 무슨 말일까? 꿈도 꾸지 않는 깊은 잠이나 기절했을 때에 무엇을 인식한다는 말일까? 여기서 우리는 인식활동, 즉 의식의 수준을 고려해야 한다.

바왕가는 인식을 하기는 하나 그 활성이 너무나 미약하여 우리가 그 인식대상을 의식하지 못하는 상태이다. 따라서 실질적으로 보면 바왕가는 인식과정을 벗어난, 수동적이고 매우 미약한 마음으로 단지 존재를 지속시켜주고(존재지속심存在持續心 혹은 유분심有分心) 생명을 연속시켜주는(생명연속, life continuum) 역할을 할 뿐이다.

바왕가의 인식대상은 무엇일까? 여기서 우리는 윤회를 언급해야 한다. 그것은 종교의 영역이지만 마음은 또한 과학의 영역이기에 아비담마의 설명을 들어보자. 이는 각각의 인간을 이해하는 데도 매우 도움이 된다. 살아 있는 한 마음은 연속되고, 한 생의 마지막은 '죽음의 마음'으로 끝난다. 죽음의 마음도 하나의 심찰나이다.

삶의 과정에서는 인식과 인식 사이에 존재하는 존재지속심, 즉 바왕가가 삶을 이어준다. 바왕가와 죽음의 마음은 동일한 대상을 갖는 동일한 마음이다. 죽을 때는 의식이 극히 희미하여 어떠한 인식대상을 의도적으로 잡을 수 없다. 한 생의 가장 수동적인 마음인 바왕가가 죽음의 마음이 되는 것이다.

우리는 태어나서 살다가 죽는다. 태어날 때, 즉 새로운 생을 받을 때 처음으로 갖게 되는 마음을 재생연결식이라 한다. 생을 재생시키는 마음이며 윤회의 바퀴에서 또 다른 생의 시작점이다. 처음 받을 때는 재생연결식이라 하지만 이 마음은 바왕가가 되고 또한 죽음의 마음이 된다. 한 삶의 전체 과정의 저변에 깔리게 된다는 뜻이다. 살면서 능동적으로 인식하지 않는 한 이것이 우리의 마음 저변에 깔린 수동적인 마음이 된다.

바왕가는 한 사람의 마음 수준을 결정하는 중요한 역할을 한다. 수승한 바왕가를 가진 사람은 고결한 마음을 잘 낼 것이고, 낮은 수준의 바왕가를 가지고 태어난 사람은 저열한 마음을 낼 성향이 높기 때문이다.

왜 누구는 수승한 재생연결식을 받고, 누구는 저열한 것을 받을까? 지은 업에 따라 받는다. 살면서 수도 없이 많은 업을 지었는데 어떤 업의 과보로 그에 따른 재생연결식을 받을까? 죽음의 마음 바로 직전의 인식과정에서 짓는 업이다. 그런데 이 인식과정은 능동적인 과정이기는 하지만 임종 직전이니 거의 수동적이나 다름없을 것이다. 이 '거의 수동적이나 다름없는' 생의 마지막 '능동적' 인식은 결국 평소에 자주 짓던 인식일 것이다.

생의 마지막 인식은 재생연결식의 수승함이나 저열함을 결정하기에 매우 중요하다. 그래서 상좌부 테라와다 불교국가에서는 임종시 『대념처경(大念處經, Mahāsatipaṭṭhāna-sutta, D22)』을 독송해주거나, 생전에 지은 선업을 기억해내도록 유도하여 마지막 순간에 수승한 인식과정을 일으키도록 도와주고 있다.

죽음의 마음이 일어나기 직전의 인식과정에 나타나는 대상은 다음의 3가지 중 하나라고 한다. 첫째, 이전에 지은 해로운 업이나 유익한 업이 나타난다. 둘째, 업의 표상이 나타난다. 깊은 신심으로 업을 쌓은 사람에게는 스님이나 절의 표상이 나타나기도 하고, 백정에게는 가축들의 신음소리나 칼이 나타나기도 할 것이다. 셋째, 태어날 곳의 표상이 나타난다. 천상에 태어날 사람은 천상의 궁궐을 보기도 하고, 지옥에 태어날 사람은 지옥의 불을 보기도 한다. 아마도 평소 많이 가졌던 마음의 대상이 자동적으로 나타날 것이다.

이러한 인식대상으로 수승하거나 저열한 마음이 일어나고 이는 다음 생의 재생연결식, 바왕가, 죽음의 마음이 된다. 모름지기 평소에 좋은 업을 자주 짓고 살아야 한다.

바왕가는 뇌의 어디에 있을까? 바왕가(=재생연결식=죽음의 마음)는 윤회와 필연적으로 연관되어 있고, 윤회는 과학의 영역을 벗어난 종교의 영역이기에 바왕가를 뇌과학으로 설명하는 것은 무모해 보인다.

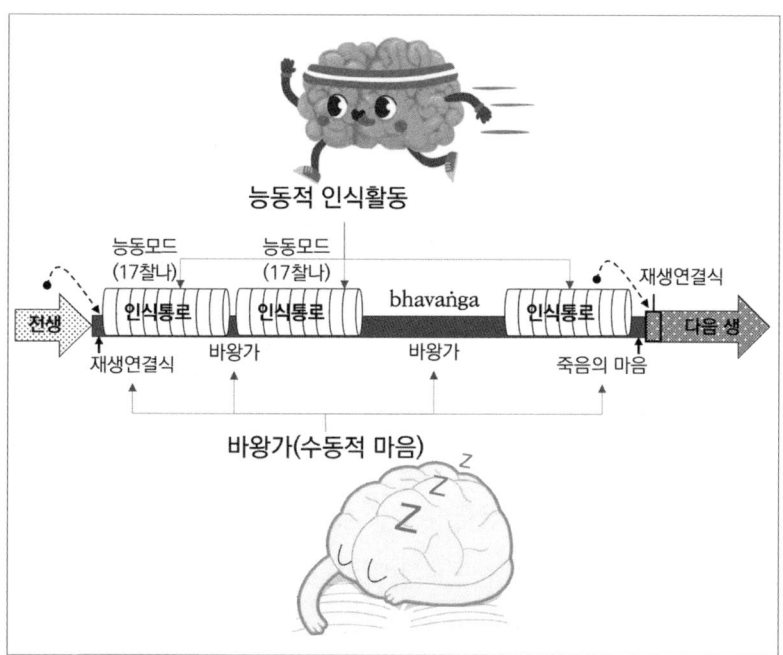

[바왕가의 마음] 재생연결식은 인식활동을 하지 않을 때의 마음인 바왕가가 되고, 죽음의 마음으로까지 지속된다. 나의 마음 저변에 흐르는 바왕가의 마음은 능동적 인식활동 동안에는 단절된다.

제3부 인식과정을 해부하다

하지만 우리는 사람들의 마음에 성향이 있음을 안다. 청아하고 지혜로운 마음이 있는 반면 어둡고 어리석은 마음을 가진 자들도 있다. 그런 마음의 색 혹은 밑바탕 지형이 나의 잠재의식에 깔려 있고, 그 위에 나의 마음이 현현한다. 나의 마음 밑바탕에 강물같이 끊임없이 흐르는 수동적 마음, 나의 생명을 연속시켜주는 마음, 그것이 바왕가이며 바왕가는 전생의 업의 과보로 받았다고 불교는 말한다.

주어진 과제가 없을 때 뇌가 취하는 수동적 활동은 기본모드신경망이 담당한다. 이 신경망은 인식활동을 벗어난 잠재의식과 무의식에서도 작동한다.

그렇다고 기본모드신경망이 바왕가의 신경근거와 동일할까? 그렇지는 않은 것 같다. 왜냐하면 기본모드신경망은 여러 가지 대상으로 옮겨 다니는 망상, 즉 배회하는 마음을 만들기도 하기 때문이다. 반면에 바왕가는 같은 대상을 가진 동일한 하나의 마음이다.

결국, 바왕가는 기본모드신경망에 똬리를 틀고 있는 특별한 하나의 마음으로 보인다. 그 특별한 마음인 바왕가는 전생의 마지막 찰나의 마음인 '죽음의 마음'과 동일하고, 재생할 때 받는 '재생의 마음' 역할을 하며, 현생을 관통하며 흐르는 마음의 저변에 깔린 '존재지속심'이 된다. 그리고 현생이 끝날 때 어떤 인식대상으로 어떤 마음으로 '죽음의 마음'을 만드느냐에 따라 다음 생의 바왕가가 결정된다고 아비담마는 설한다.

● 바왕가의 마음과 사람의 성격

아비담마는 '바왕가는 인식과정을 벗어난 마음'이라고 설한다. 우리는 인식하지 않을 때도 있다. 이때도 생명은 지속된다. 바왕가는 인식과정을 벗어난 수동적인 매우 미약한 마음으로, 생명을 지속시켜주기에 존재지속심 혹은 생명연속의 마음이다.

바왕가는 어떤 역할을 할까? 우리는 죽기 바로 직전의 마음을 다음 생의 재생연결식으로 받는다. 재생연결식은 마음의 저변에 유유히 흐르는 존재지속심, 즉 바왕가가 된다. 평생 내 밑바탕의 마음이 되고 죽을 때도 그 마음으로 죽는다. 바로 죽음의 마음이다. 어떤 사람은 맑고 밝고 지혜롭다. 반면에 어떤 사람은 탁하고, 어둡고, 어리석다. 어떤 사람은 매사에 긍정적이지만 반대로 부정적인 사람들도 있다. 마음은 대상을 아는 것이고, 그 첫 단계는 전오식이다. 같은 대상을 보아도 긍정적인 사람이 있는 반면 부정적으로 반응하는 사람도 있다. 왜 그럴까?

전오식은 마음을 만드는 가장 기본적인 심상을 불러일으킨다. 그것이 맑고 밝으면 긍정적인 마음이 일어나고, 반대면 부정적인 어두운 마음이 일어난다. 그런데 전오식이 밝게 혹은 어둡게 드러나는 것은 전생의 업에 따라 결정되는 과보의 마음이다. 죽기 직전의 마음에서 해로운 업을 지으면 불선(不善)한 과보로서 '평온과 함께하는 조사하는 마음'을 재생연결식으로 받는다. 이런 재생연결식을 받은 사람들은 대상을 인식하는 과정에서 그 대상을 향해 만족과 행복감을 느끼지 않는 '평온과 함께하는 조사하는 마음(일곱 번째 심찰나)'이 관여한다. 이런 사람들에게는 주로 어둡고 부정적인 전오식이 일어난다는 뜻이다.

반면에 죽기 직전의 마음에서 세 가지 원인(불탐不貪, 불진不瞋, 불치不癡)을 가진 수승하고 유익한 업을 지으면 지혜 있는 큰 과보의 마음(기쁨과 함께하거나, 평온과 함께하는 지혜로운 마음)을 재생연결식으로 받는다. 이런 사람들의 마음은 밑바탕이 맑고 밝고 긍정적이다. 그런 바왕가가 마음의 밑바탕을 이룬다는 뜻이다. 결국 바왕가는 나의 마음의 지형도를 형성하고 그것은 나의 성격으로 나타난다.

윤회는 종교의 영역이다. 종교의 영역을 모두 과학으로 설명하는 것은 불가능하다. 나는 과학자이기에 과학적으로 접근 가능한 종교의 영역에 관심이 있다. 하지만 재생연결식을 받는 원리와 그것이 마음의 지형도를 그리는 바왕가로 지속된다는 논리는 매우 합리적으로 보인다.

34 수온

오온은 5가지 무더기(蘊, khandha, 쌓임), 즉 색온(色蘊, 물질의 무더기)·수온(受蘊, 느낌의 무더기)·상온(想蘊, 인식의 무더기)·행온(行蘊, 의도의 무더기)·식온(識蘊, 분별심의 무더기)을 지칭한다.

붓다가 나(我)를 해체해서 보니 이 5가지 무더기들이 합해진 것일 뿐이라는 것이다. 오온을 설하는 목적은 나는 이러한 5가지 무더기들의 모임일 뿐 거기에 별도의 '나'가 있는 것은 아니라는 것을 드러내기 위한 것이다.

또한, 이 5가지 무더기들은 시시각각으로 변화하기 때문에 불변하는 나도 없다. 따라서 오온은 무아(無我)를 드러내기 위한 것이다. 범위를 넓히면 오온은 생멸하는 모든 것에 해당된다. 제행무상, 제법무아다.

수온(受蘊, vedanā-khandha)은 느낌의 무더기이다. 영어로는 aggregates of feeling(느낌의 무더기)으로 옮긴다. 붓다는 느낌에는 괴로운 느낌(苦受, 고수), 즐거운 느낌(樂受, 락수), 괴롭지도 즐겁지도 않은 느낌(不苦不樂受, 불고불락수)의 3가지가 있다고 설한다.[63]

한편, 느낌은 감각대상과 감각기관과 알음알이의 화합인 감각접촉으로 일어난다.[64] 상식적으로 감각접촉은 감각대상과 감각기관의 접촉일 것 같다. 하지만 붓다는 거기에 알음알이가 함께 화합하는 것을 촉(觸)이라 설한다. '근'이 '경'을 만나면 '식'이 생기는데, 왜 근·경·식 세 가지가 화합하는 것을 촉이라 했을까, 그리고 화합은 무엇을 의미할까.

분명히 붓다는 "눈과 형색을 조건으로 눈의 알음알이(識)가 일어난다. 이 셋의 화합이 감각접촉이다. 감각접촉을 조건으로 느낌이, 느낌을 조건으로 갈애가 있다."고 한다.[65] 근·경·식 세 가지가 화합하는 것이 감각접촉이라는 것이다. 그 이유나 원리를 설명하는 것은 나의 지식의 한계를 넘어가는 붓다의 영역이다.

「괴로움 경」은 느낌이 어떠한 과정을 거쳐서 일어나는지 설명한

---

63 『상윳따 니까야』, 「삼켜버림 경(Khajjanīya-sutta, S22:79)」

64 『상윳따 니까야』, 「느낌 경 1(Vedanā-sutta, S14:4)」

65 『상윳따 니까야』, 「괴로움 경(Dukkha-sutta, S12:43)」

다. 감각기관(根, 근)과 감각대상(境, 경)이 만나서 알음알이(識, 식)가 일어나고, 근·경·식이 삼사화합하면 이어서 느낌이 일어난다는 것이다. 즉, 감각기관×감각대상 → 알음알이 → 촉 → 느낌의 순서로 일어난다.

알음알이에는 6가지가 있다. 눈, 귀, 코, 혀, 몸, 마노의 알음알이들이다. 즉, 안식·이식·비식·설식·신식·의식을 바탕으로 느낌이 일어난다. 알음알이가 느낌의 재료라는 뜻이다.

뇌과학으로 보자. 대상을 인식하면 느낌이 생긴다. 인식은 감각기관이 대상을 만나면 생기는 알음알이이다. 이 '식'들이 느낌을 불러일으키는 재료들이다. 안·이·비·설·신·의 6가지 '식'들은 느낌을 일으키기 위하여 편도체로 들어간다. 편도체에는 전체적으로 약 1,200만 개의 신경세포가 있다.

이들은 여러 가지 그룹을 만들어 각각 정보를 받아들이고, 분류하고, 또한 적절한 감정을 표현하기 위하여 신체의 다양한 곳으로 출력한다. 이처럼 편도체는 여러 가지 하부구조들로 이루어진 복합체이기 때문에 편도복합체(amygdaloid complex)라 부르는 것이 더 합당하다.

최근 연구에 의하면 감정은 27가지로 매우 세분화될 수 있지만 기본감정은 기쁨, 경악, 공포, 슬픔, 혐오, 분노이다. 편도복합체는 입력정보를 감정의 종류에 따라 분류하고, 분류된 감정정보는 각각의 감정에 적절한 신체 반응을 불러일으키도록 호르몬계통, 근육계

> ● 사람 편도체

측두엽에서 편도체는 해마 앞에 위치한다. 편도체는 여러 가지 핵들이 모인 복잡한 구조이다. 따라서 신경해부학에서는 편도복합체라고 한다. 편도복합체의 여러 핵들은 기능이 서로 다른데, 핵들은 감정과 관련된 정보(내부감각 및 외부감각)를 받아들이고, 처리하여, 출력한다. 시상하부 → 뇌줄기로 출력되는 경로는 몸의 반응을 불러일으켜 감정을 표현하고, 전전두엽으로 전달되는 경로는 정신적인 반응인 느낌을 불러일으킨다.

참고로 편도복합체의 신경세포 수는 가측핵에 약 400만 개, 바닥핵에 약 324만 개, 부속바닥핵에 약 128만 개, 중심핵에 약 36만 개, 나머지 핵들에 약 333만 개로 총 1,221만 개이다. 이 신경세포들이 감정요소들을 받아들이고, 분류하고, 각각의 감정 표현에 필요한 부위들로 출력한다.

감정에 가장 큰 영향을 미치는 요소는 후각이다. 이는 후각망울을 통하여 시상을 거치지 않고 직접 편도체로 들어온다. 편도체 → 중격핵 → 중격의지핵으로 전달된 감정정보는 전전두엽으로 전달되어 쾌락을 야기한다. 중격의지핵을 쾌락센터라 한다. 보상회로(reward circuit, 중독회로)의 중심이기도 하다.

통, 신경계통으로 출력된다.

그 결과 심장이 뛰거나, 얼굴에 표정을 짓거나, 소리를 지르거나, 눈물을 흘리는 등 특별한 감정행동을 한다. 이와 같이 감정은 내적 및 외적 신체의 반응이다. 사람의 얼굴에는 42개의 근육이 있고, 이 근육들이 조합해낼 수 있는 표정은 1만 개가 넘는다. 이 가운데 3,000개가 생활 속 감정과 관련 있는 것들이다.

한편, 느낌은 편도복합체에서 시작한 일련의 신호전달이 전전두엽으로 전달될 때 일어나는 정신적 반응이다. 편도체에서 시작한 신호들은 시상하부, 뇌줄기 등을 통하여 신체의 반응, 즉 감정을 일으킬 뿐 아니라 둘레계통, 뇌섬, 전대상피질 등을 통하여 전전두엽으로 전달되어 정신적 반응, 즉 느낌을 일으킨다.

그러면 감정(신체 반응)이 먼저일까, 느낌이 먼저일까? 길을 가다가 살모사를 만나면 피하면서 무서워한다. 무서워서 피한 것일까, 피하는 행동(감정)이 무서움이라는 느낌을 일으킨 것일까?

뇌과학은 피하는 행동(즉, 감정)이 먼저라고 한다. 무서운 대상을 만나면 먼저 도망치는 행동이 일어나고, 이 행동이 '무섭다'는 느낌을 일으킨다는 것이다. "자라 보고 놀란 가슴 솥뚜껑 보고 놀란다."는 말이 있다. 천적을 만났을 때는 피하는 것이 상책이다. '천적'에 대한 자세한 모양새를 알고 난 후 피하면 경우에 따라 나는 이미 죽은 몸이 된다.

그렇기에 편도체로 가는 알음알이(識)는 자세할 필요가 없다. 그것이 솥뚜껑이든 자라든 자세히 알 시간이 없다. 일단 피하고 본다. 그래야 살아남기 때문이다. 피하고 나서 돌아보니 자라가 아니고 솥뚜껑이다. 그래도 죽는 것보다는 낫다. 그래서 처음 대상을 만날 때는 수(受)가 상(想)보다 앞서 일어난다.

지금까지 느낌이 한 번 일어나는 과정을 뇌과학적으로 살펴보았다. 그런데 느낌의 '무더기'는 무엇일까? 한순간의 나를 정의하는 데는 각각 하나의 색·수·상·행·식이면 된다.

왜 붓다는 이들의 무더기가 모인 5가지 무더기(五蘊)가 '나'라고 하였을까? 붓다는 5가지 무더기 중 수온에 대해 "그것이 어떠한 느낌이건-과거의 것이건 현재의 것이건, 안의 것이건 밖의 것이건, 거칠건 미세하건, 저열하건 수승하건, 멀리 있건 가까이 있건-이를 일러 느낌의 무더기(수온, 受蘊)라 한다."[66]고 강조한다. 곧 살면서 경험한 느낌들의 쌓임이 느낌의 무더기라고 설명한다. 색·상·행·식에 대해서도 마찬가지다.

> ● **감정과 느낌의 발생**
>
> 편도체는 감정중추이다. 여기에서 시작된 감정은 시상하부 → 뇌줄기를 통하여 근육과 샘(gland)으로 전달되어 감정이 표현된다. 얼굴이 붉어지거나 하얘지고, 털이 곤두서고, 식식대거나 울고 웃고 한다. 이처럼 감정은 편도체를 중심으로 발생하는 몸의 반응이다. 또한, 겉으로 드러나기 전까지는 무의식에 있다.
> 한편, 편도체의 반응이 전전두엽, 특히 배쪽안쪽전전두엽(vmPFC)에 도달하면 느낌이라는 정신적 현상이 일어난다. 이는 물론 의식적 반응이다. 뇌의 피질하구조인 편도체라는 정보구조에서 시작된 일련의 반응(몸의 표현)은 전전두엽에서 그 의미가 해석된다.
> 편도체와 같이 피질하구조의 활동은 무의식에 머문다. 감정이 행동으로 표현되면 의식할 수 있다. 편도체 → 대뇌피질 → 근육·샘으로 행동이 표현된다. 대뇌피질을 거쳤기에 행동은 의식할 수 있다.
> 전전두엽은 여러 가지 관리기능(executive function)을 한다. 감정관리는 그 가운데 하나이다. 다른 중요한 관리는 등쪽가쪽전전두엽(dorsolateral PFC)의 인지조절(cognitive control) 기능이다.

---

[66] 『상윳따 니까야』, 「무더기 경(khandha-sutta, S22:48)」

35 상온

오온의 세 번째 요소인 상온(想蘊, saññkkhandha)은 인식(saññā)의 무더기이다. 붓다는 인식을 이렇게 설명한다. "푸른 것도 인식하고 노란 것도 인식하고 빨간 것도 인식하고 흰 것도 인식한다. 이처럼 인식한다고 해서 인식이라 한다."[67]

대상을 받아들여 개념 작용을 일으키고 이름 붙이는 작용을 인식이라 한다. 예로써, 종이로 만들었으며 그 안에 글이 적혀 있고 제본이 되어 있는 어떤 것을 보고 '책'이라고 이름 붙이면서 개념 작용을 일으키는 것이 인식이다.

『청정도론』은 "인식은 인식하는 것의 특징을 가지는 고유성질로는 한 가지이지만 종류에 따라 세 가지이니, 유익한 것(善)과 해로운

---

67 『상윳따 니까야』, 「삼켜버림 경(Khajjanīya-sutta, S22:79)」

것(不善)과 유익함과 해로움으로 결정할 수 없는 것(無記)이다. 유익한 알음알이와 연결된 것이 유익한 인식이고, 해로운 알음알이와 연결된 것이 해로운 인식이고, 유익함과 해로움으로 결정할 수 없는 알음알이와 연결된 것이 결정할 수 없는 인식이라고 알아야 한다. 인식으로부터 분리된 알음알이는 없기 때문에 인식은 알음알이의 종류만큼 있다."고 설명한다.

즉, 눈으로 보고 형색에 대한 인식이 일어날 수도 있고, 귀로 듣고 소리에 대한 인식이 일어날 수도 있다. 마찬가지로 코로 냄새를 맡고, 혀로 맛을 보고, 몸으로 감촉을 느끼고, 마노로 법경을 의식하면서도 상인식(想認識)이 일어난다.

이처럼 감각기관(根)×감각대상(境) → 알음알이(識) → 촉(觸) → 인식(想)의 순서로 일어난다. 인식은 6가지 알음알이(六識)를 바탕으로 일어난다는 뜻이다.

어떤 대상을 만나면 알음알이(識)가 일어나고, 뒤따라 그 대상에 대한 느낌(受, vedanā)과 그것이 무엇이라고 아는 인식(想, saññā)이라는 심리현상(行)이 일어난다. 느낌이 정서적인 심리현상의 단초가 되는 것이라면, 인식은 지식이나 개념 형성과 같은 심리현상들의 밑바탕이 되는 것이다.

역으로, 인식하지 못하면 우리는 그 무엇을 알지 못한다. "인식하지 못하는 것은 존재하지 않는다."는 것이다. 세상에 그 어떤 존재가 있을지라도 인식되지 않으면 나한테 그것은 존재하지 않는 것이나 다름없다. 그것이 우리 인간의, 모든 생명체의 한계이다. 그래서 "오직 마음만이 있을 뿐(유식, 唯識)"이라고 한다. 모든 것은 마음이 지어낸 것, 일체유심조(一切唯心造)이다.

인식이 일어나는 과정을 뇌과학적으로 보자.

뇌는 인식대상에 대한 이미지를 맺는 마음거울이다. 감각기관이 외부의 인식대상을 포착하여 뇌로 보내면, 마음거울에 상이 맺힌다. 여기까지의 뇌과학적 신호처리과정은 자동적이고 수동적이다. 뇌가 살아 있으면 기절하고 있어도 눈에 어떤 형상을 보여주면 그에 대한 이미지가 마음거울에 저절로 맺힌다는 뜻이다.

하지만 마음공간에 이미지가 맺힌다고 해서 곧바로 그것이 인식되지는 않는다. 상에 대한 알음알이가 일어나야 하고, 그 식(識)이 무엇인지 아는(想) 과정이 필요하기 때문이다. 마음거울에 맺힌 상이 무엇인지 아는 과정은 능동적이고 적극적인 과정이다.

또한, 우리는 모든 대상을 인식하지도 않는다. 그럴 필요도 없고 그렇게 할 수도 없다. 필요한 것, 중요한 것, 특별한 것들만 인식한다. 우리의 관심은 본능적으로 그런 대상들한테로 가기 때문이다.

대상으로 향하는 마음을 오문전향의 마음이라 한다. 눈으로 보는 경우에는 안문전향이다. 안문전향된 대상은 눈의 알음알이가 완성되어 안식(眼識)이 된다. 형색에 대한 이미지가 마음거울에 완성되었다는 뜻이다.

하지만 아직 그 형색이 무엇인지는 파악되지 않았다. 마음거울에 맺힌 이미지가 무엇인지 파악하는 과정이 인식이 형성되는 과정이다. 그 과정은 과거의 기억지식을 불러내어 지금 마음거울에 맺힌 이미지가 무엇인지 비교하는 과정이다.

보통은 그 과정이 워낙 빠르기에 그런 과정이 있는지조차 모른다. '사과'를 보면 금방 '사과'라고 알고, '자동차'를 보면 금방 '자동차'라고 안다. 하지만 생전 처음 보는 대상도 그럴까? 긴가민가한 대상은 어떤가?

화면 가득 검은 점이 찍혀 있을 뿐 구체적인 형상은 파악하기 힘든 그림을 보고 있다고 가정해보자. 저 수많은 점들이 무엇을 의미할까, 한참 고민하면서 내가 가지고 있는 기억지식들을 총동원하여 맞추어보려 할 것이다. 이 과정이 인식을 형성하는 능동적인 과정이다. '사과'나 '자동차'를 볼 때는 이 과정이 워낙 빠르게 지나가서 우리가 그 과정을 인식하지 못했을 따름이다. 기억지식들은 과거의 학습과 경험으로 저장해놓은 것들이다. 따라서 인식은 나의 과거를 바탕으로 일어나는 심리현상이다.

한편, 생성된 상은 다시 나의 마음공간에 기억이미지로 저장된다. 그렇게 쌓인 무더기가 '인식의 무더기'인 상온이다. 붓다는 상온을 다음과 같이 설명하고 있다. "그것이 어떠한 인식이건-그것이 과거의 것이건 미래의 것이건 현재의 것이건, 안의 것이건 밖의 것이건, 거칠건 미세하건, 저열하건 수승하건, 멀리 있건 가까이 있건-이

를 일러 인식의 무더기(想蘊)라 한다."⁶⁸

현재 이 순간 내가 경험하고 있는 상은 하나이지만, 그 상은 나의 기억 무더기 속에 쌓인다.⁶⁹ 살면서 경험한 상(인식)들의 쌓임이 인식의 무더기(想蘊)이며, 그것이 나를 구성하는 5가지 요소들 가운데 하나가 된다.

온전한 인식을 형성하는 과정에는 대상에 대한 세세한 정보가 필요하다. 그렇지 않으면 불확실한 상(인식)이 형성된다. 어떤 경우에는 온전한 상이 형성되는 데 상당한 시간이 걸린다.

느낌이 일어나기 위해서는 상(인식)이 필요하다. 그것이 무엇인지 알아야 느낌이 일어나기 때문이다. 그런데 위험대상이 나타나면 일단 피해야 한다. 그것이 무엇인지 자세히 알고 나서 피한다면 그때는 이미 죽음을 맞았을 수 있기 때문이다. 그래서 거북을 보고 놀란 토끼가 솥뚜껑 보고 놀란다. 또한, 산길을 가다가 똬리를 틀고 있는 듯한 무엇을 보면 '무섭다'라는 느낌이 먼저 들어 얼른 피하고 본다. 돌아서 보면(즉, 자세한 모양새가 파악되면) 살모사가 아니라 꼬부라진 나무막대기이거나 새끼줄이다.

이처럼 느낌은 불완전한 상을 바탕으로 일어난다. 느낌은 대상에

---

68 『상윳따 니까야』, 「무더기 경(khandha-sutta, S22:48)」
69 현대 뇌과학에서는 '쌓임'을 '체화된다'고 한다. 물질로 쌓인 마음이 체화된 마음이다. 마음의 물질은 뇌신경회로이다.

> ● 무더기(蘊, khandha)와 체화된 마음(embodied mind)
>
> 붓다는 색·수·상·행·식의 쌓임인 오온이 나를 이룬다고 했다. 색을 제외한 나머지는 모두 정신적인 것들이고 이들은 뇌에서 일어나는 현상이다. 수·상·행·식이 일어나면 그들이 없어지지 않고 뇌에 쌓인다는 뜻이다. 그 쌓인 것이 온(蘊, khandha)이라고 붓다는 분명히 설한다. 일회성의 색·수·상·행·식이 나를 이루는 것이 아니라 그 쌓임인 온이 나를 이룬다. 현재의 나는 지나온 나의 쌓임이 아닌가.
> 육체적이든 정신적이든 모든 활동은 흔적을 남겨 쌓이게 된다. 현대 뇌신경과학에서는 체화(體化)된다고 한다. 뇌에서는 뇌신경회로로 체화된다. 그것이 체화된 마음이다. 체화된 마음은 나의 과거의 마음들이 뇌신경회로로 물질화된 것이다. 그것에 기반하여 현재의 마음이 생성된다. 그것이 현재의 나이다.
> 한마디로 나의 모든 인식이 쌓여서 인식의 무더기가 되고 그것이 지금의 나를 만들고 있다는 것이다. 다른 온들도 마찬가지다. 붓다는 마음이 체화되고 있다는 것을 알았다. 21세기 들어서야 이제 조금씩 마음의 체화가 대두되고 있다.

대한 좋고 싫음의 심리현상이고, 이는 경우에 따라 생과 사를 결정하는 데 매우 중요하게 작용하기 때문이다.

그래서 느낌은 온전한 상보다 빨리 일어난다. 물론 처음 대상을 인식할 때의 경우이다. 일단 인식된 대상에 대해서는 느낌과 상의 순서가 없다. 한 찰나의 마음이 일어날 때 수와 상은 반드시 함께, 동시에 일어난다고 아비담마는 설명한다.

36 행온

오온(五蘊)의 네 번째 요소인 행온(行蘊, saṅkhāra-khandha)은 심리현상들(mental formations)의 무더기이다. 행온은 무언가를 행하고자 하는 의도, 욕구, 바람 등의 모든 심리현상들을 나타내며, 업(業)을 일으키는 형성력이 된다. 예로써, 눈으로 무언가를 보았을 때 좋거나, 싫거나, 무덤덤하거나 하는 느낌이 들고, 그것이 무엇인지를 개념화하여 인식하면, 좋은 것은 가지고 싶고, 싫은 것은 멀리하고 싶은 의지가 일어난다. 이렇게 생성된 의지에 따른 마음이 일어나고, 보통은 행동으로까지 이어진다.

행온은 행(行)의 무더기이다. 오온의 체계에서 수온과 상온이 행온과는 별도로 설정되어 있지만 실제로는 수온과 상온도 행온에 포함된다. 다만 느낌(수온)과 인식(상온)이 마음을 만드는 데 매우 크게 작용하는 심리현상(행온)이기에 붓다가 이 두 가지를 별도로 설정한 것일 뿐으로 짐작한다. 이런 의미에서 수온·상온·행온은 모두 마음이 일어나는 것을 돕는 심리현상(行蘊)들이다. 그런 마음이 나의 몸에서 일어나기에 붓다는 오온을 나를 구성하는 전부라고 보았다.

행은 통상 의도(cetanā, 思)라고 설명한다. 하지만 행은 의도를 필두로 하는 수많은 심리현상들을 의미한다. 즉, 오온 체계에서 수·상·식을 제외한 모든 정신작용은 모두 행에 포함된다.
주로 스리랑카, 미얀마에서 전래되고 있는 상좌부 불교에서는 52가지의 마음작용이 있다고 설한다. 일부 예를 들면 모든 마음이 일어날 때 반드시 함께하는 '대상과의 감각접촉, 느낌, 인식, 의도, 집중, 생명기능 및 대상에 주의를 기울임'이 모두 행이며, 해로운 마음이 일어나게 하는 탐욕, 사견, 자만, 성냄, 질투, 인색, 후회, 어리석음, 양심 없음, 수치심 없음, 들뜸 등도 모두 행이며, 아름다운 마음이 일어나게 하는 믿음, 알아차림, 양심, 수치심, 탐욕 없음, 성냄 없음 등도 모두 행이다.
이들 가운데 느낌과 인식은 마음을 형성하는 데 매우 중요하기에 각각 수온과 상온으로 따로 설정되었고, 나머지 50가지 심리현상들을 행으로 들고 있다. 이 중에도 특히 의도가 행의 주요한 심리작용이기에 행은 의도라고 설명한다.

붓다는 행을 이렇게 설명한다. "형성된 것을 계속해서 형성한다고 해서 심리현상들이라 한다. 그러면 어떻게 형성된 것을 계속해서

● 견물생심(見物生心)과 행온

대상을 보면 마음이 일어난다. 그래서 아비담마에서 마음은 대상을 아는 것이라 하였을까. 대상을 보았는데도 마음이 일어나지 않을 수 있을까요? 마음은 인과성, 즉 원인과 그 결과로 나타나기에 대상이라는 원인이 있으면 마음은 따르게 되어 있다. 어떤 마음을 낼까? 그것은 대상에 따라 다르다.

뇌는 대상을 인식하여 그것이 무엇인지 아는 앎(想蘊)을 만든다. 상온보다 더 빠르게 수온이 일어난다. 그것이 무엇인지 자세히 알기 전에 적인지 친구인지 아는 것이 먼저이다. 대략적으로 알고 느끼는 것이 수온이다. 그래야 살아남는다. 자세히 알았을 때는 이미 죽은 몸일 수 있기 때문이다.

느끼고(受蘊) 알고(想蘊) 나면 거기에 합당한 대응을 해야 된다. 그것이 행온이다. 행온은 수온과 상온도 포함한다. 그들은 행온 가운데 매우 중요한 행온이기에 따로 분리하였을 따름이다. 행온은 견물생심(見物生心)의 생(生)에 해당한다. 무엇을 보면 당연히 어떤 마음이 일어나지 않는가. 심(心)을 불러일으키는 심리현상들이 행온이다.

쾌락을 추구하는 심리현상이 제일 앞선다. 다음 그것이 맞는 가치인지 생각하고, 최종적으로 내가 추구하는 목표에 합당한지 결정한다. 이런 심리현상을 생성하는 뇌신경 근거가 있다. 그들은 각각 중격의지핵(NAc), 안와전전두엽(OFC), 등쪽가쪽전전두엽(dlPFC)이다. 이들의 활동이 결국 행온, 심리현상이다. 이런 심리현상들의 결과로 나타나는 것이 행동이요 마음이다. 그것은 식온(識蘊)에 해당한다.

형성하는가? 물질(色)이 물질이게끔 형성된 것을 계속해서 형성한다. 느낌(受)… 인식(想)… 심리현상(行)들이… 알음알이(識)가 알음알이이게끔 형성된 것을 계속해서 형성한다. 비구들이여, 그래서 형성된 것을 계속해서 형성한다고 해서 심리현상들이라 한다."[70]

심리현상들이 계속 형성될 뿐 아니라 오온 전체가 계속 형성되고, 시간이 흐름에 따라 변하면서 흘러간다(천류, 遷流)고 붓다는 설한다. 즉, 오온이 사실은 전부 행이라는 것이다. 따라서 '나'를 '행온'이

---

[70] 『상윳따 니까야』, 「삼켜버림 경(Khajjanīya-sutta, S22:79)」

라고 할 수 있지만, 색·수·상·식의 4온은 행에 비교할 때 형성되고 천류하는 힘이 작고, 반면에 각각 물질·느낌·인식·알음알이라는 특성을 뚜렷이 나타내기에 그들을 따로 분리하여 '나'를 '오온'이라고 한 것으로 보인다.

붓다의 가르침은 불멸 후 2,500여 년 동안 시대 상황과 지역 풍토에 따라 다양한 모습을 취한다. 그러나 그 중심에는 언제나 '나를 포함하는 세상의 모든 존재는 조건에 따라 변화하면서 흘러간다'라는 인식이 자리 잡고 있다. 제행무상(諸行無常)이다. 모든 형성된 것(諸行)들은 항상하지 않고 변하지 않는가(無常).

여기서 형성하는 힘이 행이다. 붓다는 여기에 주목했다. 형성하는 힘, 즉 행을 초래하는 힘은 어디에서 올까? 모든 존재는 서로 의지하여 생겨나며(인연생기, 因緣生起), 조건이 달라지면 변한다. 연기이기에 모든 것은 변하고 변하는 것은 모두 괴로움이다(일체개고, 一切皆苦).

뇌과학으로 보자. '의도'로 대표되는 행은 어떤 행위 전에 반드시 선행한다. 의도가 없는 행위는 없기 때문이다. 달리 생각하면 행은 특정한 행위로 안내하는 마음작용이다. 어떠한 행이 선행하느냐에 따라 그에 부합하는 행위가 따른다. 걸으려는 의도가 있으면 걷는 행위가 따르고, 손가락을 움직이려는 의도가 있으면 손가락을 움직인다.

마음도 마찬가지다. 해로운 마음이나 아름다운 마음이 저절로 일어나는 것이 아니다. 그런 마음이 일어나게 하는 의도가 밑바탕에 깔려 있다. 무의식적으로 의도가 일어났다는 뜻이다. 그 의도를 우리는 의식하지 못한다. 의도가 의식에 들어왔을 때 이미 그것은 마음(識)이 되었다.

어떤 행위를 하는 과정에서 뇌파를 측정해보면 행위 직전에 뇌파가 급격히 높아진다. 그런데 사실 이 뇌파는 꽤 오랜 시간 전부터 서서히 높아지고 있었다. 어떤 행위를 해야겠다는 의도를 의식적으로 느끼기 전에 이미 뇌는 그 행위를 위한 준비를 시작하고 있었다는 것이다.

즉, 어떤 마음이나 행동이 겉으로 일어나기 전에 이미 우리의 뇌는 내면적으로, 무의식 수준에서 그 행위를 위해 준비하는 의도가 선행한다는 것이다. 이 뇌활성에 해당하는 뇌파를 과학자들은 '준비뇌파'라고 한다. 붓다는 그것을 '의도(行)'라고 하였다.

한 실험에서 피험자에게 시곗바늘이 '5'에 오면 스위치를 누르게 하였다. 행위가 끝난 후 언제 누르겠다는 생각이 들었는지 물었다. 피험자는 "시곗바늘이 4에 왔을 때 스위치를 눌러야겠다는 생각이 들었다."고 답했다. 그런데 측정한 뇌파를 보니 스위치를 누른 시점보다 약 1.8초 전에 뇌활성이 시작되어 서서히 커지다가, 스위치를 누르기 직전(약 0.2초 전)에 급격히 커졌다. 스위치를 누르기 약 0.2초 전(시곗바늘이 4에 왔을 때)에 '눌러야겠다'는 의식이 생겼지만, 그보다 훨씬 전(약 1.8초 전)에 이미 뇌는 행동을 위한 준비를 하고 있었음을

분명하게 보여준다.[71]

이 준비과정이 행위를 형성하기 위한 행이다. 행위뿐 아니라 어떤 마음이 일어나기 전에 그 마음을 형성하는 행이 선행한다. 그런 행들이 축적된 것이 행온이다.

71　Libet B, Gleason CA, Wright EW, Pearl DK. Time of conscious intention to act in relation to onset of cerebral activity (readiness-potential). The unconscious initiation of a freely voluntary act. Brain. 1983 Sep;106 (Pt 3):623-42. doi: 10.1093/brain/106.3.623.

37 식온 – 체화된 마음

식온(識蘊, viññāna-khandha, 알음알이)은 붓다가 설한 오온 가운데 하나이다. 오온에서의 '식(識)'은 대상을 요리조리 분별(요별, 了別)하고 생각하는 마음을 뜻하며, 이런 마음의 쌓임(무더기)이 식온이다. 영어로는 consciousness(의식), discernment(분별), mind(마음)로 번역되었다.

붓다는 식을 이렇게 설명한다. "왜 알음알이(viññāna)라 부르는가? 식별(viññāna)한다고 해서 알음알이라 한다. … 신 것도 식별하고 쓴 것도 식별하고 매운 것도 식별하고 단 것도 식별하고 떫은 것도 식별하고 떫지 않은 것도 식별하고 짠 것도 식별하고 싱거운 것도 식별한다. 비구들이여, 이처럼 식별한다고 해서 알음알이라 한다."[72]

---

72 『상윳따 니까야』, 「삼켜버림 경(Khajjanīya-sutta, S22:79)」

같은 경에서 붓다는 상(想, saññā)을 이렇게 설명한다. "푸른 것도 인식(saññā)하고 노란 것도 인식하고 빨간 것도 인식하고 흰 것도 인식한다. 이처럼 인식한다고 해서 인식이라 한다."

식과 상에 대한 붓다의 설명은 언뜻 차이가 없어 보인다. 상의 경우는 눈의 대상, 즉 색깔(푸른 것, 노란 것, 빨간 것, 흰 것)을 예로 들어 인식한다고 하였고, 식은 혀의 대상인 맛(신 것, 쓴 것, 매운 것, 단 것, 떫은 것, 떫지 않은 것, 짠 것, 싱거운 것)을 예로 들어 식별한다고 한 것이 다를 뿐이다.

또 다른 문헌에서는 그 이유를 다음과 같이 설명하고 있다. "대상을 외관과 모양으로 받아들이는 것은 인식에 있어서 두드러진 것이다. 그러므로 인식은 눈의 문에서 분석하셨다. 그러나 외관과 모양이 없어도 대상의 개별적인 차이를 받아들이는 것은 알음알이(識)에서 두드러진 것이다. 그러므로 이것은 혀의 문에서 분석하였다."[73] 설명을 들어도 그 차이가 금방 와닿지 않는다.

상은 대상의 특징을 파악하여 '즉각적으로' 그것이 무엇이라고 아는 것이다. 여러 쪽이 묶여 있고 각 쪽에는 글이 쓰여 있는 특징이 파악되면 곰곰이 분별하지 않아도 책이라고 안다. 예로써 야자나무 잎에 부처님 말씀을 필사한 것을 패엽경(貝葉經)이라고 부르는데, 많이 낯설지만 곰곰이 생각하지 않아도 그것을 보는 순간 '책'의 범주에 드는 것임을 안다.

---

73 『상윳따 니까야 주석서』 SA. ii. 293

● 살모사를 만난 나의 오온

산길을 가다가 살모사를 만나면 '무서워, 빨리 피해야지.'라는 마음이 든다. 색경 살모사가 안근에 포섭되어 시상으로 신호가 전달된다. 시상에서는 두 갈래로 신호가 갈라진다. 편도체로 가는 신호가 더 빨라서 '무서움'이라는 몸의 감정반응이 일어나고, 전전두엽으로 전달되면 '무섭다'는 느낌이 일어난다. 한편 시상에서 시각피질로 가서 그것이 무엇이라고 분석되어 상온이 일어나는 시간은 상대적으로 느리다. 무섭다(수온)는 느낌이 일어나고, 그것이 살모사(상온)임을 알게 되면 '피하자.'라는 심리현상(행온)이 일어난다. 사실 수온, 상온도 행온이다.

수온, 상온, 행온의 심리현상을 일으키는 뇌활성이 의근에 포섭되면 그들은 의식으로 들어온다. 이제 의식적으로 느끼고, 알고, 행하려고 한다. 그런 심리현상이 모여서 '살모사는 무서운 뱀이고, 따라서 피해야 한다.'는 분별이 일어난다. 식온이다. 무서운 마음이 있으면 행동이 따른다. 피한다. 색온이 반응하는 것이다. 이 모든 과정의 합이 나의 오온이다.

    색깔을 보는 것도 마찬가지다. 이처럼 대상에 대한 특징을 파악하여 개념을 일으키고 그것이 무엇이라고 '최초로 아는 것'이 상이다. 그래서 가장 쉽게 알 수 있는 색깔을 예로써 붓다는 상을 설명하였다.

    하지만 패엽경이 책은 책이지만 어떤 책인지 자세히 알려면 곰곰이 생각하고 분별하여야 한다. 상이 알아낸 '책'이라는 개념을 더 심화하여, 즉 '책'의 범주에 속하는 여러 가지 기억정보들을 불러내어 요리조리 분별하고 곰곰이 생각하는 것이 식이다. 식을 통하여 패엽에 쓰인 내용이 성경이 아니라 부처님의 말씀, 즉 경전임을 안다.

    누군가 오징어를 사면서 상점 주인에게 '깊은 맛'이 있느냐고 묻는 것을 보았다. '깊은 맛'은 무엇일까? 알 듯 모를 듯하다. 오징어를 보면 그것이 크든 작든 즉각적으로 오징어라고 아는 것은 상이고,

곰곰이 생각하고 분별해야 알 수 있는 '깊은 맛'을 아는 것은 식이다. 그래서 붓다는 맛을 식별하는 것을 예로써 식을 설명하였다.

구분해야 할 식이 하나 더 있다. 상과 식이 모두 앎의 범주에 있지만 그래도 각각 saññā와 viññāṇa로 단어가 다르다. 그런데 안·이·비·설·신·의의 알음알이, 즉 육식도 식(viññāṇa)이다. 눈의 알음알이를 안식이라 하지 않는가. 한자로도 모두 식(識)이고, **빠알리어**로도 모두 viññāṇa로 동일하며, 영어로도 모두 consciousness로 번역되었다. 안식에서의 '식(識)'과 식온(識蘊)에서의 '식(識)'은 어떻게 다른가?

뇌과학으로 보자. 뇌는 정보처리 장치이다. 모든 정보처리 장치는 계층구조를 이룬다. 시작은 가장 낮은 입력층이고 출력은 가장 높은 마지막 층이다. 그 중간에 숨은 층계들이 있다.

시각신호전달을 보자. 망막에 맺힌 상은 점(밝은 점, 어두운 점, 색깔점)으로 분해되어 시상을 거쳐 대뇌의 1차 시각피질에 전달된다. 시각정보의 입력이다. 여기서부터 측두엽의 여러 신호처리 층을 거쳐 해마에 오면 상이 완성된다. 마음공간에서 3차원으로 재구성되는 것이다. 여기까지는 무의식적으로, 자동적으로 일어난다. 살아 있는 한 눈에 형색이 비치면 여기까지는 저절로 일어난다.

우리는 시야의 많은 형색들을 모두 인식하지 않는다. 큰 대상이거나 관심이 있는 대상만 인식한다. 마음거울에 맺힌 많은 형색들의 상 가운데 의근의 마중(眼門轉向)을 받은 상만 안식, 즉 눈의 알음알이가 된다.

아비담마 17찰나 인식설에 의하면 안식은 1심찰나(1/75초) 사이에 일어났다가 사라진다. 허깨비 하나가 나타났다가 순식간에 사라진다고 볼 수 있다. 안식은 그것이 무엇인지 아는 알음알이가 아니다. 그저 어떤 형태가 있다고 지각하는 정도이다. 그 안식을 의근이 전전두엽으로 받아들이면 의식에 들어온다. 이제 그 안식(허깨비)의 특징을 파악하고, 기억정보와 대조하여 그것이 무엇인지 안다. 상(想)이 생성되었다.

흰색 몸통에 검은 점이 무수히 박힌 개를 보면 그것이 달마시안이라는 상(想)이 생긴다. 지금 보고 있는 점박이 개가 무엇인지 아는 과정, 즉 상을 생성하는 과정에는 기억정보들을 불러내어 대조하는 과정이 필요하다. 통상 이 과정은 너무 빨리 지나가기에 우리는 이런 대조과정이 있었는지조차 모른다.

사과를 보면 금방 사과라고 알지만 사실은 사과를 보는 순간 기억창고에 있던 사과의 기억 이미지와 대조하여 그것이 사과라고 안다는 것이다. 이렇게 알게 된 사과, 즉 현재 경험하고 있는 그 특별한 사과는 다시 기억창고에 저장된다. 이렇게 나의 기억창고에는 새로운 정보(기억)가 차곡차곡 쌓이고, 그것들은 대상을 인식할 때 기억 이미지로 개입하게 된다.

기억은 나의 마음 활동의 결과물이며 그것은 뇌신경망에 저장된다. 세월이 흐르면서 내가 경험하고 학습한 기억정보들은 나의 뇌에 차곡차곡 쌓이고, 그것은 나의 마음을 만드는 물질적 근거가 된다. 마음이 뇌신경망으로 물질화되어 저장되는 것이다. 그것이 물질화된 나의 마음, 체화된 마음이다.

달마시안이라는 상은 체화된 마음으로부터 여러 가지 관련된 기억정보를 불러내어 그것이 무엇인지 안다. 그런 마음들이 꼬리를 물고 이어가면서 대상을 분별한다. 붓다는 그것을 식이라 하고, 나를 이루는 5가지 구성요소 중 하나라고 하였다.

이처럼 뇌의 정보처리는 전오식(안식 등) → 상(想) → 식(識)의 계층구조를 이룬다. 전오식과 상(想) 사이에 수(受·느낌)가 갈래를 치고 나갔고, 식보다 더 위층에 반야(paññā)가 있는 것은 분명하지만 얼마나 더 많은 층이 있는지는 미지의 영역이다.

38 문득 떠오르는 생각
– 의문인식

안식·이식·비식·설식·신식을 오(감)문인식이라 한다. 눈·귀·코·혀·피부를 감각이 들어오는 각각의 문으로 보고 5가지 (감각의) 문을 통하여 일어나는 인식이라는 뜻이다.

반면에 오문(五門)을 통하여 일어나지 않는 인식도 있다. 문득 떠오르는 어떤 생각이 대표적이다. 다양한 상념이 뇌리에 떠오르기도 하고, 불현듯 어린 시절의 추억이 주마등처럼 지나가기도 한다. 이러한 인식들은 오감과 상관없이 일어난다. 이러한 인식을 의문인식과정(manodvāra-vīthi)이라 한다. 오(감)문이 아니라 마음(意)의 문에서 일어나는 인식이라는 뜻이다.

의문의 인식대상은 어디에 있다가 의문으로 들어왔을까? 하나의 예로 어떤 기억이 문득 떠오르는 것을 생각해보자. 내 가장 오래된 기억은 어머님이 나를 무릎에 앉히고 밥을 떠먹이던 것이다. 돌이나 지났을까. 고등어찌개에 들어 있는 말랑말랑한 무 한 조각을 밥 위에 올려서 주셨다. 아직도 머리에 그려지는 그 상황의 많은 부분은 아마도 가상일 것이다. 그래도 그때의 맛있던 기억은 느닷없이 나타나기도 하고 찌개의 무를 볼 때는 흔히 떠오른다. 그 기억의 실체는 어디에 똬리를 틀고 있다가 불현듯 나타날까?

앞의 글에서 "기억은 나의 마음 현상의 결과물이며 그것은 뇌신경망에 저장된다. 세월이 흐르면서 내가 경험하고 학습한 기억정보들은 나의 뇌에 차곡차곡 쌓이고, 그것은 나의 마음을 만드는 물질적 근거가 된다. 마음이 뇌신경망으로 물질화되어 저장되는 것이다. 그것이 물질화된 나의 마음, 체화된 마음이다."라고 하였다.

그렇다. 어머님 무릎에 앉아 밥을 받아먹던 모습과 무의 맛이 나의 뇌에 뇌신경망으로 체화되어 아직 남아 있는 것이다. 그뿐인가. 이어지는 세월의 경험들은 뇌신경회로로 체화되어 똬리를 틀고 있다가 의문으로 들어와 주마등처럼 지나간다.

뇌의 어느 부위에 마음이 체화(물질화)되어 있을까? 뇌의 기능에 따라 활성이 일어난 각 부위에 신경망으로 물질화되어 있다. 생각에 대한 기억은 생각이 일어나는 전전두엽에, 오감에 대한 기억은 각각의 감각피질 부위를 중심으로, 운동기억은 운동에 관련된 뇌 영역에 체화되어 있다. 물론 극히 단순화시켜서 그렇다는 것이다. 뇌는 860

억 개의 신경세포가 11차원으로 서로 연결된, 상상을 초월하는 매우 복잡한 신경망이다. 어떤 기능이라 할지라도 뇌의 어느 한 부위에서만 일어나지 않는다. 마치 거미줄에 나방이 걸리면 거미줄 전체가 출렁이는 것과 같다. 나방이 걸린 부위가 더 많이 흔들리는 것뿐이다.

마음현상은 어떻게 뇌신경망으로 체화될까? 마음은 뇌신경망의 활성이다. 오(감)문이든 의문이든 인식과정을 통한 마음이 일어난다는 것은 관련된 뇌신경망이 활성을 갖는다는 뜻이다.

거미줄이 흔들리듯 뇌신경망이 흔들리면(뇌활성이 일어나면) 그 뇌신경망은 반드시 변한다. 그것은 신경세포들이 서로 연결된 지점인 연접(시냅스, synapse)의 연결강도가 변하기 때문이다. 연접가소성(synaptic plasticity)이다.

연접가소성으로 인하여 신경세포들 사이의 연결이 변화되면 새로운 신경망이 생성된다. 마음이 일어나며 생겨나는 변화된 뇌신경망이 체화된 마음이다. 그렇게 하여 우리의 뇌는 체화된 마음으로 가득 차 있다. 유식학자들은 체화된 마음을 훈습(薰習)된 종자(種子)라 하였다.

살면서 경험하는 그 많은 마음이 모두 새로운 신경망을 생성할 수 있을까? 물론 대부분은 스쳐 지나가고 중요하고 특이한 경우들이 기억(뇌신경망)으로 체화된다. 뇌는 가치판단도 하기 때문이다.

뇌에 있는 100조 개가 넘는 연접들이 11차원으로 서로 연결될 수 있는 경우의 수는 거의 무한대이다. 뇌의 정보저장 용량이 무한하다는 뜻이다. 우리의 뇌는 삶의 경험을 무한대로 체화할 수 있다. 그렇게 체화된 마음은 세월을 따라 점점 더 풍성한 내용을 쌓고 그것은 나의 서사시가 된다. 그들이 문득문득 하나씩 의식 속으로 올라오는 것이 나의 추억이다.

물론 세월이 지나면서 많이 빛바래고 망각한다. 체화된 마음은 모래성 같아서 쉽게 허물어지기 때문이고, 그것 또한 연접가소성 현상이다.

추억과 같은 의문인식대상은 어떻게 의문으로 들어올까? 오문

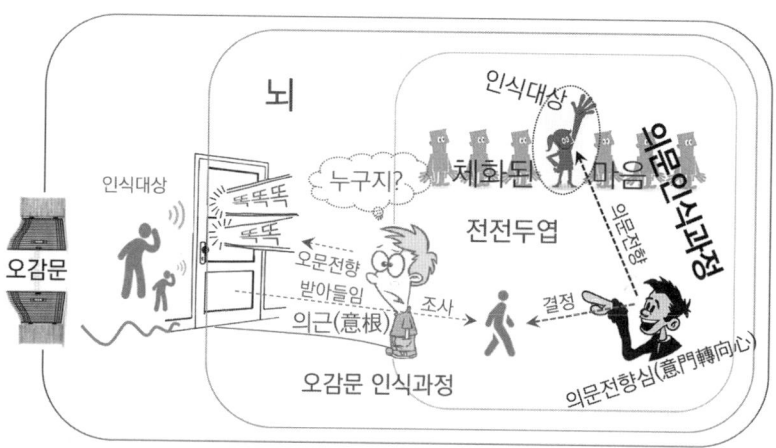

[문득 떠오르는 생각과 의문인식] 오감문을 통하여 들어오는 인식대상과 달리 문득 떠오르는 생각은 마음속에서 시작한다. 뇌 속에서 잔잔히 흐르는 체화된 마음들 가운데 활성이 커진 체화된 마음은 의문전항심에 포섭되어 의문인식과정을 거쳐 '문득 떠오르는 생각'이 된다.

(五門)을 통하여 들어오는 감각은 의근(意根)이 마중 나가서(17찰나 인식과정에서 네 번째 찰나의 마음, 오문전향) 전오식을 완성하고(다섯 번째 찰나의 마음), 이를 받아들인다(여섯 번째 찰나의 마음). 받아들인다는 것은 의문 안으로 불러들인다는 의미가 된다. 의문 안에서 받아들인 전오식을 조사하고(일곱 번째 찰나의 마음), 결정한(여덟 번째 찰나의 마음) 다음 속행(javana) 과정을 거친다.

의문인식과정에서는 대상을 받아들이는 마음과 조사하는 마음이 없다. 그 마음들을 건너뛰어 '결정하는 마음'부터 시작한다. 오문인식과정의 여덟 번째 찰나의 마음인데, 의문인식과정에서는 이 마음을 의문전향의 마음(의문전향심, mano-dvārāvajjana)이라 한다. 체화된 마음이 활성화되어 인식대상이 되면 곧바로 의문전향심이 그 대상으로 향한다는 것이다. 불러들이고 조사하는 단계가 생략되었다. 이는 인식대상이 이미 의문 안에 들어와 있다는 뜻이다. 즉, 체화된 마음은 이미 의문 안에 있다. 의문 안에 있기에 의근이 이들을 포섭하여 의문으로 불러들이는 과정이 생략된다. 단지 결정하는 마음(의문전향심)이 일어나기만 하면 바로 속행으로 이어진다.

그런데 왜 어떤 생각이 문득 일어날까? 뇌신경과학적 언어로 표현하면, 왜 체화된 마음들 가운데 잠잠하던 어떤 신경회로가 갑자기 높은 활성을 가져 의문전향심의 관심을 끌까?

뇌신경회로는 항상 활성을 갖고 있다. 조용히 있는 신경망은 없다. 다만 조용히 웅얼거릴 뿐이다. 유식학자들은 이를 아뢰야식(훈습된 종자)이 무시로 폭류같이 흐른다고 하였다. 어떤 신경회로의 활성이 의문전향심을 불러일으키려면 그 활성이 커져야 한다. 어떤 연유로 그 특정 신경망의 활성이 커질까?

두 가지 원인이 있을 수 있다. 첫째는 암묵적 자극이다. 무의식적으로 일어나기 때문에 그 자극이 무엇인지 모른다는 뜻이다. '문득 떠오르는 생각'은 대부분 암묵적인 단서(자극)에 의해서 일어난다.

그런데 많은 경우 어떤 명시적 단서가 되는 계기가 있다. 이것이 두 번째 이유이다. 찌개의 무를 보는 순간 어릴 때 그 무 맛이 떠오른다. 친구의 초등학교 때 이야기를 듣는 순간 나의 초등학교 시절 추억이 떠오른다. '찌개의 무'에 의한 시각, 미각 및 후각이, 친구의 '초등학교 이야기'라는 청각이 나의 기억, 즉 '체화되어 있는 나의 서사시' 뇌신경회로를 자극한다.

그렇게 하여 커진 신경망의 활성은 의문전향심의 표적이 되어 의문인식이 일어난다. 서로 연관된 정보들은 서로 연결되어 저장된다. 하나의 마음이 떠오르면 연관신경망을 타고서 꼬리에 꼬리를 물고 생각은 이어진다. 심상속(心相續, citta-dhāra, 마음의 흐름)이다. 그것이 두 번째 화살을 맞는 뇌신경 근거이다.

39 두 번째 화살 – 연관신경망

『상윳따 니까야』에서 붓다는 다음과 같이 설한다.

> "비구들이여, 배우지 못한 범부는 육체적인 괴로움을 겪게 되면 근심하고 상심하며 슬퍼하고 가슴을 치고 울부짖고 광란한다. (중략)
> 예를 들면 어떤 사람이 화살에 꿰찔리고 연이어 두 번째 화살에 또다시 꿰찔리는 것과 같다. 그래서 그 사람은 두 화살 때문에 오는 괴로움을 다 겪을 것이다."[74]

화살은 아픔(괴로움)을 주는 경우를 말한다. 첫 번째 화살은 삶의

---

74 『상윳따 니까야』, 「화살 경(Salla-sutta, S36:6)」

인연에 따라 맞을 수밖에 없다. 세상사 모두 원하는 대로만 되지는 않는다. 그것이 우리의 현실이기에 살면서 첫 번째 화살은 누구도 피할 수 없다. 하지만 우리는 일반적으로 첫 번째 화살로 인하여 일어난 나쁜 감정을 연달아 회상하여 두 번째, 세 번째로 이어지는 화살을 스스로 맞곤 한다. 부처님은 이어지는 두 번째, 세 번째 화살을 맞지 않는 지혜로운 삶을 살 것을 당부하신다. 왜 우리는 이어지는 화살을 맞을까?

앞의 글에서 삶의 기억들이 신경회로로 체화되어 뇌에 쌓인다고 하였다. 체화된 신경망은 유식학자의 언어로는 훈습된 종자이다. 훈습된 종자는 무시로 폭류같이 흐른다고 하였다. 현대 뇌과학적 언어로 표현하면 체화된 신경회로들은 조용히 있지 않고 항상 활동하고 있다는 뜻이다. 다만 조용히 웅얼거리기 때문에 의식에 들어오지 않을 뿐이다. 그러다가 특정 신경회로의 활성이 커지면 그 기억이 의식에 들어온다. 어떤 생각이 문득 떠올라 일어나는 것은 이런 경우이다.

'문득 떠오르는 생각'은 대부분은 특정하지 못한 단서(자극)에 의해서 일어난다. 그 자극이 무엇인지 모른다는 뜻이다. 하지만, 많은 경우 분명한 단서가 계기가 된다. 첫 번째 화살이 이런 경우이다. 이를테면 누군가 나에 대한 험담을 하였다는 얘기를 전해 들으면 순간 화가 난다. 첫 번째 화살을 맞은 것이다. 이러한 첫 번째 화살은 우리 삶에서 인연에 따라 생겨나는 어쩔 수 없는 현상이다.

문제는 그다음이다. 우리의 생각은 거기에서 끝나지 않는다. '그 인간이 나를 욕한다고?' 두 번째 화살을 맞는 것이다. 보통은 두 번째 화살에서도 끝내지 못하고 세 번째, 네 번째 화살을 연이어 맞기도 한다. 부처님은 이는 어리석은 마음이며 두 번째 화살 및 이어지는 화살을 맞지 말라고 이르신다.

왜 이어지는 화살을 맞을까? 마음은 왜 꼬리를 물고 이어질까? 과학적인 언어로 표현하면, 왜 체화된 신경망은 연이어 활성화될까?

생각이 떠오를 때, 서로 관련 없는 내용이 무작위로 떠오르지 않는다. 연관된 정보들이 이어지며 떠오른다. 서로 연결되어 있기 때문이다. 즉, 서로 연관된 정보들은 서로 연결되어 저장된다. 연관신경망(associative neural network)이다.

그러기에 하나의 마음이 떠오르면 연관신경망을 타고서 꼬리에 꼬리를 물고 생각이 이어진다. 이것이 심상속의 신경 근거이다. 어떤 사람의 발자국 소리만 들어도 그 사람이 누구인지 모습이 떠오르지 않는가? 그뿐인가? 그 사람의 목소리, 행동, 나와 관련되었던 일화들이 실에 꿴 구슬처럼 차례로 떠오른다. 두 번째 화살을 맞는 뇌 신경 근거는 연관신경망이다.

왜 연관된 정보는 서로 연결되어 체화(저장)되는가? 기억 신경회로(체화된 마음)는 유사한 것끼리 서로 연결되어 저장된다. 예로써, 사과끼리는 가장 가깝게 연결되고, 조금 떨어진 곳에 배에 대한 신경회로가 연결될 것이다. 보다 상이한 바나나에 대한 기억 신경회로는 더 멀리 떨어져 생성된다. 이는 마치 도서관에 책을 보관할 때 서로 관련된 분야의 책들을 인접한 장소에 보관하는 것과 유사하다.

새로운 정보는 기존의 연관된 정보 옆에 두는 것이 서로 관련지어 생각하기 용이하다. 책장에 새로 구입한 책을 꽂아둘 때 우리는 이미 보관된 책들과 가장 관련이 깊은 자리를 선택한다. 그래야 찾기 쉽기 때문이다.

뇌도 마찬가지다. 유사한 모양새들이 서로 연결되어 저장될 뿐 아니라, 관련된 내용 또한 서로 연결된다. 예를 들어, 인호라는 이름을 가진 남성이 짜장면을 좋아하고, 차는 소나타를 갖고 있다고 하자. '인호'와 관련된 정보인 '남성' '짜장면' '소나타' 등은 서로 연결되어 있다. 따라서 '인호'를 생각하면 그와 연관된 정보가 연이어 떠오른다. 신경망의 활성은 연결된 신경망을 활성화시키기 때문이다.

연관신경망이라고 하여 교집합같이 동그라미 두 개가 서로 연결된 것으로 생각하면 안 된다. 뇌신경망은 11차원의 공간에 형성되어 있기 때문이다. 그 복잡한 공간에서 서로 얽힘이 있다는 것이다.

하나의 예로 모양과 색깔이 서로 비슷한 두 종류의 사과에 대한 기억이 체화되는 과정을 상상해보자. 매우 유사한 두 사과는 망막에 매우 유사한 상을 맺을 것이다. 그 상들은 대뇌의 1차 시각피질에 유사한 유형으로 전달되고, 각각의 사과에 대한 정보(모양, 색깔 등)를 처리하면서 종국에는 전전두엽으로 전달된다.

11차원의 공간에 펼쳐진 뇌신경회로망을 통하여 흘러가는 수많은 신경세포들의 활성을 상상해보라. 물결치는 듯한 파도 응원이 11차원의 공간에 순식간에 퍼져나가는 것과 같다. 많은 뇌신경세포들이 두 종류의 사과에 대한 정보처리의 파도타기 흐름에 공통으로 참여했을 것이다. 이 신경세포들은 두 종류의 사과에 대한 기억 신경회로(체화된 마음)들에 공통으로 참여한다. 이런 공유된 신경세포들에 의해서 두 신경회로망은 서로 연결된다.

서로 가까운 종류의 사과일수록 공유되는 신경세포들이 많고, 유사성이 먼 사과일수록 공유하는 신경세포들이 적다. 바나나는 더 적을 것이고 자동차는 더더욱 적을 것이다. 이렇게 유사한 정보들은 서로 더 밀접하게 연관된 신경망을 형성한다.

서로 관련 없는 정보들은 활성화되는 신경세포들도 서로 다르고, 따라서 기억으로 생성되는 신경망도 서로 멀리 떨어져 있다. 전혀 관계 없는 정보가 서로 가까이 연결될 필요가 있을까? 만약 그렇게 뇌신경망이 형성되어 있다면 우리의 마음은 하나의 주제로 논리정연하게 흐르지 못할 것이다. 실제로 그렇지 못한 마음을 나타내 보이는 경우가 조현병(정신분열증)이다.

어떻게 하면 이어지는 화살을 맞지 않을까? 한 가지 분명한 방법은 알아차림이다. 내가 첫 번째 화살을 맞았음을 알아차림 하면 그 화살이 쏘아 올린 연관신경망의 활성에서 벗어날 수 있다. 꺼둘리는 마음에서 벗어나 평온한 마음을 되찾는다. 알아차림 하지 못하면 연관신경망을 따라 마음이 꺼둘려간다.

● 뒤샹의 변기와 표상의 파괴

지금으로부터 약 100년 전인 1917년 4월 9일, 마르셀 뒤샹(Marcel Duchamp)은 '예술가가 신청 수수료를 지불하는 한 심사 없이 작품을 받아주는' 뉴욕의 독립예술가협회 살롱에 작품을 제출하였다. 'R. Mutt, 1917'이라고 서명된 거꾸로 놓인 소변기였다. 제목은 '분수(Fountain)'였다. 익명의 예술가가 출품한 짓궂은 농담이라 생각한 협회 이사회는 진정한 예술 작품이 아니라는 이유로 이것을 거부했다. 그러자 이사회의 일원이었던 뒤샹은 이에 항의하여 사임했다.

뒤샹의 의도는 무엇이었을까? 표상의 파괴였다. 대상을 보면 그것에 대한 표상이 떠오른다. '남자 소변기'를 보면 남자가 소변을 보는 표상이 떠오른다. 그리고 그것과 관련된 생각이 이어진다. 그런 표상을 일으키지 말고 앞에 보이는 'R. Mutt, 1917'이라고 서명된 '거꾸로 놓인 소변기'를 분수로 보라는 것이다. 그것이 가능할까?

응무소주 이생기심(應無所住 而生其心). 중국 선종 6대 조사 혜능 스님이 듣고 깨달음을 얻었다는 유명한 문장이다. 머무르는 바 없이 그 마음을 내라. 머무른다는 것은 마음의 대상에 묶인다는 것이다. 우리 범부는 하나의 대상에 묶여 이어지는 마음을 낸다. 대상에 '꺼둘린다'고 한다. 이어지는 표상을 만드는 마음이다. 깨달으면 그런 마음을 내지 않는다.

조선 말 경허선사가 개울을 건너지 못하는 아낙을 업어 건너편에 내려주었다. 한참을 가다가 제자 만공이 경허선사에게 "불제자인데 왜 그러셨습니까?"라고 따지자 경허선사는 이렇게 말했다. "나는 그 여인을 개울 건너편에 내려두고 왔는데 너는 아직도 업고 있느냐?" 만공의 마음은 아직 그 개울가 아낙에 머물러 표상을 내면서 이어지는 두 번째, 세 번째 화살을 맞고 있었던 것이다.

다음은 『상윳따 니까야』, 「마차 비유 경(Rathopama-sutta, S35:239)」에 나오는 이야기이다.

"비구들이여, 그러면 비구는 어떻게 감각기능들의 문을 보호하는가? 비구들이여, 여기 비구는 눈으로 형색을 봄에 그 표상을 취하지 않으며, 또 그 세세한 부분상을 취하지도 않는다. 만약 그가 눈의 감각기능이 제어되지 않은 채 머무르면, 욕심과 싫어하는 마음이라는 나쁘고 해로운 법(不善法)들이 그를 침입해 올 것이다. 따라서 그는 눈의 감각기능을 잘 단속하기 위해 수행하며, 눈의 감각기능을 잘 방호하고 눈의 감각기능을 잘 단속한다. 귀로 소리를 들음에 … 코로 냄새를 맡음에 … 혀로 맛을 봄에 … 몸으로 감촉을 느낌에 … 마노로 법을 지각함에 그 표상을 취하지 않으며, 또 그 세세한 부분상을 취하지도 않는다."

범부는 존재를 보고 표상을 쫓으면서 속박되지만, 성인은 존재에 내재한 실재를 통찰하기 때문에 표상에서 벗어나 해탈할 수 있다. 성인은 이어지는 화살을 맞지 않는다는 것이다.

제4부

뇌과학은 불교 수행을 어떻게 돕는가

40 상분과 견분

삶의 경험들은 뇌신경망으로 체화된다. 경험이 물질이 된다는 뜻이다. 그 물질은 곧 기억이며, 세월이 흐르면서 기억들도 차곡차곡 뇌에 쌓인다. 아무렇게나 흩어져 쌓이는 것이 아니라 연관된 정보들이 연결되어 서로 질서정연하게 쌓인다.

기억은 그렇게 연관신경망을 생성하면서 축적된다. 따라서 하나의 기억이 회상되면 꼬리에 꼬리를 물고 기억이 되살아나 추억이 주마등처럼 흘러간다.

또한, 연관신경망은 삶의 인연에 따라 맞게 되는 첫 번째 화살에 이어 두 번째, 세 번째 화살을 스스로 거듭 맞는 이유가 되기도 한다. 모두 원하는 대로만 되지 않는 세상사에서 첫 번째 화살은 피할 수 없지만, 부처님은 두 번째 세 번째 화살들을 맞지 않는 지혜로운 삶을 살 것을 당부하셨다.[75] 첫 번째 화살 맞은 것을 알아차림 하고 거기서 멈추면 이어지는 화살은 맞지 않는다.

체화된 신경망은 잠재된 마음이다. 그들은 무의식에 있다가 어떤 계기가 있으면 의식으로 올라와 현현하여 지금의 마음이 된다. 문득 떠오르는 생각들이다.

유식학자들은 잠재된 마음들이 있다는 것을 알았다. 생각하고 행동한 삶의 모든 경험들이 나의 몸에 스며들어 잠재된 마음이 된다고 간파하였다. 마치 향기가 옷에 배듯 나의 마음과 행동은 훈습되어 마음의 종자가 된다고 하였다. 습관은 그 잠재된 마음의 표출이다.

종자들은 바로 기억이다. 따라서 현대 신경과학의 언어로 표현하면 학습과 경험은 기억의 실체인 엔그램(engram)을 생성한다는 것이다. 엔그램은 미세하게 보면 연접이고 크게 보면 11차원에 펼쳐진 뇌신경망이다. 연접들이 모여서 만드는 것이 신경망이기 때문이다.

유식학자들은 8가지의 마음이 있다고 보았다. 안식·이식·비식·설식·신식·의식은 겉으로 드러난 표층의 마음들이고, 겉으로는 드러나지 않는 심층에 말나식(末那識, manas-vijñāna)과 아뢰야식(阿賴耶識, ālaya vijñāna)이 있다고 한다. 각각 제7식과 제8식이다.

종자는 가장 깊은 마음인 아뢰야식을 이룬다. 거기에는 종자들이

---

75 『상윳따 니까야』, 「화살 경(Salla-sutta, S36:6)」

쌓여 있기에 제8식을 종자식(種子識)이라고도 하고, 종자들이 저장되어 있기에 장식(藏識)이라고도 하며, 종자들은 무시로 폭류같이 흐르기에 끊임이 없는 무몰식(無沒識)이라고도 한다.

훈습된 종자들이 무시로 폭류같이 흐른다는 것은 현대 뇌과학적 언어로 표현하면 체화된 신경회로들은 조용히 있지 않고 항상 활동하고 있다는 뜻이다. '폭류와 같다'고 하여 홍수같이 큰 활성이 있다는 것이 아니라, 끊임없이 활동하고 있다는 뜻이다.

0.1V짜리 활동전위를 만들어 격발하는 것이 신경세포가 하는 일이다. 살아 있는 정상적인 신경세포는 무시로 활동전위를 격발하여 다음 신경세포로 보낸다. 얼마나 높은 빈도로 격발하느냐가 어떤 신경세포의 활성도를 나타낸다. 체화되어 잠재된 종자의 신경세포들은 느릿느릿, 하지만 쉬지 않고 격발하고 있다는 뜻이다. 그러다가 어떤 계기가 있으면 활발히 격발하며 의식으로 올라온다. 문득 떠오르는 생각들이다.

종자들은 이 순간의 대상 인식에도 중요한 역할을 한다. 인식은 뇌가 바깥세상의 색·성·향·미·촉을 아는 것이다. 논의의 편의상 법경은 논외로 하자.

뇌는 두개골 속에 갇혀 있기에 바깥세상의 인식대상을 직접 만날 수 없다. 대신 마음거울에 상을 맺어 그것이 무엇인지 안다. 뇌에는 형색의 상을 맺는 마음거울이 있고, 소리, 냄새, 맛, 촉감에 대한 상을 맺는 각각의 마음거울들도 있다.

유식학자들은 마음거울에 맺힌 상을 상분(相分)이라 하였다. 상분은 인식과정에서 '보여지는 자', 즉 객체이며, 이것이 실제로 뇌가 인식하는 대상이다. 뇌는 바깥세상의 실제 대상을 만날 수 없지 않는가. 상분을 '보는 자'가 있다. 그것을 인식의 주체인 견분(見分)이라 하였다. 종자가 견분 역할을 한다.

시각을 예로 살펴보자. 망막에 맺힌 상은 시상을 거쳐 대뇌의 후두엽에 있는 1차 시각피질에 보내진다. 여기서부터 2차, 3차, 4차… 시각피질을 거쳐 해마로 올라가면서 시각대상에 대한 3차원 구조가 재구성된다.

망막에서 시작하여 해마에 걸쳐 펼쳐진 3차원 뇌 공간이 형색의 상을 맺는 마음거울이다. 시야에는 여러 가지 형색들이 있고, 이들은 동시다발적으로 우르르 마음거울에 상을 맺는다. 하지만 의근이 점지한(주의를 기울인) 대상만 '보여지는 자, 상분'이 된다.

상분을 보는 자, 즉 견분은 무엇이며 어떻게 볼까? 의근에 포섭되면 의식이 된다. 예로써 마음거울에 맺힌 색경의 상이 의근에 포섭되면 안식(눈의 알음알이)이 된다. 17찰나 인식과정에 의하면 안식은 1찰나 동안에 일어났다가 사라진다. 허깨비 하나가 나타났다가 사라지는 것 같다. 그런 안식을 '받아들이고' '조사하는' 마음들이 차례로 뒤따른다. 여섯 번째 심찰나의 '받아들이는 마음'은 다섯 번째 심찰나에서 생성된 전오식을 받아들인다. 전오식이 곧 '보여지는 객체'인 상분이며, 그것을 보고 조사하는 '조사하는 마음(일곱 번째 심찰나)'이 보는 주체인 견분이다.

견분은 상분의 정체를 어떻게 알까? 나는 동남아 여행에서 두리안을 처음 보았다. 두리안의 겉모습은 내가 알고 있는 어느 과일과도 닮지 않았다. 속을 갈라보니 누런 고구마 같은 것들이 여러 개 차곡차곡 차 있었다. 그 당시 나의 뇌에서 일어나고 있던 인식과정을 생각해보자. 두리안의 겉모습이 내 마음거울에 만든 상분을 나의 기억정보와 아무리 대조해보아도 같은 것이 없다. 반면 두리안의 속에 있는 것은 누런 고구마와 가장 닮았다고 나는 인식했다. 이처럼 견분은 나의 기억정보를 동원하여 상분과 대조하는 역할을 한다. 지금 보고 있는 이것(相分)이 무엇인지 내가 가지고 있는 저장기억과 맞추어보는 것이다. 저장된 기억은 곧 종자들이다. 따라서 견분은 종자들이 우르르 일어나 서로 '저 상분은 나다'라고 주장하는 것이다.

낯익은 대상을 인식할 때는 견분의 활동이 순식간에 일어나기에 그런 일이 일어났는지조차 모른다. 사과를 보면 사과라는 걸 금방 알지 않는가. 하지만 낯선 대상을 인식하는 경우에는 이런 대조과정, 즉 견분이 상분을 보는 과정이 길어진다. 내가 처음 두리안을 보았을 때는 그것이 무엇인지 아는 데 한참의 시간이 걸렸다. 하지만 다음에 다시 두리안을 보게 되면 금방 그것이 두리안인 줄 알 것이다. 나의 뇌에 두리안이라는 종자가 훈습(체화)되어 있기 때문이다.

이렇듯 어떤 대상을 인식하는 과정에는 기존의 지식, 즉 훈습된 종자가 동원된다. 그것이 유식학에서 얘기하는 견분이며, 구체적으로는 제8식 아뢰야식의 종자이다.

견분이 상분을 보는 과정은 '예측'이다. 뇌는 상분을 수동적으로 아는 것(상분이 무엇이라고 저절로 알려지는 것)이 아니라, 적극적으로 그것이 무엇인지 예측하는 방식(상분의 정체가 무엇인지 기존의 지식, 즉 종자로 대조하는 방식, 즉 견분)으로 작동한다. 예측이 맞으면 다행이지만 틀릴 수도 있다. 세상을 왜곡되게 인식할 수도 있다는 뜻이다. 그것이 우리 뇌의 한계이다.

> ● 시각분석에서 상분과 견분
>
> 망막에 맺힌 상은 시상을 거쳐 1차 시각피질에 전달된다. 여기에서 측두엽으로 나아가면서 원래 모습의 3차원 상이 재구성되고, 이는 마음공간에 상분(相分)으로 드러난다. '보이는 자'이다. '보는 자'는 상분이 무엇인지 아는 자이다. 그것은 상분과 대조되는 기존의 기억정보이다. 과거에 경험해보았던 지식이 체화되어 남아 있는 종자이다.
> 여러 종자가 상분을 본다. 어느 종자가 지금 '보이는 자' 상분과 가장 유사한지 대조된다. 가장 가깝게 대조되는 종자가 '저 보이는 자는 나야'라고 한다. 따라서 '보는 자'는 종자식이다. 제8식 아뢰야식을 지칭하는 하나의 이름이다.
> 세상 저 밖에 무엇이 있든 뇌에 들어오면 모두 '보이는 자' 상분이 된다. 그것을 기존의 기억정보인 체화된 마음, 즉 종자가 본다. 종자는 '보는 자'이다. 유식학에서는 '보이는 자'와 '보는 자'만이 존재한다고 한다. '보이는 자'도 나의 뇌가 만들고, '보는 자'도 나의 뇌이다. 그것이 마음이다. 일체유심조. 모든 것은 마음이 만들어낸 것이다.

41
진여심과 생멸심, 일심이문

범부들의 마음은 번뇌로 물들어 있다. 아직 깨닫지 못한 중생의 마음이다. 반면에 깨달음을 얻은 마음은 고요하고 평온하다. 번뇌에 물들기 전 우리 본래의 마음이다.

기원후 2세기 인도의 마명(馬鳴, 아슈바고샤, Asvaghosa)보살은 그의 저서 『대승기신론(大乘起信論)』에서 우리에게는 진여심(眞如心)과 생멸심(生滅心)이 있다고 했다. 진여심이란 맑고 청정하다고 해서 청정심, 부처님의 성품과 같다고 하여 불성, 여래의 씨앗을 간직하고 있다고 해서 여래장이라 한다. 반면에 생멸심이란 파도와 같은 산란하고 혼탁한 마음, 번뇌 망상으로 가득 찬 마음이다.

진여심과 생멸심은 본래 하나의 마음(一心)이다. 우리의 마음은 일심이지만 두 가지로 표출될 가능성을 지닌 잠재적 마음이다. 어떤 마음을 내느냐 하는 것은 수행(마음공부)의 깊이에 달렸으며 이것은 각자의 몫이다.

마명보살은 일심에 2개의 방이 있는 것으로 보았다. 진여문(眞如門)을 열고 진여심으로 들어가 번뇌와 무명에 오염되지 않고 괴로움을 여읜 해탈·청정한 마음을 낼 수도 있고, 생멸문(生滅門)을 열고 생멸심으로 들어가 깨닫지 못한 중생의 마음, 즉 번뇌 망상이 마치 죽 끓듯 생멸하는 마음을 낼 수도 있다는 것이다. 이처럼 하나의 마음에 2개의 문이 있어 두 가지 다른 차원의 마음이 일어날 수 있다. 일심이문(一心二門)이다.

유식학자들은 8가지 마음이 있다고 보았다. 전오식, 즉 안식·이식·비식·설식·신식과 여섯 번째 마음인 의식은 겉으로 드러나는 표층의 마음이고, 겉으로 드러나지 않는 심층의 마음으로 제7식 말나식과 제8식 아뢰야식이 있다. 제7식과 제8식은 무의식의 마음이다. 이처럼 유식학자들은 세 층의 마음이 있다고 보았다. 가장 깊은 층에 심(心, 아뢰야식), 중간에 의(意, 말나식), 표층에 식(識, 의식)이 있다.

유식학자 원효(元曉, 617-686)대사는 『대승기신론소(大乘起信論疏)』와 『별기(別記)』를 통하여 제8식 아뢰야식을 진여심으로 보고, 그것이 말나식을 거쳐 의식, 전오식으로 표출된다고 하였다. 무의식에 있는 아뢰야식의 종자가 의식으로 나타나는 과정이다.

아뢰야식은 종자가 저장된 종자식이다. 삶의 경험과 행동, 마음이 훈습되어 생성된 종자 하나하나는 기억의 최소단위이다. 현대 뇌과학 용어로 기억의 실체인 엔그램(engram)에 배대된다. 종자(engram)는 삶의 과정에서 보고, 듣고, 냄새 맡고, 맛보고, 촉감을 느끼는 전오식이 의식 → 말나식을 통하여 아뢰야식에 저장된 마음의 씨앗이다.

오감뿐 아니라 마음속에 일어난 생각도 마찬가지 과정으로 아뢰야식에 종자로 저장된다. 반대로 저장된 종자가 의식으로 떠오를 때는 아뢰야식(종자) → 말나식 → 의식의 과정을 거치고, 의식은 전오식을 통하여 현상세계에 펼쳐진다. 펼쳐진 현상세계의 마음은 다시 역순의 과정을 거쳐 아뢰야식에 종자로 저장된다.

이렇게 우리의 마음은 새로운 정보(오감)를 받아들이고, 받아들인 정보를 바탕으로 새로운 마음을 내면서 종자를 축적한다. 현대 뇌과학적 용어로 마음을 뇌신경회로(種子)로 체화시킨다고 한다. 체화된 마음이다.

마음은 대상을 아는 것이다. 대상은 외적인 색·성·향·미·촉일 수도 있고, 내적인 법일 수도 있다. 그들을 '있는 그대로' 알면 진여심(청정심, 불성, 여래장)이고, 탐진치 삼독의 편견으로 알면 번뇌 가득 찬 생멸심이다. 진여심은 번뇌에 물들기 전 우리 본래의 마음이다. 깨달은 성자는 불성의 청정심, 진여심을 내고, 중생들은 번뇌로 물든 생멸심을 낸다.

어떻게 하나의 마음에 두 개의 문이 있어 진여심 혹은 생멸심을 낼까?

원효대사에 따르면 진여심은 아뢰야식이다. 앞의 글에서 아뢰야식은 종자식이며, 종자식이 마음거울에 맺힌 상분을 보는 견분이라고 설명하였다. 세상만사(萬法)는 마음거울에 상으로 맺히고 그것은 '보이는 자, 상분'이 된다. 이 상분을 '보는 자, 견분(見分, 종자식)'이 보면 마음(想, 인식, 앎)이 생긴다. 그런데 견분이 상분을 보는 과정에 말나식이 개입한다.

유식학자들은 말나식이 아뢰야식(見分, 종자식)을 집착하여 상분을 안다고 한다. 말이 어렵다. 종자식 자체가 독립적으로 상분을 보는 것이 아니라, 실제로는 종자식이 상분을 볼 때 말나식이 개입하여 주관적으로 보는 것이다. 말나식은 번뇌를 일으키는 마음이다. 말나식이 종자에 묻은 탐진치 번뇌까지 끌어들여 상분에 가담시킨다. 그렇게 하여 '있는 그대로' 보는 진여심이 아니라 번뇌로 오염된 생멸심이 일어난다.

앞에서 견분이 상분을 본다는 것은 기억이미지인 견분과 상분을 대조하는 과정이라고 설명하였다. 청정한 기억이미지라면 우리는 대상을 '있는 그대로' 본다. 진여심이다. 하지만 범부의 기억이미지는 탐진치로 오염되어 있고, 편견을 가진 말나식이 오염을 함께 끌어들이기에 범부의 마음은 생멸심이다.

진여심은 오염되지 않은 불성이요 청정심이다. 범부들도 진여심이 있지만 탐진치 번뇌로 오염되어 있다. 따라서 오염되지 않은 원래의 진여심을 아마라식(阿摩羅識, 제9식)으로 설정하기도 한다. 이는 범부들도 오염되지 않은 불성, 즉 여래의 씨앗인 여래장을 갖고 있다는 뜻이다. 다만 오염이 되어 불성이 감추어져 있을 뿐. 마음오염(煩惱)을 걷어내어 불성이 드러나게 하는 것이 수행이다. 마치 거울에 때가 끼어 있으면 사물을 '있는 그대로' 깨끗하게 비추지 못하듯, 종자들이 불성으로 드러나지 못하고 번뇌로 오염된 생멸심으로 드러나게 된다. 아뢰야식(종자식)을 깨끗이 맑혀 진여본성이 발현할 수 있게 하는 지혜가 대원경지(大圓鏡智)이다.

진여심은 원래 청정했는데 왜 오염이 되었을까? 아기들의 마음은 청정심이다. 갓 태어난 아기는 엄마 젖을 먹고자 하는 본능 외에는 마음이라 할 만한 것이 없다. 세상과 내가 분리되어 있다는 사실조차도 모른다. 이렇다 할 종자가 별로 없고, 있어도 오염되지 않은 맑은 종자들이다. 아기는 성장하면서 '내 것' '세상과 분리된 나'에 대한 개념을 갖게 된다. '자아(ego)'가 형성되는 것이다. 세상과 분리된 자아는 성장 과정의 경험치들을 훈습하여 종자로 저장한다. 종자들은 쌓여서 나의 이야기를 만든다. 자아의 성장이다.

우리는 경험치들을 훈습하여 종자로 저장할 때 '있는 그대로' 저장하지 않는다. 좋고 싫다는 편견의 때(번뇌)를 묻혀 대상을 보기 때문이다. 이렇게 아뢰야식(종자식)은 번뇌로 오염된 채 체화된다. 범부들의 오염된 여래장이다.

종자라고 하여 씨앗 하나라고 생각하면 안 된다. 아무리 간단한 기억의 종자라 하더라도 그것은 뇌 속에 11차원으로 펼쳐진 복잡하기 그지없는 뇌신경망이다. 수많은 종자들이 서로 얽혀 연관된 연결망을 형성하고 무시로 폭류같이 흐르며 의식으로 표출될 기회를 얻기 위해 끊임없이 활동하고 있는 범부의 여래장이 생멸문으로 나서는 과정을 상상해본다.

42 말나식과 아뢰야식

보행자가 되어 길을 걸을 때는 자동차가 눈에 거슬리고, 반대로 내가 자동차 운전을 하다 보면 보행자가 거슬린다. 때로는 함께 달리고 있는 다른 자동차가 거슬리기도 한다. 이처럼 우리는 자기중심적으로 생각한다. 내가 상대방을 못마땅하게 생각하는 바로 그때 상대방도 나를 못마땅하게 생각할 것이다.

왜 우리는 자기중심적으로 세상을 볼까? 자신도 모르는 사이에 나의 마음 깊은 곳에는 나를 기준으로 사실을 왜곡시키는 마음이 있다. 이 마음의 자기중심적인 활동은 아주 미세하게, 드러나지 않게, 그러나 집요하게 항상 일어나기 때문에 자기 자신도 모르게 대상을 '있는 그대로' 보지 못하고, 편견으로 그릇된 판단을 하거나 삿된 생각을 하게 된다. 왜 이런 마음이 일어날까?

마음은 대상을 아는 것이다. 대상은 외적인 색·성·향·미·촉일 수도 있고, 내적인 법일 수도 있다. 그들을 '있는 그대로' 알면 진여심이고, 탐진치 삼독의 편견으로 알면 번뇌 가득 찬 생멸심이다. 깨달은 성자는 불성의 청정심, 진여심을 내고, 중생들은 번뇌로 물든 생멸심을 낸다. 유식학자들은 번뇌로 물든 삿된 생멸심을 만드는 주체가 있다고 설정하였다. 말나식이다.

유식학자들은 8가지의 마음이 있다고 보았는데, 5가지 감각의 알음알이와 여섯 번째 마음인 의식은 겉으로 드러나는 표층의 마음이고, 겉으로 드러나지 않는 심층의 마음으로 제7식 말나식과 제8식 아뢰야식이 있다. 마음의 가장 깊은 층에 아뢰야식인 심(心), 중간에 말나식인 의(意), 표층에 의식인 식(識)이 있고, 식은 전오식으로 펼쳐진다. 유식학자 원효대사는 제8식 아뢰야식이 말나식을 거쳐 의식, 전오식으로 표출된다고 하였다. 무의식에 있는 아뢰야식의 종자가 의식으로 나타나는 과정이다.

마음은 내부에서 시작하여 일어날 수도 있고, 외부에서 시작할 수도 있다. 내부에서 시작하는 마음의 원천은 아뢰야식의 종자이다. 마음 깊은 곳에 잠재해 있는 종자의 활성이 겉으로 드러나 지금의 마음이 될 수 있다. 종자들은 무시로 끊임없이 폭류같이 흐르며 의식적인 마음으로 드러나려고 발버둥치고 있다. 그렇게 하여 종자의 활성이 스스로 드러나는 것이 문득 떠오르는 생각이다. 내인적 마

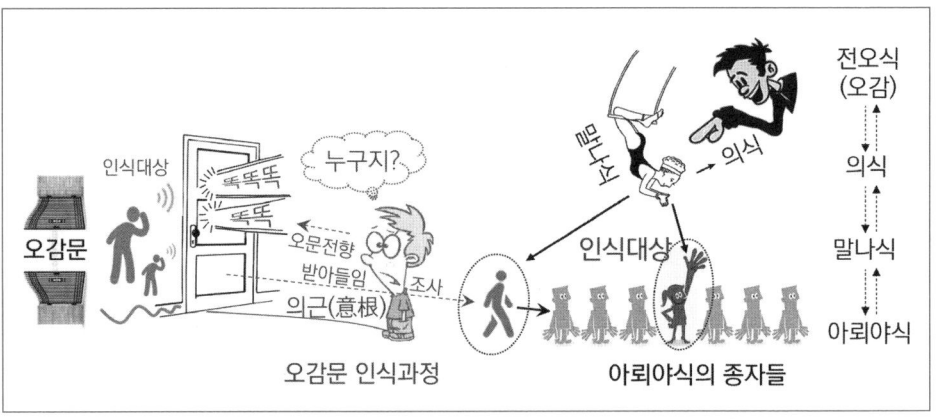

(왼쪽) 오감문 인식과정으로 생성된 마음은 말나식을 거쳐 종자(아뢰야식)로 저장된다.
(오른쪽) 종자들의 활성은 말나식에 포섭되어 의식으로 드러난다.

음이다.

외부에서 시작하여 일어나는 마음은 외부의 인식대상인 색·성·향·미·촉이 마음공간에 들어와 생기는 상분과 상분을 보는 견분의 작용으로 일어난다. 상분과 대조되는 과정은 상분과 가장 일치하는 종자를 찾는 과정이다. 창밖에서 발자국 소리가 들리면 '누구일까?' 하고 그 발자국 소리와 가장 관련 있는 사람을 찾지 않는가. 이러한 대조과정을 유식학자들은 종자가 상분을 본다고 하고, 그 '보는 자'인 종자를 견분이라 하였다.

만약 그 발자국 소리의 주인공을 견분이 알게 되면 '아, 누구이구나' 하는 마음이 떠오른다. 그렇게만 떠오르면 진여심이다. 그런데 왜 번뇌가 끼어든 생멸심으로 떠오를까? 종자가 상분을 볼 때 그 종자에 집착하여 번뇌로 물들이는 마음이 말나식이다. 탐진치 번뇌도 마음이며 그들 자체도 종자로 저장되어 있다. 번뇌 종자를 끌어들이지 않으면 청정심을 낼 수 있다. 깨달은 마음이다. 하지만 깨닫지 못한 범부들은 순수 종자에 번뇌를 끌어들여(종자에 집착하여) 번뇌로 물든 마음을 만든다. 그것도 나를 중심으로 한, 편견에 가득 찬 번뇌의 마음을 만든다.

유식학자들은 번뇌 종자를 끌어들이는 마음이 있다고 보았다. 말나식이다. 심층의 아뢰야식 종자가 표층식으로 나타나는 과정에서 종자를 번뇌로 물들이는 마음이 말나식이다.

우리는 한가할 때, 즉 깨어 있으나 특별한 과제가 없을 때 흔히 '나' 자신을 생각한다. '나' 자신에 대한 생각은 항상 아치(我痴), 아견(我見), 아만(我慢), 아애(我愛)을 수반한다. 말나식이 만드는 네 가지 근본 번뇌이다.

아치는 자기의 본질을 모르는 지적인 어리석음이다. 즉, 무아의 이치를 모르는 무지이다. 아견은 아치의 번뇌가 일어난 후에 나타나는 망견으로 자아가 존재한다고 생각하는 그릇된 견해이다. 이는 나에 대한 집착심을 일으켜 자기중심적인 생각이 일어나게 한다. 아만은 집착한 자아를 믿고서 교만을 부리는 것이다. 아애는 마음속 깊이 집착한 자아에 대하여 애착하는 마음이다. 이 모두는 말나식이 만드는 오염된 마음이다.

아치·아견·아만·아애의 근본 번뇌를 수반하는 마음을 염오심(染汚心) 혹은 염오식(染汚識)이라 한다. 대상(法)이 의근에 포섭되어야 의식이 된다. 종자의 활성(法)이 의근에 포섭되면 의식이 된다. 그런데 범부들의 의식은 4가지 근본 번뇌인 염오식으로 오염되어 있다.

의식이 생성되는 과정에서 염오식은 언제 끼어들까? 염오식을 만드는 말나식은 제6식(의식)보다 더 깊은 심층에서 활동하면서 자아에 집착하는 제7식의 마음이다. 의근은 일반적인 의식을 생성한다. 발자국 소리를 의식으로 불러들이고, 그 주인공을 아는 것이 의근의 역할이다. 그런데 거기에 탐진치로 오염된 마음이 끼어들게 되면 '저 발자국 소리가 내가 싫어하는 누구이구나.' 하고 번뇌로 물든 오염된 마음이 일어나는 것이다.

유식학자들은 번뇌 종자를 포섭하여(끌어들여) 의식에 첨가하는 그런 마음인 말나식을 설정하고, 의근과는 다른 또 하나의 의근인 염오의(染污意, kliṣṭam manaḥ)라고 하였다. 따라서 법경(종자)을 포섭하는 의(意)에는 두 가지가 있으며, 염오의는 탐진치 마음오염을 포섭하여 의식에 첨가하는 4가지 번뇌와 항상 상응한다고 보았다.

어떤 마음이 일어난다는 것은 그 마음을 만드는 뇌가 있다는 것을 암시한다. 말나식을 만드는 뇌의 구조는 무엇일까? 말나식은 자기중심적인 생각이기에 자아의 뇌가 만드는 마음이다. 자아는 나의 역사가 차곡차곡 쌓여 만들어진 나의 서사시에서 나온다. 이야기하는 자아이다.

'나의 서사시'는 기본모드신경망에 있다. 세월은 스쳐 지나가지

> **● 기본모드신경망과 말나식**
>
> 기본모드신경망은 나의 이야기가 기록된 신경망이다. 삶과 함께 끼어든 번뇌도 여기에 똬리를 틀고 있다. 인식과정에 아치(我痴), 아견(我見), 아만(我慢), 아애(我愛)의 근본 4번뇌를 인식대상에 덧칠하는 주체, 즉 말나식은 기본모드신경망의 역할이다.
> 한편, 기본모드신경망은 나의 자아를 이루어 세상을 보는 창틀이 된다. 자아가 체화될 때, 즉 삶의 인식과정에서 덧칠해놓았던 근본 4번뇌를 지금의 인식과정에 끌어내어 의식에 첨가한다. 있는 그대로를 보지 못하게 하는 주체가 된다는 뜻이다.
> 이처럼 기본모드신경망은 나의 역사가 쌓여 자아를 만드는 중요한 역할을 하는 동시에, 번뇌가 자리 잡고 있는 신경망이기도 하다.

만 나의 경험과 생각은 고스란히 기본모드신경망에 축적되고, 그것은 나의 자아를 만든다. 자아는 본질적으로 자기중심적이다. 자아가 주체가 되어 사실을 자기중심적으로 해석하고, 나아가 왜곡한다. 기본모드신경망이 만드는 말나식의 마음이다.

삶의 경험과 행동, 마음이 훈습되어 아뢰야식의 종자가 되고, 종자는 말나식 → 의식 → 전오식을 통하여 현재의 마음에 펼쳐진다. 펼쳐진 현상세계의 마음은 다시 역순의 과정을 거쳐 아뢰야식에 종자로 저장된다. 훈습은 어떤 냄새가 배는 것을 뜻하는데, '냄새가 옷에 밴다', '꽃을 만진 손에는 꽃향기가, 마늘을 만진 손에는 마늘 냄새가 밴다' 등으로 비유할 수 있다. 경험이 흔적을 남긴다는 뜻이다. 경험은 마음을 일으키고 그 흔적은 뇌신경회로로 기억되어 흔적을 남긴다. 뇌에 그려지는 경험의 흔적, 즉 기억의 물질적 실체를 엔그램(engram)이라 한다. 그것은 곧 뇌신경회로이다. 우리의 모든 마음과 행동은 뇌의 작용이기에 그 작용은 반드시 기억으로 흔적을 남긴다. 그 흔적이 체화된 마음이고 그것을 유식학자들은 종자라고 하였다.

이러한 마음의 체화와 현행의 중심에 말나식이 관여하여 자아에 집요하게 집착하는 마음인 생멸심을 내게 된다. 그러므로 끊임없이 항상 활동하는 말나식의 작용이 단절되지 않는 한 자아에 대한 근원적인 집착심으로부터 해방은 불가능하며, 이는 우리의 마음을 괴롭게 만든다. '너다 나다' 하는 차별심을 여의어 일체의 모든 존재가 평등하다고 아는 지혜, 평등성지(平等性智)를 닦아야 한다. 이는 말나식을 순화시키는 수행이다.

43 유식 4분설, 3량, 3류경설

감각과 생각 등 삶의 경험은 뇌를 자극하고, 뇌는 그러한 자극들에 대한 신경회로를 만들어 흔적을 남긴다. 마음도 그렇게 뇌에 흔적을 남기며 체화된다. 마음이 물질로 축적되는 것이다. 유식학에서는 훈습된다고 했다. 흘러간 마음의 흔적이 뇌에 고스란히 쌓여 나의 이야기를 만들고, 그것은 곧 나의 이야기하는 자아(narrative ego)가 된다. 또한, 그 훈습된 흔적들은 마음의 씨앗이 된다.

경험하는 마음은 대상을 아는 인식이다. 인식대상은 뇌의 마음거울에 상을 맺고, 그 상을 뇌가 보아서 안다. 유식학자들은 마음거울에 맺힌 상을 상분, 상분을 보는 자를 견분이라 했다. 견분이 상분을 보아 그 상분이 무엇인지에 대한 앎이 일어난다. 그것이 마음이다.

이렇게 외부의 인식대상에 대한 상이 마음의 의식공간에 심상으로 떠오른다(현현, 顯現). 외부 세상이 그 무엇이든 내가 인식하는 것은 나의 마음공간에 현현하는 심상이 전부인 것이다. 만법유식(萬法唯識).

앞의 글에서 '보는 자' 견분은 훈습된 종자들이라고 하였다. 종자가 견분이 되어 상분을 볼 때 '있는 그대로' 보는 앎이 일어나면 오염되지 않은 불성이요, 청정심·진여심이다. 하지만 깨닫지 못한 범부들은 제7식 말나식이 아치·아견·아만·아애의 근본 번뇌로 견분을 오염시켜 대상을 '있는 그대로' 깨끗하게 비추어 보지 못한다. 견분의 종자들이 불성으로 드러나지 못하고 번뇌로 오염된 생멸심으로 드러나는 연유이다.

인식작용에서 상분과 견분의 두 가지 활동만으로도 충분할까? 견분이 상분을 잘못 보면 인식오류가 일어난다. 또한, 말나식이 개입하면 상분을 오염시켜 생멸심이 일어난다.

유식론자들은 자증분(自證分)을 설정한다. 견분이 상분을 착오 없이 잘 인식하는가를 감시하는 주관심이다. 어떤 논사들은 증자증분(證自證分)도 설정한다. 자증분이 견분의 활동을 잘 감시하는지를 감시하는 주관심이다. 이런 식으로 증자증분을 다시 감시하는 증증자증분(證證自證分), 증증증자증분(證證證自證分)을 설정할 수 있지만 이들은 모두 증자증분과 같은 역할이므로 모두 증자증분으로 묶었다. 이처럼 인식과정에는 상분, 견분, 자증분, 증자증분이 있다고 유식학자들은 설한다. 유식 4분설(唯識 四分說)이다.

유식 4분설은 인식과정의 계층구조(階層構造, hierarchy)를 나타낸다. 뇌는 신경세포들이 적어도 11차원으로 서로 연결된 계층신경망으로 구성되어 있다. 상분도 이러한 11차원의 뇌 공간에 펼쳐진 어떤 뇌신경망의 활성이다. 지금 활성화되고 있는 그 뇌신경망(相分)이 무엇인지 알기 위하여 11차원의 공간 속에 흩어져 저장된 '기억 신경회로망(種子)'들이 동원되어 상분과 비교하는 과정이 견분(種子)이 상분을 보는 과정이다. 그 대조가 제대로 이루어지는지를 감시하는 신경망이 자증분이요, 이를 다시 감시하는 신경망이 증자증분이다.

11차원으로 서로 연결되어 있기에 4분은 인식과정에서 동시에 작용할 수 있다. 견분이 상분을 보는 과정을 실시간으로 자증분이 검증하고, 자증분의 활동을 증자증분이 실시간으로 검증한다는 뜻이다. 견분이 상분을 보고 난 후에 자증분이 그 결과를 검증하는 것이 아니라, 견분이 상분을 보는 그 순간순간에 자증분과 증자증분이 동시에 그 현장에 함께하는 것이다. 11차원으로 서로 연결되어 있기에 가능하다.

불교 인식논리학에서는 마음공간에 3가지 인식대상(성경性境, 대질경帶質境, 독영경獨影境)이 떠오를 수 있고, 그것들을 아는 양식에도 3가지(현량現量, 비량比量, 비량非量)가 있다고 본다. 각각 유식학의 3류경설과 3량이다.

현량(現量)은 현재 눈앞에 있는 어떤 대상을 틀림이 없이 인식하는 것이다. 토끼를 보고 토끼라 알고, 거북을 보고 거북이라 알고, 연기를 보고 연기라고 아는 것이다. 마음공간에 떠오르는 이러한 올바른 인식대상을 성경(性境)이라 한다.

비량(比量)은 비교하고 추론해서 아는 것이다. 산 너머에서 시커먼 큰 연기가 솟아오르면 그곳에 산불이나 큰 화재가 있다고 안다. 이는 연기와 연관된 사실을 추측하여 아는 것이다. 뇌의 연관신경망에 기인한다.

비량(非量)은 잘못 아는 것이다. 산길을 가다가 꼬인 새끼줄을 보고 살모사가 똬리를 틀고 있는 것으로 착각하지 않는가. 이처럼 비량은 '생각을 거친 간접적인 앎'이기에 틀릴 수 있다. 이때 마음공간에 잘못 떠오른 인식대상을 대질경(帶質境)이라 한다. 인식과정의 4분이 오류를 범한 것이다.

대질경은 정상인의 마음공간에 흔히 떠오르는, 뇌 능력의 한계에서 오는 인지 오류이다. 하지만 토끼에 사슴뿔을 덧대어 '뿔이 난 토끼'를 마음공간에 그리기도 하고, '털이 난 거북'을 그리기도 한다. '토끼 기억신경망'과 '사슴뿔' 신경망을 합하여 생성된 가상의 앎이다. 이러한 그릇된 앎을 비량(非量)이라 하고, 이때 마음공간에 떠오르는 인식대상을 독영경(獨影境)이라 한다. 이는 실재하지 않는 대상을 그려낸 허구적 이미지, 환각(幻覺)이요 환영(幻影)이다. 심하면 '내 음식에 누가 독약을 넣었을 거야.'라고 음식과 독약까지도 연결한다. 손상된 마음, 정신병이다.

● 유식 4분설과 3류경설

유식학에서는 인식과정에 4분위가 있다고 설한다. 마음거울에 맺힌 상에 의근이 마중을 나가면(안문전향) 안식이 된다. 안식을 유식에서는 '보이는 자, 상분'이라 한다. 상분을 '보는 자'가 있다. 견분이라 하였다. 이는 기억창고에 저장된 종자들(아뢰야식, 종자식)이다. 견분이 상분을 보면 그것이 무엇인지 앎이 생긴다. 상(想)이다. 그 전에 느낌(受)이 먼저 생긴다. 느낌과 앎이 생기면 그것에 대한 분별하는 마음이 일어난다. 식별하는 마음, 식이다. 이러는 인식과정 중에 말나식이 관여한다.
견분이 상분을 제대로 보기도 하지만(성경, 토끼를 토끼로 봄), 말나식이 관여하여 왜곡되게 보게 하여 독영경(뿔이 달린 토끼를 만듦)을 만들기도 하며, 잘못된 상상을 하기도 한다(대질경, 꼬인 새끼줄을 똬리 튼 뱀으로 생각함).
인식과정의 4분은 동시에 작동한다. 차례대로 작동하는 것이 아니라 견분이 상분을 볼 때 자증분, 증자증분이 함께한다는 뜻이다. 인식과정 중에 검증도 동시에 한다는 것으로, 마치 달리는 차에서 바로 차를 수리하는 것과 같다. 뇌의 신경망이 11차원의 공간으로 서로 연결되어 있기에 가능하다.

    뇌는 시뮬레이션 장치이다. 습득하여 체화시킨 종자를 가만히 두지 않고 이리저리 바꾸어본다. 약속한 시간이나 장소를 처음에는 정확히 기억하지만 시간이 흐르면서 뇌의 시뮬레이션 작용으로 기억정보가 이리저리 변형된다. 종자 하나하나를 변형시키기도 하지만 종자에 엉뚱한 종자를 덧씌우기도 한다. 엉뚱한 종자끼리 연결시키는 것이다. 그렇게 나타나는 현상이 비량이다. 토끼에 뿔을 덧대고, 거북에 털을 나게 하는 것이다.

    하지만 시뮬레이션이 꼭 나쁜 것만은 아니다. 시뮬레이션은 창조의 기반이 된다. 기발한 아이디어는 엉뚱한 생각에서 출발하는 경우가 많지 않은가? 그것은 기존의 사고를 파괴하는 과정에서 일어난다. 특히 꿈에서는 시뮬레이션 기능이 활개를 친다. 많은 경우 꿈에는 논리가 없는 이유이다. 뇌에 체화된 이런저런 종자들을 아무렇게나 연결시키는 것이 꿈이다. 그런 과정은 때로 기발한 아이디어를 창조한다.

연관신경망에 의하여 서로 관련 있는 정보들끼리는 가까이 연결되어 있다. 그런데 서로 관계 없는, 뇌에서 물리적으로 멀리 떨어져 있는 '엉뚱한' 종자들이 어떻게 서로 연결될까? 신경망들을 서로 연결시키는 신경망이 있고, 그 신경망들을 다시 서로 연결시키는 신경망들이 있다. 그 최정점에 일반지능신경망(general intelligence network, g-network)이 있다.

44 불교 수행과 건강
– 존재양식의 삶에 따른 맑은 행복

우리는 다양한 정보와 기술의 융합을 특징으로 하는 소위 제4차 산업혁명 사회를 살고 있다. 이런 사회의 가장 큰 특징 가운데 하나는 '언택트(untact, 비접촉)'이다. 통신기술의 발달로 직접 만날 필요 없이 원거리에서 일을 해결하게 된 것이다. 물건을 사러 시장에 가지 않아도 인터넷으로 해외의 물건을 구입하고, 화상으로 회의를 진행한다. 머지않아 병원을 방문하지 않아도 진료를 받을 수 있는 날이 도래할 것이다.

'코로나19 팬데믹'이라는 환경적 요인으로 인해 더욱 빠른 속도로 도입되었고 어느덧 익숙해지고 있는 '언택트'는 분명 이전보다 편리한 사회를 만들기는 하였다. 하지만 이러한 사회는 개개인을 고립시키고, 고립은 반드시 외로움을 수반한다. 현대인이라면 외로움이라는 정신적 고통을 이겨내는 '도구' 하나 정도는 필수적으로 갖춰야 하는 시대가 되었다.

외로움을 수반하는 언택트 사회에서 관심을 끄는 것이 바로 불교 수행이다. 불교 수행은 스트레스를 이겨내는 마음근육, 마음 탄력성, 마음 에너지를 키우는 마음 운동이기 때문이다.

'수행'이라는 말을 들으면 가부좌를 틀고 앉아 눈을 감은 모습을 떠올린다. '에이, 그럴 시간이 어디 있어, 바쁘다 바빠.' 우리는 통상 이러한 '추구 양식(Doing Mode)'의 삶을 산다. 쉽게 표현하면 '헐레벌떡 양식'의 삶이다. 하지만 하루 중, 단 몇 분이라도 '나'를 돌아보는 시간을 갖는 '존재 양식(Being Mode)'의 삶을 살 필요가 있다. 이는 '나'를 돌아보고 성찰함으로써 어떠한 어려운 상황에서도 평정심을 유지하고, 지금·여기에서 명료하게 깨어 있는 '현존(現存)'을 유지함으로써 자신에 대한 쓸데없는 걱정으로부터 해방되고, 나아가 모든 사람·존재에 대해 자비로운 관심을 갖는 삶이다.

'존재 양식'의 삶은 고결한 행복(eudaimonic wellness)을 추구하는 삶이다. 이는 탐욕을 벗어남에서 오는 출리락(出離樂), 욕망에서 멀리 떠남에서 오는 원리락(遠離樂), 평화로운 마음 상태인 적정락(寂靜樂), 올바른 깨달음에서 오는 정각락(正覺樂)이다.

붓다는 "이러한 종류의 즐거움은 추구되어야 하고, 수행되어야 하고, 증가되어야 하며, 두려움의 대상이 되어서는 안 된다."라고 하셨다.[76] '맑은 행복감'을 추구하라는 것이다. 반면에 추구 양식의 삶은 쾌락적 행복(hedonic wellness)을 추구하는 삶이다. 감각적 쾌락에 의존하는 애욕락(愛欲樂), 부정락(不淨樂), 범부락(凡夫樂), 세속락(世俗樂)이다. 이는 '탁한 행복감'이다. 붓다는 이러한 종류의 즐거움은 멀리하라고 하였다.[77, 78]

자연환경, 음식, 생활습관, 정신활동 등 삶의 모든 요소가 건강에 영향을 미친다. 삶의 모든 요소가 유전자 표현에 영향을 준다. 태어난 후 삶의 과정에서 유전자 표현에 변화가 일어나기에 후성유전(後成遺傳)이라 한다. 나의 유전자는 '내가 지난여름에 무엇을 하였는지 기억하고 있다.'는 것이다.

후성유전적 변이도 3대까지 유전되는 것으로 알려졌다. 외로움, 심한 가난, 사랑하는 사람을 여읨, 만성스트레스와 같은 악조건의 삶에서 일관되게 표현되는 유전자들이 있다. 이 유전자들은 염증반응을 촉진하여 건강을 해치고, 바이러스에 대항하는 유전자들의 표현을 줄이고, 항체 생성을 줄여서 면역력을 낮춘다. 심한 역경은 건강을 해친다는 뜻이다.

---

76 『맛지마 니까야』, 「무쟁분별 경(無諍分別經, Araṇavibhaṅga-sutta, MN139)」
77 ibid
78 『8정도 수행체계』, 붓다빠라 저, 17-18쪽, 2023, SATI

흥미롭게도 최근에 따르면 고결한 삶은 염증을 촉진하는 유전자의 표현을 줄이고, 바이러스에 대항하는 유전자 및 항체를 생산하는 유전자들의 표현을 증가시켰다. 반면, 쾌락적 삶은 그와는 반대로 나타났다. 일시적인 즐거움을 위한 쾌락이 오히려 심한 역경과 같은 유전자 표현을 불러온다는 뜻이며, 이러한 '탁한 행복'은 건강을 해칠 수 있다는 뜻이기도 하다. 붓다가 이것을 아셨던 것인지 감각적 쾌락에 의존하는 애욕락, 세속락은 멀리하라고 하였다.

우리는 '코로나19 팬데믹'을 거치면서 마음 건강이 얼마나 취약한지 경험했다. 서로 만나지 못하고 물리적, 정신적으로 떨어져 지내며 각자 외톨이가 되었었다. 코로나19 팬데믹은 끝났지만 상처받은 마음은 계속되고 있다. 세월이 지남에 따라 코로나19에 대한 두려움과 불안은 서서히 감소했지만, 우울과 자살욕구 같은 정신적 취약은 꾸준히 증가하고 있는 것으로 나타나고 있다. 코로나19 팬데믹에 이은 '코로나 블루(corona blue) 팬데믹'이다.

'코로나 블루 팬데믹'과 '언택트' 사회를 살아가는 우리에게 불교 수행은 훌륭한 처방전이다. 불교 수행은 외로움, 불안감 같은 정신적 스트레스를 이겨내는 마음근육을 키우기 때문이다.

다양한 수행 방법이 있지만 핵심은 싸띠, 즉 알아차림이다. 빠알리어 sati는 염(念)으로 한역된다. 즉, 지금(今)의 마음(心)을 알아차리는 것이다.

싸띠는 드론과 같다. 드론을 띄워놓고 나의 마음과 행동을 관찰하여 실시간으로 나에게 알려주는 것이 싸띠의 기능이다. 수행을 위하여 꼭 가부좌를 틀고 앉아 눈을 감을 필요는 없다. 앉아서(좌념), 걸으면서(행념), 그리고 생활 전반의 행위(생활념)에서 알아차림 수행을 할 수 있다. 행주좌와 어묵동정(行住坐臥 語默動靜) 언제든지 알아차림만 하면 훌륭한 수행이다.

싸띠 수행은 싸띠(알아차림)를 계속 반복하는 것이다. 가장 대표적인 '들숨날숨 호흡 수행'은 들숨과 날숨을 반복해서 알아차림 하지 않는가. 길게 들이쉬면 길게 들이쉰다고 알고, 짧게 들이쉬면 짧게 들이쉰다고 알아차림 한다.[79]

근육 운동이 근육을 발달시키고, 에어로빅이 심폐기능을 발달시키듯, 싸띠 수행은 싸띠(알아차림) 기능을 발달시킨다. 뇌과학으로 보면 싸띠는 인지기능에 속하기에 싸띠 수행은 인지조절신경망의 기능을 강화시킨다. 인지조절신경망이 강해져서 알아차림이 잘되면 마음을 잘 조절할 수 있다. 예로써, 화가 일어남을 알아차림 하면 화를 멈출 수 있다. 분노가 폭발하는 것은 치밀어 오르는 화를 알아차리지 못하기 때문이다. 화가 올라오는 것을 아는 순간 화는 멈춘다. 우울과 불안도 마찬가지다. 나의 마음이 우울함을 알면 '어, 내가 왜 우울해하지?' 하고 빠져나온다. 그렇지 못하면 우울의 넝쿨에 사로잡히고 만다.

---

79 『맛지마 니까야』, 「들숨날숨에 대한 알아차림 경(Ānāpānasati Sutta, M118)」

알아차리는 힘이 약하면 마음이 대상에 끌려다닌다. 인식대상이 만드는 표상에 휘둘리게 된다는 뜻이다. 누구나 살면서 괴로움을 주는 화살을 맞지 않을 수 없다. 하지만 붓다는 이어지는 두 번째, 세 번째 화살을 맞지 말라고 하였다.[80]

마음이 한 존재에 머무르면 그 존재에 휘둘리게 된다. 그 존재와 연관된 정보들이 연관신경망으로 서로 연결되어 있기에 하나의 신경망이 활성화되면 이어지는 정보들에 대한 신경망들이 활성화되기 마련이다. 그렇게 하나의 대상에 마음이 머무르게 되면 필시 두 번째, 세 번째 화살을 맞는다. 그러기에 머무름 없이 마음을 내어야 한다. 혜능 스님을 깨닫게 하였다는 '응무소주 이생기심(應無所住 而生其心)'이다.

지금의 마음을 알아차림 하면 마음이 한곳에 머무르지 않는다. 수행으로 싸띠힘을 키워야 하는 이유이다. 물론 궁극적 목표는 '깨달음'이다.

---

80 『상윳따 니까야』, 「화살 경(Salla-sutta, S36:6)」

— 에필로그 —

2021년 늦겨울 어느 날 낯선 전화가 왔다. '붓다와 뇌과학'이라는 제목으로 연재를 해줄 수 있느냐고 했다. 〈법보신문〉의 연재 담당 기자였다. 기자는 내가 2020년에 출판한 『오온과 전오식』, 『의근과 의식』이라는 '붓다 마음의 뇌과학 시리즈 1, 2'를 염두에 두고 있었다. 출간한 책 내용을 바탕으로 쓰면 된다고 했다.

    전화를 끊고 나니 제일 먼저 '꽝철이'가 떠올랐다. '꽝철이'는 여름밤 하늘 높이 불빛을 번쩍번쩍하며 나는 '새'다. 어린 시절 우리 형제자매들은 여름밤이면 깊은 산골 마을 마당에 '들청'[81]을 깔고 홑이불만 덮고 잤다. 가끔 흐린 날이면 높은 밤하늘에 붉은빛을 깜박깜박하며 날아가는 '새'가 나타나곤 했다. '꽝철이'였다. 콧구멍이 하늘

---

81   '들청'은 나무로 만든 일종의 간이 바닥이다. 송판을 이어 넓게 만들고 받침대를 대어 바닥에서 10-15cm 떨어지게 만들었다. 보통 2개의 들청을 깔면 4-6명의 아이들이 거뜬히 누울 수 있었다.

을 향해 나 있어 비가 오면 코로 빗물이 들어가기 때문에 비를 피하기 위하여 다른 곳으로 날아간다고 어머님이 일러주셨다. 커서야 알게 되었는데 그 '새'는 대구나 팔공산 공군기지로 가는 전투기였다.

이렇듯 나에게(아마도 세상에서 오직 나에게만 있는) '꽝철이'는 '못난이'의 대명사이다. 흔히 '알기는 아는데 제대로 알지 못하는 사람'을 나는 '꽝철이'라 한다. 물론 그때마다 단어 설명을 해야 한다.

연재를 승낙하고 곧장 내가 '꽝철이'가 되는 게 아닌가 하는 생각이 들었다. 불교를 뇌과학과 연결시키라니! 그것도 전문가가 아닌 일반인이 이해할 수 있도록!

일반인에게 설명한다는 것은 쉬운 말로 쉬운 예를 들면서 설명해야 함을 의미한다. 뇌를, 불교를, 그것도 서로 연결시켜 쉽게 설명할 수 있을까…. 풀어서 설명하면 얼추 내용을 전달할 수 있겠지만 매의 눈으로 지켜보는 전문가들의 눈길이 따갑다. 그렇다고 전문가들의 수준에 맞추면 독자들이 외면한다. 어느 지점에 중심을 두어야 할까, 참으로 어려운 줄다리기를 시작하였다. 나도 이제 '꽝철이 뇌과학자'가 되는 것 아닐까.

출간한 책 두 권(『오온과 전오식』, 『의근과 의식』)도 불교 전공 교수님들과 싸띠스쿨[82] 법우들의 윤문을 거쳐 쉽게 풀어 쓴다고 했는데도 어렵다는 이야기를 많이 들었다. 책은 사찰의 불교대학에서 불교를

---

82 김해시 대동면에 있는 SATI School. http://www.sati.com.

공부하는 도반들을 주 독자로 생각하고 썼다. '그들은 불교의 기본 가르침을 공부할 것이니, 그 내용을 뇌에 연결하여 설명하면 얼마나 흥미로워할까?' 하는 생각이었다. 그런데 그들마저 어렵다고 한다. 그러면 신문 연재는 얼마나 더 쉽게 풀어야 할까? 가능하기나 할까?

윤문에 동참해준 어떤 법우는 "신문 연재는 중학교 2학년 학생이 이해할 수 있어야 한다."라고 말했다. 맞는 말이다. 나도 늘 하는 말이 있다. "알면 쉽게 설명한다." 소위 저잣거리의 지나가는 이들도 이해할 수 있게 설명할 수 있어야 제대로 아는 거라고.

쉽게 설명할 수는 있다. 하지만 어려운 뇌과학 전문용어를 쓰지 않고 설명할 수 있을까? 특수용어까지 풀어 설명하면 너저분해진다. 그러면 분명 지겨워진다. 그렇다고 쉬운 예를 들어 일상의 말로만 설명하면 자칫 '꽝철이'가 된다. '뇌과학'에 치우치면 일반독자들이 외면하고, '꽝철이'가 되면 뇌과학자들의 눈총이 따갑다.

그런데도 왜 나는 선뜻 제안을 받아들였을까? 어디에서 그런 용기가 나왔을까? 남들이 가지 않은 길을 가는 용기 때문이리라.

나는 새로운 도전을 즐겼다. 늘 새로운 삶의 연속이었다. 유전공학을 한국에 심는 데 뛰어들었고, 세포 내 신호전달을 분자 수준에서 밝히는 선두에 섰었다. 그런데 박사학위를 받고 주위를 살펴보니 너무 많은 연구자들이 앞서거니 뒤서거니 함께 달리고 있었다.

> 훗날에 훗날에 나는 어디선가
> 한숨을 쉬며 이야기할 것입니다.
> 숲속에 두 갈래 길이 있었다고,
> 나는 사람이 적게 간 길을 택하였다고,
> 그리고 그것 때문에 모든 것이 달라졌다고
> – 로버트 프로스트, 〈가지 않은 길〉 중에서

뇌에서 기억이 어떻게 저장되는지를 연구하기 위하여 미국 캘리포니아공과대학(California Institute of Technology, CalTech)으로 갔다. 관악산 기슭 서울대학원의 연구실에서 함께 공부했던 1년 선배가 한국인으로는 처음 이 대학교 생물학부에 가 있었다.

이곳에서 접하게 된 '뇌'는 신비함 그 자체였다. 뇌신경세포는 별 모양으로 가지가 나 있고, 서로 전기신호를 주고받을 뿐인데 이 속에 '마음'이 있다니. 또한 이 속에 감각, 판단, 추리, 결정, 기억, 창조, 언어 등등이 있다니. 다른 세포들과 마찬가지로 신경세포도 단백질, 지질, 탄수화물, 메탈, 이온 등 물질로 이루어져 있다. 물질이 어울려 이 모든 마음을 만들다니! 왜 뇌신경세포들만 마음을 만들까?

동국대학교 의과대학 교수로 부임하면서 한국에 뇌과학을 심는 데 일조하였다. 쥐의 해마신경세포를 실험실에서 키웠고, 이를 기억연구와 연결시켰다. 기억연구는 치매, 파킨슨과 같은 퇴행성 뇌질환 연구로 이어졌다.

그렇게 15년 정도가 지난 어느 날 불교가 성큼 다가왔다. 조계종

종립대학교인 동국대학교에서 그게 뭔 대수일까? 하지만 내겐 큰 사건이었다. 불교가 뇌를 안고 다가왔기 때문이다. 지금으로부터 15년쯤 전이었다.

불교의 가르침을 뇌과학으로 잘 설명할 수 있을까? 먼발치에서만 바라보던 불교를 코앞으로 다잡아 들여다보기 시작하였다. 오온, 육근, 육경, 육식이 모두 생명과학이요 뇌과학이지 않은가? 그런데 왜 여태 불교를 뇌과학으로 설명한 선례가 없을까? 뇌과학으로 설명하지 않아도 불법은 면면히 장엄되고 있지 않은가? 그러면 굳이 불교를 뇌과학으로 설명하지 않아도 되는 것일까?

불교는 분명 마음을 다루는 마음공부이다. 마음은 뇌과학의 영역인데 왜 뇌과학적 설명이 필요 없었을까? 그렇지 않을 것이다. 불교의 마음을 뇌과학으로 설명하면 그 의미가 더 선명해진다. 붓다는 마음이 어떻게 생성되는지, 마음공간에서 일어나는 마음생성 메커니즘을 훤히 꿰뚫고 있었다. 그렇기에 마음오염원을 제거할 수 있는 방안까지 창안하여 번뇌를 떨치고 깨달은 자 '부처'가 되지 않았는가?

또다시 〈가지 않은 길〉이 떠오른다. 아무도 가지 않은 이 길을 왜 내가 가야 하는가? 가자. 누군가는 길을 열어주어야 한다. 비록 '꽝철이'가 되더라도 아무도 가지 않은 길을 가보자. 자기 모습이 타인에게 어떻게 비칠지 두려워할 필요는 없다. '마중물' 역할을 하면 된다.

더 훌륭한 후학이 내가 간 길을 고치고 다듬으면 된다.

낯선 산길을 가다 보면 나뭇가지에 매달려 있는 등산 리본이 길을 안내한다. 얼마나 고마운 도움인가? 하지만 처음 가는 이 길에는 '안내 리본'이 없다. 온전히 나의 지식에 의존해야 한다. 의학분야에는 '아는 것만큼 보인다.'는 명언이 있다. 두 가지를 알아야 한다. 우선 붓다의 가르침을 알아야 하고, 그다음 그것을 설명할 뇌과학을 알아야 한다. 붓다의 가르침은 일차적으로 기존에 나온 서적과 인터넷 자료들을 참고로 했다. 뇌과학으로 설명 가능할 것 같은 불교 교학 관련 책들은 모조리 읽었다. 초기불교에서부터 유식불교까지 많은 책들이 큰 도움이 되었다.

이해한 교학을 뇌과학에 연결하는 것 또한 선례가 없다. 온전히 나의 지식에 달렸다. 그것은 직감이었다. 지인들이 어떻게 그런 자료들을 찾아내었느냐고 묻는다. 나도 잘 모른다. 내가 가진 뇌과학, 보다 넓히면 생명과학 지식창고에서 그런 자료들이 저절로 떠올랐다. 그것이 직감이리라. 그렇게 모든 문제가 풀리면 얼마나 좋으랴.

사실 대부분은 키워드를 사용하여 인터넷으로 관련 자료를 찾았다. 구글은 관련된 모든 자료, 논문은 물론 홈페이지에 올라와 있는 내용, 심지어 토론방 대화 내용까지 인터넷에 있는 것이면 죄다 찾아주었다. 물론 선택하는 것은 온전히 나의 지식에 달렸다.

이렇게 공부하고, 뇌과학에 잇고, 불교학자들에게 내용을 점검받는 데 오랜 세월이 걸렸다. 진도가 늦어진 가장 큰 이유는 역시 기존 자료가 명쾌하게 이해되지 않았기 때문이다. 이 부분은 김해 '싸띠스쿨(SATI School)'의 붓다빠라 대장로(Buddhapala Banteji)를 만나며 대부분 해결되었다. 스님은 붓다의 마음을 이해하고 설명하시는 불교 뇌과학자이시다. 스님과의 만남은 불교와 뇌과학이 만나서 궤를 같이하는 순간이었다. 내가 독자적으로 불교 공부를 시작한 지 10년 만이었고, 이때부터 본격적인 불교 공부가 시작되었다 해도 과언이 아니다. 눈 밝은 스승을 만난 것이다.

붓다빠라 스님은 불교 이론은 물론 불교의 사회적 책임, 생활미학까지 불교의 역할을 광범위하게 설명하신다. 자연과학도인 나를 사회과학적, 인문과학적으로 눈뜨게 해준 분이기도 하다. 스님은 붓다의 마음공간을 뇌과학으로 이해하시는 분이다. 참으로 독특하지 않은가? 그 독특함은 또 하나의 독특함과 만나게 되었다. 불교를 뇌과학으로 설명하고자 하는 뇌과학자인 나 동헌(東軒)과.

나를 스님과 연결시켜준 나의 만학도 제자이며 저만치 앞서가는 법우 붓다마노(Buddhamano)는 이렇게 말한다. "내가 가장 잘한 일은 스님과 동헌 법우를 연결시켜준 것이다."라고. 그렇다. 붓다마노 법우는 동국대학교 경주캠퍼스(지금은 WISE캠퍼스) 파라밋타칼리지의 핵심 교양강좌 '마음과 뇌'를 수강하고 있었다. 나와 불교학 전공 이철헌 교수님이 2013년에 공동으로 개설한 융합강좌였다. 오영석 교수님이 소장으로 계시던 '갈등치유연구소'에서 '갈등아카데미'에 같이 참여한 것이 계기가 되었다. 그 당시 우리는 경주시 양남면에 설립 예정인 '중·저준위방사성폐기물 처분시설'과 관련하여 야기된

주민갈등을 불교와 뇌과학 이론으로 완화시켜보고자 하였다. '마음과 뇌' 강좌는 올해로 12년째를 맞는다. 그간 어렵다 어렵다 하던 학생들의 강의평이 작년에는 '우수강의상'을 받았을 만큼 좋아졌다. 다듬고 다듬어 쉽게 전달할 수 있었다는 뜻이리라.

2022년에는 참으로 특별한 불교 공부를 할 기회가 찾아왔다. 아비담마(阿毘達磨, Abhidhamma)와 『청정도론(清淨道論, Visuddhimagga)』을 가르쳐주겠다는 스님이 나타난 것이다. 경을 모은 경장(經藏), 율을 모은 율장(律藏), 논을 모은 논장(論藏)을 합해서 삼장(三藏)이라 하는데, 아비담마는 논장이다. 『청정도론』은 기원 5세기, 지금부터 1,500여 년 전에 인도 출신의 붓다고사(Buddhaghosa) 스님이 스리랑카로 건너와서 지은 일종의 논장 주해서이다.

나는 2021년과 2022년 대한불교조계종 삼보문화회 부산불교교육대학(학장 평천범혜 스님)에서 개설한 '뇌과학적 사실로 이해하는 붓다의 깨달음과 마음의 구조'라는 '승려연수 인증교육'을 맡았다. 당시는 코로나19가 만연하던 시기라 온라인으로 하루 3시간씩 5일간 강의하였다.

2년 연속 내 강좌를 수강하신 서울의 한 스님으로부터 전갈이 왔다. 아비담마를 공부하면 불교 지식이 한층 더 깊어질 것이라는 조언이었다. 스님은 몸소 아비담마를 공부하고 오신 분이다. 이런 행운이 어디 있으랴!

공부는 새벽 5시에 시작해서 7시 반에 끝났다. 음력 설을 포함해

사흘만 쉬고 하루도 빠짐없이 1년을 내달려, 합하면 1,000쪽에 달하는 『아비담마 길라잡이 1, 2』(대림 스님·각묵 스님 옮김)를 끝냈다. 가장 어려운 부분인 「24가지 조건(paccaya)」를 통과하는 데는 꼬박 2개월이 걸렸다. 많은 도반들이 여기에서 포기한다고 하셨다.

스님의 열정은 대단하셨다. 150분 동안 지칠 줄 모르셔서 매번 마치는 시간이 아쉬웠다. 중간에 함께 배우고자 한 스님 두 분도 동참하셨다. 유익한 도반은 항상 큰 도움이 되었다. 『아비담마 길라잡이』가 끝나자 곧바로 『청정도론』 공부가 시작되었다. 『아비담마 길라잡이』를 독파하였으니 『청정도론』은 상대적으로 쉽게 지나갔다.

스리랑카, 미얀마, 태국을 중심으로 하는 상좌부 불교(남방불교)는 아비담마(論藏)를 잘 보존하고 지킨다. 논장은 붓다의 원음이 아니라 붓다의 가르침을 분석한 이론서로, 부파불교시대(불멸 후 대략 100년경부터 대승불교 출현까지)에 결집되었다. 『아비담마 길라잡이』에서 소개하는 '마음', '마음부수', '인식과정', '인식과정을 벗어난 마음 부분들'은 뇌과학 혹은 심리학 그 자체이다. 뇌 속에서 펼쳐지는 한 편의 마음 드라마를 보는 것 같은 환상에 빠진다. 물론 실험으로 증명된 사실은 아니다. 당시 수행승들의 체험치이다. 어떻게 마음의 생멸을 이러한 미묘한 경지에서 체험할 수 있었을까? 놀라울 따름이다. 불교가 뇌과학자인 내 마음을 사로잡는 이유가 여기에 있다.

2022년 1월부터 연재는 시작되었다. 주제의 흐름에 연속성이 있어야 하고, 독자들에게는 기다림이 있어야 한다. 큰 틀을 짜고 세분하여 주제를 정리해보았다. 2년간은 기고할 수 있을 것 같았다. 격주 간격이지만 제출하고 돌아서면 다음 마감일이 기다리고 있었다. 주제를 정하고 뇌과학에 연결하여 쉽고 재미있게 쓰고자 많이 노력하였다. 제출하기 전에 교학적 내용은 싸띠스쿨과 아비담마를 가르쳐 주신 스님들께, 문장의 흐름은 도반들에게 점검받았다. 많은 분들께 크게 빚졌다. 다행히 재미있고 유익하다는 독자들의 댓글은 큰 용기가 되었고 보람으로 다가왔다.

연재가 진행되던 지난 2023년에는 분에 넘치는 복을 누렸다. 그해 9월 '2023년 대한불교조계종의 인문사회문화과정 연수교육'에서 '붓다와 뇌과학'이라는 주제로 2박 3일간(12시간) 강의하였다. 스님들이 불교와 현대사회 각 분야의 전문적이고 실용적인 최신 동향과 연구 성과들을 공유·경험하는 기회를 통해 사회변화를 체감하고, 궁극적으로 전문 지도력 향상을 꾀하자는 취지로 열리는 연수교육이었다. 불교의 가르침을 뇌과학으로 설명하는 내용이었는데, 어려운 뇌과학 강의를 잠시도 졸지 않고 경청하시던 100여 분 스님들의 모습은 참으로 인상적이었다. 10월에는 불교 관련 나의 세 번째 책 『붓다의 깨달음과 뇌과학, 마음을 만드는 뇌의 구조』(운주사)가 '대원불교 학술총서-11'로 출간되었다. 2021년 (재)대한불교진흥원 제3기 대원불교 학술·콘텐츠 공모 수상작이 결실을 맺은 것이다.

이제 바야흐로 네 번째 책이 출간된다. 졸고를 기꺼이 출판해주신 조계종출판사 임직원분들께 깊이 감사드린다. 〈법보신문〉에 기고할 당시 도움을 주신 분들께도 감사드린다. 초기경전으로부터 마음공간의 구조와 작동원리를 통찰하시고, 저에게 초기불교와 불교의 전반적 교학을 가르쳐주시는 붓다빠라 스님과 글의 교학적 내용을 점검해주신 위슈디까 스님께 삼배 올립니다. 지난 2년간 연재를 허락한 〈법보신문〉, 어려운 뇌과학 내용을 잘 소화하여 핵심 주제를 뽑아내고 우아한 문장으로 다듬어준 권오영 기자님, 쉬운 문장으로 윤문해준 여명(김맑음), 여의주(배영진), 영공운(김현미), 만파(정연곤) 도반들께도 감사의 인사를 올린다.

아무쪼록 이 책이 불교의 과학화에 일조하고, 독자들의 수행정진에 조금이라도 도움이 된다면 크게 기쁠 것이다.

성불하세요.

東軒 문일수

찾아보기

17심찰나 | 137, 138, 149, 150, 152, 155, 158, 162, 166, 167, 168, 171, 177, 178, 182, 194, 197
17찰나설 | 134, 142, 144, 150, 166, 187
1차 몸감각피질 | 189
MBSR(mindfulness-based stress reduction) | 47, 70
mPFC(medial PFC, 안쪽전전두엽) | 51, 68, 70, 71
PCC(posterior cingulate cortex, 뒤쪽대상피질) | 51, 70, 71
ACC(anterior cingulate cortex, 앞쪽대상피질) | 71
VEN(von economo neuron) | 115, 164
감각지형도(感覺地形圖) | 183, 184, 188, 190
감성(Pasada) | 95, 96, 97, 98, 110, 125, 128, 129, 130, 155, 158, 172, 173, 174, 175, 179, 180
개체화된 자아(embodied ego) | 56, 60
격자세포(grid cell) | 104
견분(見分) | 245, 246, 247, 251, 256, 261, 262, 263, 265
결정하는 마음 | 142, 175, 177, 232
계층구조(階層構造, hierarchy) | 30, 75, 119, 120, 121, 127, 131, 225, 227, 263
고결한 웰빙(eudaimonic well-being) | 63, 64, 65
고결한 행복(eudaimonic wellness) | 268
광수용 세포 | 169, 170, 174
귀의 알음알이(耳識) | 95, 107, 123, 136, 179, 183, 185, 188
기본모드신경망(default mode network, DMN) | 16, 22, 23, 25, 31, 41, 46, 49, 51, 56, 58, 71, 202, 258, 259
뇌가소성(brain plasticity) | 34
뇌의 마음거울 | 103, 261
눈의 알음알이(眼識) | 32, 89, 95, 98, 99, 107, 110, 123, 130, 133, 136, 155, 157, 160, 161, 169, 172, 173, 174, 176, 177, 183, 185, 188, 205, 212, 225, 226, 245

단순세포 | 104, 170
단일론 | 84
달팽이관 | 110, 129, 130, 179, 180, 181, 182, 189
대념처경 | 200
돌출탐지신경망 | 56
둘레계통 | 43, 44, 45, 46, 47, 49, 76, 207
변연계통 | 43
르네 데카르트(René Descartes) | 84
마노의 요소(意界, mano-dhātu) | 155, 163
마르셀 뒤샹(Marcel Duchamp) | 239
마음부수(心所) | 95, 96, 98, 186, 191, 192, 193, 194, 195, 196, 197, 281
말나식(末那識, manas-vijñāna) | 18, 243, 249, 250, 251, 255, 256, 257, 258, 259, 260, 262, 265
『맛지마 니까야』, 「교리문답의 긴 경(Mahā-vedalla Sutta, M43)」 | 94, 108, 156, 187
『맛지마 니까야』, 「길들임의 단계 경(Dantabhūmi Sutta, M125)」 | 43
『맛지마 니까야』, 「들숨날숨에 대한 알아차림 경(Ānāpānassati Sutta, M118)」 | 29, 32, 74, 271
『맛지마 니까야』, 「말룽꺄 짧은 경(Cūḷamāluṅkyaputtasutta, M63)」 | 24
『맛지마 니까야』, 「모든 번뇌 경(Sabbāsava sutta), M2」 | 119, 165, 195
『맛지마 니까야』, 「무쟁분별 경(無諍分別經, Araṇavibhaṅga-sutta, MN139)」 | 269
『맛지마 니까야』, 「알아차림의 확립 경(satipaṭṭhāna Sutta, M10)」 | 28, 31
『맛지마 니까야』, 「여섯씩 여섯 경(Chachakka Sutta, M148)」 | 86, 107, 172
『맛지마 니까야』, 「한밤의 슬기로운 님의 경(Bhaddekaratta Sutta, M131)」 | 24
망고 맛보기 | 141
물심이원론(物心二元論) | 84
바닥막(basilar membrane) | 181, 182, 189, 190
바왕가(bhavaṅga 存在持續心) | 137, 138, 141, 142, 146, 148, 150, 154, 155, 156, 157, 158, 159, 160, 161, 176, 177, 196, 198, 199, 200, 201, 202, 203
받아들이는 마음 | 114, 142, 159, 161, 162, 163, 175, 177, 186, 196, 232, 245
법이라는 대상(dhammārammaṇa) | 95, 96, 97, 98
사회행동신경망(social behavior network, SBN) | 45, 46, 49
삼중뇌(삼위일체뇌, triune brain) | 44

상분(相分) | 245, 246, 247, 251, 256, 261, 262, 263, 265
상온(想蘊), saññkkhandha) | 81, 204, 210, 213, 216, 217, 218, 224
『상윳따 니까야 주석서』 SA. ii.16 | 185, 192
『상윳따 니까야 주석서』 SA. ii.293 | 223
『상윳따 니까야』,「괴로움 경(Dukkha-sutta, S12:43)」| 80, 89, 205
『상윳따 니까야』,「껑수까 나무 비유 경(Kiṃsukopama-sutta, S35:245)」| 85, 120, 164, 195
『상윳따 니까야』,「낮은 단계의 족쇄 경(Orambhāgiyasaṃyojana sutta, S45:179)」| 64
『상윳따 니까야』,「느낌 경 1(Vedanā-sutta, S14:4)」| 205
『상윳따 니까야』,「마차 비유 경(Rathopama-sutta, S35:239)」| 239
『상윳따 니까야』,「무더기 경(khandha-sutta, S22:48)」| 209, 214
『상윳따 니까야』,「분석 경(vibhaṅga-sutta, S12:2)」| 186, 192
『상윳따 니까야』,「뿌리 뽑는 데 어울림 경(Samugghātasāroppa-sutta, S35:30)」| 22
『상윳따 니까야』,「삼켜버림 경(Khajjanīya-sutta, S22:79)」| 205, 210, 218, 222
『상윳따 니까야』,「운나바 바라문 경(Uṇṇābhabrāhmaṇa-sutta, S48:42)」| 74, 90, 98, 116, 118, 126, 195
『상윳따 니까야』,「화살 경(Salla-sutta, S36:6)」| 234, 243, 272
생멸심(生滅心) | 248, 249, 250, 251, 252, 255, 256, 260, 262
서사적 자아(narrative ego) | 56
속성이원론(property dualism) | 84, 85, 86
수온(受蘊), vedanā-khandha) | 81, 204, 205, 208, 209, 216, 217, 218, 224
식온(識蘊), viññāṇa-khandha) | 81, 204, 218, 222, 224, 225
신포유류뇌 | 76
신경가소성(neural plasticity) | 34, 35
심상(心想, qualia) | 88, 89, 90, 203, 261, 262
심상속(心相續) | 167, 233, 236
심신문제(心身問題) | 83, 84
심찰나(心刹那) | 134, 136, 138, 140, 146, 150, 153, 155, 156, 157, 158, 159, 161, 162, 163, 166, 167, 168, 171, 176, 177, 187, 196, 199, 203, 226, 245, 246
싸띠(sati) | 16, 17, 25, 26, 27, 28, 29, 30, 31, 32, 34, 35, 37, 39, 47, 50, 61, 62, 69, 70, 73, 74, 75, 111, 116, 117, 118, 119, 120, 121, 122, 126, 127, 128, 131, 132, 164, 165, 195, 270, 271

싸띠힘(satibala, 念力) | 16, 28, 29, 30, 32, 33, 35, 37, 39, 47, 62, 75, 127, 128, 132, 272
아뢰야식(阿賴耶識, ālaya vijñāna) | 18, 232, 243, 247, 249, 250, 251, 252, 255, 256, 257, 259, 265,
『아비달마구사론(阿毘達磨俱舍論)』 | 140, 167
「아비담맛타 상가하(abhidhammattha-saṅgaha)」 | 95
『아비담바 길라잡이』 | 95, 141, 196, 281
안문전향(眼門轉向) | 98, 99, 155, 158, 159, 162, 175, 177, 212, 265
『앙굿따라 니까야』,「족쇄 경(Saṃyojana sutta, A10:13)」 | 65
엔그램(engram) | 38, 243, 250, 259
연관신경망(associative neural network) | 233, 236, 237, 238, 242, 264, 266, 272
연접가소성(連接可塑性, synaptic plasticity) | 35, 40, 230, 231
연접장기강화(long-term potentiation, LTP) | 39, 40
연접장기저하(long-term depression, LTD) | 39, 40
오문인식(五門認識) | 137, 149
오문전향(五門轉向) | 97, 98, 114, 126, 141, 155, 158, 161, 162, 163, 176, 177, 178, 194, 212, 232
오온(五蘊) | 65, 81, 85, 86, 155, 204, 210, 215, 216, 217, 218, 219, 222, 224
원효대사 | 249, 251, 255
위측두이랑(superior temporal gyrus) | 182
응무소주 이생기심(應無所住 而生其心) | 239, 272
의계(意界, mano-dhātu) | 155, 156, 163, 164
의근(意根, mano) | 16, 30, 37, 73, 74, 75, 87, 91, 93, 96, 97, 98, 99, 102, 105, 109, 110, 111, 112, 114, 115, 127, 131, 133, 149, 155, 159, 163, 164, 165, 172, 175, 176, 177, 178, 187, 188, 194, 195, 224, 226, 232, 245, 257, 258, 265
의도(cetanā, 思) | 89, 186, 192, 193, 196, 204, 216, 217, 219, 220
의문인식(意門認識) | 137, 149, 156, 231, 233
인과성(因果性, causality) | 196, 218
인식과정(vīthi-citta) | 80, 86, 114, 134, 137, 138, 139, 140, 141, 142, 144, 145, 146, 148, 149, 150, 152, 154, 156, 160, 161, 162, 167, 168, 176, 178, 179, 182, 196, 198, 200, 203, 230, 232, 245, 246, 256, 259, 262, 263, 264, 265, 281
인식통로(vīthi-citta) | 134, 138, 139, 140, 141, 146, 149, 150, 152, 154, 155, 157, 158, 166, 177, 178, 182, 194, 197

인지조절신경망(cognitive control network) | 30, 271
일반지능신경망(general intelligence network) | 266
자증분(自證分) | 262, 263, 265
장소세포(place cell) | 104
'저게 뭐지' 반응('what is it' response) | 151, 152, 168
전오식(前五識) | 18, 57, 60, 75, 91, 97, 106, 126, 127, 128, 155, 156, 159, 175, 187, 195, 196, 203, 227, 232, 245, 249, 250, 255, 259
조사하는 마음 | 142, 175, 177, 196, 203, 232, 245, 246
존재 양식(Being Mode) | 268
종자식(種子識) | 244, 247, 250, 251, 252, 265
주의를 기울임(manasikāra) | 186, 192, 193, 194, 195, 217
주의맹(注意盲, attention blink) | 142, 143, 144, 145, 150, 160, 167, 178
주의신경망(attention network) | 114, 115
중심고랑뒤이랑(postcentral gyrus) | 189
중앙집행망(central executive network, CEN) | 56, 60
증자증분(證自證分) | 262, 263, 265
지혜롭게 주의를 기울임(yoniso manasikāra) | 119, 164, 195
진여심(眞如心) | 248, 249, 250, 251, 252, 255, 256, 262
찰나(kṣaṇa) | 18, 111, 134, 138, 140, 154, 155, 164, 167, 175, 177, 178, 196, 202, 215, 232
창발(創發, emergence) | 42, 45, 74, 85, 86
추구 양식(Doing Mode) | 268, 269
코르티기관(organ of Corti) | 110, 130, 179, 180, 181, 182, 183, 190
쾌락적 웰빙(hedonic well-being) | 63, 64
테세우스의 배(ship of Theseus) | 53, 54
파충류뇌(reptilian brain, R-brain) | 43, 44, 46, 47, 49
편도복합체(amygdaloid complex) | 206, 207
해마(hippocampus) | 38, 103, 104, 109, 133, 159, 175, 176, 207, 225, 245
행온(行蘊, saṅkhāra-khandha) | 81, 204, 216, 217, 218, 221, 224
헤슬이랑(Heschl's gyrus) | 182, 183
화살 | 24, 233, 234, 235, 236, 238, 239, 242, 243, 272
활동전위(action potential) | 38, 40, 92, 95, 96, 99, 101, 102, 103, 104, 109, 110, 125, 128, 129, 131, 132, 169, 170, 180, 181, 182, 187, 244
후성유전학(後成遺傳學, epigenetics) | 61, 66